JIAOSHI RUHE ZUO
ZHI DE YANJIU

目　　录

0. 本书的缘起

《质的研究方法与社会科学研究》(陈向明,2000)一书出版之后,不少人(特别是从事一线教学工作的教师)反映说,看到这么一本厚厚的书就发怵,不知道自己是否能读懂,更不知道这样的书对自己的工作会有什么帮助。我在为中小学教师做培训和讲座时,也发现大家更加关心的是教育实践方面的问题,如:"我在教学中遇到的问题到底是怎么回事?""我应该如何解决这些问题?""如果我希望对这些问题进行研究,应该从哪里下手?""我想做一些切合自己教学实际的研究工作,但不知道如何做,我应该怎么办?"大家似乎对理论方面的探讨不太感兴趣,读起来也困难,感觉与自己的工作实践离得很远。我的一些同行以及出版社的工作人员也听到了同样的反映,希望我再写一本通俗易懂的、着重操作方面的书,便于那些需要自己动手作实践性研究的教师、学生和研究人员使用。因此,便产生了写现在这本小书的念头。

§0.1. 教师为什么要作"研究"?

随着世界进入后工业时代,教师的职业专门化已成为当今国际教师教育(包括培养与培训)的一个重要发展方向。教师们已经不满足于从前辈的经验或自己的积累中吸取灵感,希望从"教书匠"变成具有反思能力的专家型教师。越来越多的教师意识到,自己的职责不仅仅是"传道、授业、解惑",不只是承担"人类灵魂的工程师"、"园丁"和"蜡烛"的角色,教师也有自己的生命,自身也需要不断地成长和发展。教师这门职业是一门非常专门化的职业,需要进行专门的、持续不断的学习和训练。而成为专门化教师的最好途径就是参与研究,对自己的日常行为和学生的学习进行系统、规范、严谨的探究。目前在国际教师教育领域,"教师作为研究者"已经成为一个非常重要的内容,被认为是教师提高自身意识和专业能力的一个十分有效的途径。

"教师作为研究者"有几个方面的意思。首先,教师参与研究可以提升自己的自我反思意识和能力,了解自己行为的意义和作用。教师只有对自己在课堂上的行为进行研究,才能够了解自己在课堂上做了什么,这些行为有什么意义,反映了什么样的教育教学理念,对学生的学习有什么影响。同理,教师只有通过对自己的学生进行深入细致的观察和探询,才有可能理解学生到底在做什么,想什么,他们到底学到了什么,这种学习对他们的发展有什么作用。总之,通过参与研究,教师可以对自己的行为和观念进行反省,了解自己的所思所想和所作所为对学生的学习和发展所产生的影响。

其次,教师参与研究有利于改进自己的教学工作,提出切实可行的教育改革方案。由于了解了自己的行为习惯和思想观念,教师才有可能了解自己还存在什么不足,进而采取行动改进自己的工作。如果教师对自己的行为缺乏意识,对学生在成长过程中遇到的困难不了解,则不可能认识到改革的必要性,更不可能有效地改善自己的教育教学实践。从教育的社会文化大背景看,参与研究还可以使教师反省学校的功能、教师的作用以及学生上学的意义,进而提出具有社会改造意义的教育改革措施。

从教师自身的发展看,参与研究还可以帮助教师从所谓"必然王国"逐步走向"自由王国",从日常繁杂的教学工作中脱身出来(哪怕只是精神上和思想上的暂时超脱),在劳动中获得理性的升华和情感上的愉悦,提升自己的精神境界和思维品位。正如苏霍姆林斯基(1984:494)所言:"如果你想让教师的劳动能够给教师带来乐趣,使天天上课不至于变成一种单调乏味的义务,那你就应当引导每一位教师走上从事研究这条幸福的道路上来"。教师从事研究的最终目的不仅仅只是改进教育实践,还可以改变自己的生活方式。在这种生活方式中,教师能够体会到自己存在的价值与意义,可以逐步实现教师的专业自主发展(欧群惠,2001:1)。

教师参与研究还可以破除教师群体对"研究"的迷信,增强自己的自尊、自信和自立的能力。通常,中小学教师认为"研究"是大学教授和专业科研人员的事情,与自己无关。结果,虽然有关教育的研究成果汗牛充栋,但一线的教师几乎无人问津。教师对"研究"似乎有一种复杂的、爱恨参半的矛盾心理:一方面对研究怀有一种"神秘感",似乎研究是十分高深的事情,自己无法涉猎;而另一方面,又对目前教育研究脱离实际的做法感到不满,认为这些研究对自己的工作没有帮助。

其实,研究并不是那么神秘的事情,很多一线的教师已经在从事不同类型的研究。据我了解,很多教师在工作中都积累了十分丰富的经验,在日常教学中收集了很多宝贵的资料,他们已经(或正在)进行一些初步的研究工作。他们所作的是一种朴素的"行动研究",将研究结果直接运用到自己的教学工作之中。然而,由于忙于日常事务,特别是缺乏文献资料、技术指导和系统学习的机会,他们的研究成果往往没有得到系统的整理和提升。本书的一个重要目的就是帮助这些教师重新反思自己已经(或正在)做的工作,将其理论化、系统化、严谨化,为他们提供更多的思考角度和操作工具,使他们能够更加有效地总结提升自己的经验,进而从事更加切合自己教学实际的研究工作。

§0.2. 教师为什么要作"质的研究"?

作教育研究有很多路子,可以用量的研究方法、文献法、定性研究方法、哲学思考的方法、质的研究方法等。本书介绍的是质的研究方法。有读者可能要问:"教师为什么要作质的研究?"我个人认为,教师之所以要作质的研究,是因为这种研究方式非常适合教育领域。

首先,质的研究的平民性和互动性使"教师作为研究者"成为可能。传统的研究通常将教师放到一个被动的被研究的位置,他们被观察、被询问、被评价,没有自己的声音。而质的研究尊重作为个体的被研究者,对每一个人的生活经历和意义解释都非常重视。每一个人都有自己生动的故事,都有自己丰富的内心,都值得去倾听,去探询,去研究。在质的行动研究中,教师从后台走到了前台,从被动变为主动。他们自己可以是研究者,自己设计、实施和评价自己的研究;他们也可以与外来的研究者一起合作,通过相互之间平等的互动提高自己的意识和能力。在这种研究中,教师的声音被认为是质的研究这一多声部大合唱中不可或缺的一个部分。

从这种意义上说,质的研究不仅仅是一种研究方法,也不仅仅是一种具有工具色彩的研究范式:它是一种看待世界和建构现实的方式,具有本体论的意义。它可以拓展出新的研究领域与研究主题,因为它主张人类的行动是有意义的,人是以"相互主体性"来建构世界的(刘云杉,2000:24)。研究者并没有先知先觉的能力,也并不比被研究者更高明,研究的结果是双方共同建构的结果。通过这样的研究,教师可以形成新的自我身份,教师的自尊、自信和自立会得到提高,教师的生存方式将得到根本的改善。

其次,我认为,质的研究方法之所以适合教育领域,还因为它非常符合教育这一学科的基本特点。教育是一个介于人文学科与社会科学之间的学科,既涉及社会组织(学校)的建设,又关注个体(学生、教师、管理人员)的成长。而"质的研究"可以同时关照这两个方面。它不仅可以对教育现象、学校的组织结构和运作机制、具体的教育教学过程进行探究,而且可以从被研究者个人的角度理解他们的行为和思想。质的研究的人文性使其非常关注社会结构和社会制度中的人,要求对教育活动中的各类人(如学生、教师、教育管理人员、家长)的生存状态、情感感受、思维方式和行为习惯进行探究。由于可以兼顾宏观和微观两个层面,质的研究方法有利于了解处于学校这一社会组织中的个体是如何生活的,他们相互之间形成了什么关系,他们是如何与学校制度互动的,他们是如何解释自己的生存状态的。

再次,质的研究方法之所以适合作教育研究,还因为它明确的、直言不讳的对价值的认可。"质的研究的目的不是追求那种现实中的一般并不存在的假设的东西,而应揭示貌似自然的事实背后的利益关系、价值选择和价值冲突"(劳凯声,2000)。而教育,与其他学科相比,具有很强的实践性和导向性。教育的目的就是按照一定的价值取向培养人,造就人,成全人;任何教育实践都反映了一个民族的精神追求,是一个国家的历史、文化和群体心理的厚重积淀。因此,教育研究不能只是停留在追求"事实"本身的"真实"和"客观"的层面,还需要关注教育活动中人的情感、态度和价值观及其对教育行为的影响。而"质的研究"对人的价值欲求非常关注,认为人的道德标准、行为动机和利益关怀都是研究的重要内容。一方面,研究者个人的好恶以及他们与研究对象之间的关系会对研究的过程和结果产生十分重要的影响,应该加以适当的利用,并对其进行深刻的反省。另一方面,被研究者的价值观念和意义解释是理解其行为和思想的重要基础,需要进行深入的挖掘和引发。

由于认可价值对人们眼中的"真实"和"客观"的决定性影响,质的研究不回避其改造社会、改善被研究者生存状态的功能。这种立场和功能特别适合教育研究,因为教育的另外一个重要目的就是通过培养人来创设一个更加健全、完美的社会,使学校成为感召社会良心、建构新文化的中心。通过作质的研究,教师们可以对自己和学生的生存方式以及学校的功能进行质疑,在研究过程中通过自我反省或与外来的研究者合作互动,共同提升彼此的实践理性和行动能力。

与其他研究方法相比,质的研究的过程性和情境性也使其特别适合教育研究。教育是一个自然发生的、并不断发展变化的过程,教育中的人和事均时刻处于变化之中。因此,教育研究不能只是切割某些片段,对其进行静态的、孤立的、脱离情境的考察;还应该对过程中的各种变化进行跟踪,了解事情在自然状态下变化的状态和趋势。而质的研究非常适合这么做。质的研究要求研究者深入实地,对现象的发生和发展过程进行追踪调查,与被研究者一起生活,通过亲身体验获得与对方的共情和理解。教师如果自己单独从事这种研究,可以在自己的课堂上和课外活动中随时进行,不必专门设置一个人为的情境。如果与外来的研究者一起进行研究,双方可以深入到教育活动中非常微观的部分,对教育活动的方方面面进行细微、动态的探讨。如果我们同意"教育是一种有组织的、持续进行的并以引发学习为目的的交流"(联合国教科文组织,1992:17),那么质的研究方法可以说为这种交流提供了一个宝贵的契机。

§0.3. 本书的特点

本书结合教育研究领域中的有关问题介绍了"质的研究"的基本思路、实施方法和操作技巧,其特点是通俗易懂,操作性强,在介绍方法的同时提供了大量的研究实例,包括西方著名学者、中国学者、学生以及我个人的研究实践。与那些专门讨论方法论的书籍相比,本书的重点是介绍操作方法和实践过程,将对方法论的讨论坐落在具体的、情境化的研究实践之中。如果读者对质的研究的哲学思想基础、历史背景和理论探讨感兴趣,可以参考《质的研究方法与社会科学研究》(陈向明,2000)中的有关章节。与那些专门介绍操作方法的书籍相比,本书提供了我自己的思考和有关学者的评论,不仅介绍了"做什么"和"如何做",而且适当地讨论了"为什么"的问题。这与本书意在提升教师作为研究者的反思能力这一宗旨应该说是一致的。

本书的主要读者群为从事一线教育教学工作的教师、管理人员、研究人员、大专院校的学生以及其他对质的研究感兴趣和有需求的人。本书既可以作为高等院校教育研究方法课程的教材,也可以作为教师培训、自修、做研究项目的参考资料。因其人文关怀和行动倾向,本书也可以为国际国内各类教育发展项目以及教育教学评估改革提供新的思路、方法和手段。

0.4. 致谢

本书的写作和出版得到了很多个人和单位的支持和帮助,特在此致谢。我要特别感谢教育科学出版社的韦禾女士,是她对质的研究这个领域的赏识以及她个人的执著和热诚促使我完成本书的写作。来自读者的鼓励和期盼也是我写作本书的一个强大动力,对那些意识到质的研究的重要性并致力于从事此类研究的读者,我在此表示深深的敬意。

另外,我要感谢北京大学教育学院的师长和同仁们。陆小玉、侯华伟、葛长丽、胡荣娣老师等为我的工作提供了很多帮助,使我能够有时间安心写作。当本书的文档突然遭到计算机病毒侵扰时,陈晓宇博士和刘强同学挺身而出,勇斗"病魔",为我侥幸挽回了"伤痕"累累的文本。我还要特别感谢我的学生们,是他们对质的研究的喜爱和热情使我能够持续不断地思考这方面的问题,他们的学习经验也为本书的写作提供了丰富的素材。

当然,最应该感谢的是我的先生金国杰,他对我的支持是无法用语言来表达的。不论是我感到心烦意乱还是疲惫不堪时,他都能用他那宽厚的心怀包容我,使我感到自己是被理解的,自己所做的事情是有意义的,我有能力做自己认为重要的事情。正是因为有他和其他所有关心我支持我的人,我才有可能继续走下去——虽然有迟疑,但是不退缩。

陈向明
2001 年元月 12 日
于北京大学燕北园

1.什么是"质的研究方法"？

　　社会科学研究是人们了解、分析、理解社会现象、行为和过程的一种活动。从事这种活动可以使用很多不同的方法，如哲学思辨的方法、逻辑分析的方法、科学抽象的方法、直觉思维的方法、文献研究法、量的研究方法、质的研究方法、定性研究方法、学科研究方法等①。本书讨论的是"质的研究方法"。

　　在对"质的研究方法"进行定义之前，让我们先看一下什么是"研究方法"。一般而言，"研究方法"是从事研究的计划、策略、手段、工具、步骤以及过程的总和，是研究的思维方式、行为方式以及程序和准则的集合。"研究方法"可以从三个层面进行探讨：①方法论，即指导研究的思想体系，包括基本的理论假定、原则和思路等；②方法或方式，即贯穿于研究全过程的基本程序、策略和风格；③操作技术，即在研究中具体使用的手段、工具和技巧（袁方，1997:1）。本书的重点在

　　① 　有关研究方法的分类没有看到比较清楚、统一的标准。我意识到自己现在列出的这些种类不符合"排他律"或"平行律"等逻辑关系，但是这是我目前能够找到的最好的方式。

②和③,需要的时候对①也有所涉及。

§1.1. "**质的研究方法**"的定义是什么?

近年来,国外(主要是北美和西欧)社会科学界出版了很多有关"质的研究方法"的书籍,但是对这种方法的定义尚无一个明确、公认的定论。由于质的研究不是来自一种哲学、一类研究传统或一个学科,它受到很多不同思潮、理论和方法的影响,同时跨越于人文学科、社会科学和物理科学,具有非常复杂多样的特征。总结起来,质的研究主要具有如下特点(Bogdan & Biklen, 1982; Denzin & Lincoln, 1994; Glesne & Peshkin, 1992; Hammersley & Atkinson, 1983; Maxwell, 1996; Strauss & Corbin, 1990)。

1.1.1. 质的研究的特点

(1) 自然主义的探究传统

质的研究必须在自然情境下进行,对被研究者的"生活世界"以及社会组织的日常运作进行考察。研究者必须与被研究者有直接接触,在当时当地面对面地交往。研究者本人就是一个研究工具,需要长期在实地进行考察,与被研究者交谈,了解他们日常生活的状态和过程、他们所处社会文化环境以及这些环境对他们的影响。

自然探究的传统要求研究者注重社会现象的整体性和关联性。在对一个事件进行考察时,不仅要了解该事件本身,而且要了解事件发生和变化时的社会文化背景以及该事件与其他事件之间的联系。对部分的理解必然依赖于对整体的把握,而对整体的把握又必然依赖于对部分的理解——这便形成了质的研究中的"阐释循环"。

(2)对意义的"解释性理解"

质的研究的主要目的是对被研究者的个人经验和意义建构作"解释性理解"，从他们的角度理解他们的行为及其意义解释。研究者只有理解了被研究者的思想、感情、价值观念和知觉规则，才可能理解他们对自己行为和周围环境的解释，进而才可能理解他们具体外显的行为。由于理解是双方互动的结果，研究者需要对自己的"前设"和"偏见"进行反省，了解自己与对方达到理解的机制和过程。

(3)研究是一个演化的过程

质的研究是一个不断演化的过程，是对变化着的现实的持续探究。在这个动态的过程中，研究者和被研究者双方都会改变。研究的设计可能会变，收集和分析资料的方法会变，建构理论的方式也会变。变化流动的研究过程对研究者的决策以及研究结果的获得会产生非常重要的影响，过程本身决定了结果，因此需要加以细致的反省和报道。

(4)自下而上分析资料

质的研究中的资料分析主要采纳归纳的方法，自下而上在资料的基础上建立分析类别和理论假设，然后通过相关检验逐步得到充实和系统化。因此，质的研究结果只适应于特定的情境和条件，不能推广到样本之外。质的研究的目的是理解特定的社会场景，而不是对与该场景类似的情形进行推论。

(5)重视研究关系

由于注重解释性理解，质的研究对研究者与被研究者之间的关系非常重视，特别是伦理道德问题。研究者需要事先征求被研究者的同意，对他们提供的信息严格保密，与他们保持良好的关系，合理回报他们所给予的帮助。由于强调从当事人的角度看待问题，质的研究给"人"（而不是某些先在的

"理论"、"假设"或"测量工具")以极大的尊重,使"研究"与"人"的日常生活更加接近,肯定和倡导了研究中的人文关怀。

1.1.2. 一个初步的定义

根据上述有关文献以及我个人的理解,我对"质的研究方法"得出如下一个初步的定义:

> "质的研究方法是以研究者本人作为研究工具、在自然情境下采用多种资料收集方法对社会现象进行整体性探究、使用归纳法分析资料和形成理论、通过与研究对象互动对其行为和意义建构获得解释性理解的一种活动。"

必须说明的是,这个定义采取的是"文化主位"的方法,即对质的研究者从事研究的具体实践进行描述和总结,而不是按照一种外在的衡量标准对其进行概念上的抽象和概括①。如果"掰开"来看,这个定义包括如下几方面内容。

(1)研究环境:在自然环境而非人工控制的实验环境中进行研究。

(2)研究者的角色:研究者本人是研究的工具,不使用量表或其他测量工具。

(3)收集资料的方法:多种方法,如开放型访谈、参与型

---

① "文化主位"(emic)这一概念是和"文化客位"(etic)相对而提出的。在社会科学研究中,"emic"和"etic"分别指的是研究者和被研究者的角度和观点。质的研究特别强调要尊重被研究者的观点,从他们的角度,用他们看世界的方式了解他们眼中的现实。"etic"和"emic"这两个词分别来自语言学中"phonetic"(语音学)和"phonemic"(音位学)的后缀(见 Pike,1966[1954]:8)。

和非参与型观察、实物分析等。

(4)结论和理论的形成方式：归纳法，在资料的基础上提升出分析类别和理论假设。

(5)理解的视角：主体间性的角度，通过研究者与被研究者之间的互动理解后者的行为及其意义解释。

(6)研究关系：研究者与被研究者之间是互动关系，要考虑这种关系对研究的影响。

我将英文"qualitative research"译成"质的研究"，而不是像一些台湾和香港学者将其译为"质性研究"、"质化研究"和"定质研究"（陈伯璋，1989；高敬文，1996；胡幼慧，1996），是因为我认为"质的研究"这个名称可以与"量的研究"相对应，使用起来比较方便。此外，在中文中"质性研究"中的"性"和"质化研究"中的"化"这两个词的意思比较含糊，似乎有一种"推而广之"的意味；而"定质研究"中的"定"又在语气上显得太肯定。因此，我决定选择目前这个虽然读起来有点拗口但意思比较温和、立场比较"中性"的译名。

如果望文生义的话，"质的研究"似乎是对社会现象"性"、"质"的研究，而"量的研究"是将重点放在事物的"量"化方面。我认为，这种理解是一种误会。其实，所有的研究（不论是质的、量的还是其他方式的），都是为了了解事物的"质"，即该事物以区别于其他事物的属性。用通俗的话来说就是："这个东西是什么？"（包括其产生、发展和变化的过程）而要了解这个东西是什么，就不得不了解这个东西的各个组成成分，包括它的规模、程度、速度、空间排列等可以量化的部分。比如说，如果我们想了解某学校的课程设置，除了应该知道该课程的内容和结构以外，还必须知道其数量（如学生每周上几门课，每天上几节课，每节课多长时间）；进度（如这门课用了多少学时);程度(如该课程的难易程度,学生对课程的理解是否有差异)等。因此,一个事物的"质"实际上指的是该事物的"性质"、"属性"和"特质",是该事物以区别于其他事物的特征和组成部分,包括该事物中可以"量"化的特征和组成部分。

那么,我们所说的"质"和"本质"又有什么不同呢?就我个人的理解,"本质"是相对于"现象"而言的,来源于自柏拉图始到笛卡尔集大成的二元认识论。这种"主—客"对立的思维方式认为,人们日常看到的东西只是事物的现象(或表象),一定要通过深入的分析(或通过实证的、可以感知的资料,或通过概念的、逻辑的哲学辨析),才能够获得对事物表象下面"本质"的了解。而质的研究由于受到现象学的影响,认为现象本身就是本质(刘放桐等,1981:551)。现象学强调对事物本质的直观,在变动不居的意识流中去把握事物稳定的、常住不变的状态。正像人能够直接听到声音一样,人也能够通过自己的意识活动直观现象的本质。这是人的一种带有意向性的意识活动,是一种不能对之进行论证或逻辑分析的"本质的洞察"(倪梁康,1994)。因此,质的研究不认为现象和本质、形式和内容之间是可以分离的。事物(或意义)就像是一个洋葱(与二元论的核桃模式相对立),其本质和现象实为一体,如果对其进行分解,一瓣一瓣地剥到最后便什么也不存在了。在质的研究中,重要的不是"透过现象看本质",而是针对现象本身再现现象本身的"质"。

§1.2. "**质的研究**"与"**量的研究**"有什么不同?

讨论"质的研究"不得不同时讨论"量的研究",因为有关"质的研究"的很多问题都是与"量的研究"相联系而形成的。对两者进行对比可以使我们对"质的研究"的理解更加明确。

"量的研究"(又称"定量研究"、"量化研究")是一种对事物可以量化的部分进行测量和分析、以检验研究者自己有关理论假设的研究方法。量的研究有一套完备的操作技术,包括抽样方法(如随机抽样、分层抽样、系统抽样、整群抽样)、资料收集方法(如问卷法、实验法)、数字统计方法(如描述性统计、推断性统计)等。其基本研究步骤是:研究者事先建立假设并确定具有因果关系的各种变量,通过概率抽样的方式选择样本,使用经过检测的标准化工具和程序采集数据,对数据进行分析,建立不同变量之间的相关关系,必要时使用实验干预手段对控制组和实验组进行对比,进而检验某种关于事物客观规律的理论假设。这种方法主要用于对各种相关因素的分析,如学生家庭经济困难与辍学之间的关系、学生学习态度与学习成绩之间的关系等。

关于质的研究与量的研究之间的区别,很多人都试图进行一一对比。图表1-1列出的是我根据有关文献以及自己的研究经验总结出来的主要区别(Bogdan & Biklen, 1982; Glesne & Peshkin, 1994; Polgar & Thomas, 1991)。

图表1-1　质的研究与量的研究比较

←·······················量的研究·····················质的研究··········→

方面		
研究的目的:	证实普遍情况,预测	解释性理解,提出新问题
对知识的定义:	情境无涉	由社会文化所建构
价值与事实:	分离	密不可分
研究的内容:	事实,原因,影响,凝固的事物	事件,过程,意义,整体探究
研究的层面:	宏观	微观
研究的问题:	事先确定	在过程中产生

研究的设计：	结构性的,事先确定的,比较具体	灵活的,演变的,比较宽泛
研究的手段：	数字,计算,统计分析	语言,图像、描述分析
研究工具：	量表,统计软件,问卷,计算机	研究者本人(身份,前设),录音机
抽样方法：	随机抽样,样本较大	目的性抽样,样本较小
研究的情境：	控制性,暂时性,抽象	自然性,整体性,具体
收集资料的方法：	问卷,统计表,实验,结构性观察	开放式访谈,参与观察,实物分析
资料的特点：	量化的资料,可操作的变量,统计数据	描述性资料,实地笔记,当事人引言
分析框架：	事先设定	逐步形成
分析方式：	演绎为主,在收集资料之后	归纳为主,寻找主题,贯穿全过程
研究结论：	概括性,普适性	独特性,地域性
结果的解释：	文化客位,主客对立	文化主位,互为主体
理论假设：	在研究之前产生	在研究之后产生
理论来源：	自上而下	自下而上
理论类型：	大理论,普遍性规范理论	扎根理论,解释性理论,观点,看法
成文方式：	抽象,概括,客观	描述为主,研究者的个人反省
作品评价：	简洁,明快	深描,多重声音
效度：	固定的检测方法,证实	相关关系,证伪,可信性,严谨性
信度：	可以重复	不能重复
推广度：	可控制,可推广到抽样总体	认同推广,理论推广,累积推广
伦理问题：	不受重视	非常重视
研究者：	客观的权威	反思的自我,互动的个体

研究者所受训练:	理论的,定量统计的	人文的,人类学的
研究者心态:	明确,确定	不确定,含糊,多样性
研究关系:	相对分离,研究者独立于研究对象	密切接触,相互影响,变化,共情
研究阶段:	分明,事先设定	演化,变化,重叠交叉

由于在指导思想和操作手段上存在差异,质的研究与量的研究所关注的焦点各有不同。总的来说,量的研究依靠对事物可以量化的部分及其相关关系进行测量、计算和分析,以达到对事物"本质"的一定把握。而质的研究是通过研究者和被研究者之间的互动对事物进行深入、细致、长期的体验,然后对事物的"质"得到一个比较整体性的、解释性的理解。

量的研究和质的研究各有其优势和弱点,主要表现在如下几个方面。

(1)量的研究比较适合在宏观层面对事物进行大规模的调查和预测;而质的研究比较适合在微观层面对个别事物进行细致、动态的描述和分析。

(2)量的研究证实的是有关社会现象的平均情况,因而对抽样总体具有代表性;而质的研究擅长于探讨特殊现象,以此发现问题或提出新的看问题的角度。

(3)量的研究将事物可以量化的部分在时间的一点上凝固起来,然后进行数量上的计算;而质的研究在时间的流动中追踪事件的发展过程,使用语言和图象作为表述的手段。

(4)量的研究从研究者自己事先设定的假设出发,通过收集和分析数据来验证自己的假设;而质的研究强调从当事人的角度了解他们的看法,将他们的概念和语词作为分析的单位。

(5)量的研究极力排除研究者本人对研究的影响,尽量做到价值中立;而质的研究十分重视研究者对研究过程和结果的影响,要求研究者对自己的行为以及自己与被研究者之间的关系进行反思。

上面这种将量的研究和质的研究对立起来进行比较的方式可以使我们更加清楚地看到它们各自的特点,但与此同时我们也要注意不要人为地夸大两者之间的区别。其实,从一定意义上说,所有的研究都可以说是"质的研究",也都有"定性"的成分。即使是在量的研究中也不可能排除研究者的"主观"决策,如选择研究的问题,设定理论假设,确定统计变量等(Vidich & Lyman,1994)。正是出于这方面的考虑,我在上表中将质的研究与量的研究两者之间的对比看成是在数个不同层面上的连续延伸,而不是一个绝对的两分。

§1.3.**"质的研究"**与**"定性研究"**有什么不同?

两年前我在国内社会科学界介绍"质的研究"时,像现在一些中国学者一样把"qualitative research"翻译成"定性研究"(陈向明,1996/1,1996/6,1998;维尔斯曼,1997)。后来,从读者的反馈中,我意识到这个译名很容易与国内学术界目前常用的"定性研究"混为一谈,而实际上它们的所指是很不相同的。因此,在后来的写作中我改用了"质的研究"这个名称。

据我所知,"定性研究"这一概念目前尚未得到学术界明确、系统的定义、分析和梳理。它的所指通常比较宽泛,似乎所有非定量的研究均可纳入"定性"的范畴,如哲学思辨、个人见解、政策宣传和解释,甚至包括在定量研究之前对问题的界定以及之后对数据的理论分析。"定性是定量的基础,定量是定性的精确化"(陈波等,1989:122),这类陈述表达的就是中国学者目前普遍认可的这样一层意思。

我认为,"定性研究"虽然在一些方面与"质的研究"有类似之处(如强调对意义的理解和解释),但在很多方面与后者不同。首先,在本体论和认识论上,"定性研究"像"定量研究"一样也坚守实证主义的立场,都认为存在绝对的真理和客观的现实,不论是通过"量"的计算还是"质"的规定,目的都是为了寻找事物中普遍存在的"本质"。而"质的研究"已经超越了自己早期对自然科学的模仿,开始对"真理"的惟一性和客观性进行质疑。

其次,在研究方法上,"定性研究"基本上没有系统收集和分析原始资料的要求,具有较大的习惯性和自发性,发挥的主要是一种议论和舆论的功能(景天魁,1994:46—48)。它更多地是一种研究者个人观点的阐发,通常结合社会当下的时弊和需要对有关问题进行论说或提供建议。而"质的研究"十分强调在自然情境中与被研究者互动,在原始资料的基础上建构结论或理论,其探究方式不包括纯粹的哲学思辨、个人见解和逻辑推理,也不包括一般意义上的工作总结。在这一点上,"质的研究"与"量的研究"有共同之处。尽管两者在资料类型以及分析资料和利用资料的方式上有所不同,但都强调将原始资料作为立论的基础。而"定性研究"大都没有原始资料作为基础,主要使用的是一种形而上的思辨方式。

至今,"质的研究"已经建立起了一些比较系统的方法规范和制约机制,研究者需要对有可能影响研究的诸多个人因素以及研究的具体过程有明确的意识和反省,而"定性研究"尚未有这类意识和要求(高一虹,1998:4)。从这个意义上看,"定性研究"似乎主要基于的是一种形而上的、思辨的传统,而"质的研究"主要遵循的是现象学的、阐释学的传统。质的研究更加强调研究的过程性、情境性和具体性,而"定性研究"比较偏向研究的结论性、抽象性和概括性。

毫无疑问的是,"定性研究"是一种对社会现象进行探究的方式,有其自身的意义和作用。但是,由于中国社会科学研究界目前对这种探究方式的理论基础和运作机制缺乏研究,在此我很难对它进行描述、解释或评价。

2.如何作质的研究设计？

　　研究是一种有计划的活动,需要事先进行设计。与其他类型的研究相比,设计在质的研究中享有十分特殊的地位:既非要不可,又必须十分灵活。由于质的研究是一个循环反复、不断演化发展的过程,允许我们在研究的进程中根据情况对事先设定的方案进行修改,因此其设计不能像量的研究那样确定和固定。为了表现质的研究各个部分之间的协调性和互动性,我在前人(Maxwell,1996)研究的基础上提出了一个立体三维设计模式(见图表2－1)。

图表2－1　立体三维设计模式

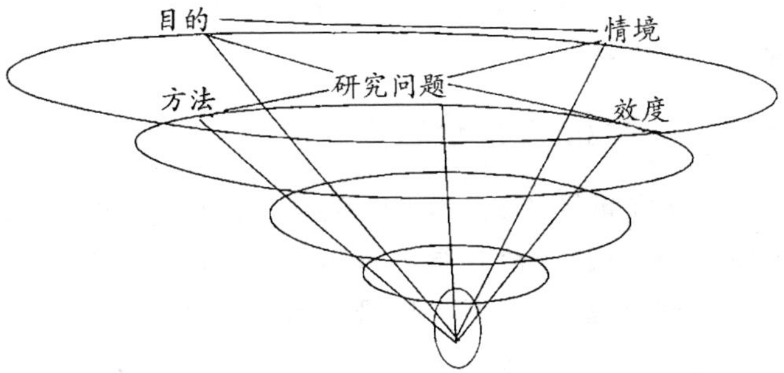

在本模型上面的平面内,研究的主要组成部分(研究的问题、目的、情境、方法、效度检验)之间互相影响,就像小孩子玩的橡皮圈游戏,各个部分之间随着任何一个方位的拉力而变形,任何一个部分的运动都受到其他部分的牵引和拉扯。同时,在水平面上的每一个部分又都随研究的进程而不断缩小聚焦范围,类似一个不断往下转动的螺旋圆锥体(与静止的漏斗模式不同)。

如图表2-1所示,质的研究的设计主要包括:①研究的现象与问题;②研究的目的和意义;③研究的背景知识;④研究方法的选择和运用;⑤研究的评估和检测手段。本章主要讨论那些可以在设计阶段详细考虑的部分,而对那些只能依赖于研究的进程、在设计阶段只能作一些初步猜想的部分,读者可以进一步参照本书相关章节。

§2.1. 如何确定研究的问题?

一个研究问题总是来自一定的研究现象,因此我们在选择研究问题之前首先需要确定自己的研究现象。所谓"研究现象"指的是我们希望集中了解的人、事件、行为、过程和意义的总和。与研究问题相比,研究的现象更加宽泛一些,后者限定了前者的范围,前者产生于后者的疆域,是从后者中提升出来的一个焦点。

2.1.1. 寻找研究的问题

质的研究问题应该是学术界和/或实践界尚有疑问、我们自己确实希望探讨的"有意义的问题"。所谓"有意义的问题"起码有两重含义,一是我们研究者对该问题确实不了解,希望通过此项研究获得一个答案;二是该问题所涉及的地点、时间、人物和事件在现实生活中确实存在,对被研究者来说具有实际意义,是他们真正关心的问题。比如,"素质教育与课程体系之间的关系"这样一个问题在目前中国教育界便是一个"有意义的问题",因为"素质教育"是当前国家的一件头等大事,而"课程体系"改革正在全国上下紧锣密鼓地进行,有许多问题需要探讨和解决。

如果研究问题是我们自己确实希望了解的,但是并不符合研究现场的实际情况,或者被研究者认为这个问题对他们来说并不重要,那么我们则应该修改或抛弃这个问题(见图表2-2)。

图表2-2 修改研究问题举例

我的博士论文研究问题在设计的时候是这样界定的:"中国留学生在中国是如何定义和形成'朋友'关系的? 来到美国以后他们在交朋友方面的文化概念和行为方式有哪些变化?"结果,在美国前6个月的调查中,我的研究对象都说他们还没有交上任何中国意义上的"朋友"。因此,我将研究问题的范围从"交友"扩大到"跨文化人际交往",研究的题目改为:"中国留学生是如何和美国人交往或交友的? 这些经历对他们来说意味着什么?"

在找到了"有意义的问题"以后,我们还需要选择适合质的研究的问题类型。首先,我们要考虑自己所选择的问题是属于"概括性问题"还是"特殊性问题"。前者是一个指向某一特定人群、对其具有一定普遍意义的问题;后者指的是由某一个特殊个案所呈现的问题,不具有普遍代表性。比如,如果我们对"2000年城市中小学学生上网吧现象有所增加"这一现象很感兴趣,希望通过对学生上网吧比较多、在全国有一定代表性的几个城市进行调查,那么我们所提出的就是一个"概括性问题"。而如果我们只选择一个城市进行个案研究,

了解这个城市内学生上网吧的情况,并不特别关心该城市的情况是否代表其他城市的情况,那么我们提出的问题就是一个"特殊性问题"。在质的研究中,"概括性问题"和"特殊性问题"都可以选择,但一般倾向于选择后者。质的研究认为,小样本的研究结果很难代表整体,"野心"过大反而会"欲速而不达"。独特的个案虽然不能证实整体情况,但是可以为人类提供新的知识内容和新的认识事物的方式。

其次,我们还要考虑自己选择的问题是"差异性问题"还是"过程性问题"。前者探讨的是事情的异同及其相互关系,如,"某大学的学生对希望工程是否支持?"寻求的答案是"是"或"否"。后者探究的是事情发生和发展的过程,如,"某大学的学生在希望工程的发展进程中起到了什么作用?"目的是了解中国大学生在这个过程中做了什么、如何做的、起到了什么作用。此类问题也可以称为"情境性问题",是在特定情境下(如某大学)对某一特定现象(如大学生对希望工程所起的作用)进行的研究。一般来说,"差异性问题"比较适合量的研究,"过程性问题"比较适合质的研究。如果在质的研究中过于专注"差异性问题",很容易导致对社会现象进行人为的分割,将事情简化为各种变量及其相关关系,忽略事物的复杂性和动态过程。

再次,我们需要考虑自己的研究问题是否属于下列类型。

(1)描述性问题:对现象进行描述,如,"某大学是如何安排聘余人员再就业的?"

(2)解释性问题:也称"意义类问题",从当事人的角度对特定现象进行解释,如,"某大学安排聘余人员再就业的举措对这些人员自己意味着什么?"

(3)理论性问题:对特定现象进行理论上的探讨,如,"某大学安排聘余人员再就业的举措对人力资源理论有何贡献？"

(4)推论性问题：探讨此研究结果是否适合其他类似场合，如，"某大学安排聘余人员再就业的举措是否适合中国其他大学？"

(5)评价性问题：对所研究的现象进行价值判断，如，"某大学安排聘余人员再就业的举措好不好？"

(6)比较性问题：对某一现象中两个以上的类型进行比较，如，"A大学与B大学在安排聘余人员再就业方面有什么不同的举措？效果有什么不同？"

质的研究比较适合于"描述性问题"和"解释性问题"，因为这两类问题可以对现象的状态和意义进行探究。"理论性问题"容易先入为主地将前人的理论生硬地套到研究的现象上面，应该谨慎使用。"推广性问题"和"评价性问题"不适宜作为质的研究探讨的对象，因为质的研究不强调研究结果的推广，也不贸然对研究的结果进行价值评价。"比较性问题"虽然可以同时包容比较丰富的内容，但是研究新手应该避免此类问题。除了难度比较大以外，"比较性问题"容易使我们着意寻找那些具有可比性的资料，而忽略那些没有可比性但对于理解该研究现象却十分重要的资料(见图表2-3)。

图表2-3　比较性问题举例

我的一位学生计划作一个"某大学英语系好生和差生的比较研究"，她有自己对"好生"和"差生"的定义，准备对这两类人的学习情况进行比较。由于她只注意收集这两类人群的情况，结果忽略了个体对有关事实和意义的解释。她没有想到，那些被她命名为"好生"或"差生"(特别是"差生")的学生是否认为自己也是如此，他们自己对"好"与"差"是如何定义的，他们如何看待自己被当成"好生"或"差生"这一现象，作为"好生"和"差生"对他们自己意味着什么。

最后，我们还应该谨慎处理"因果类问题"，即那些对事情的前因后果直接进行探寻、以"为什么"开头的问题，如，"为什么北京市很多大学教师外流？"质的研究不是不能对因果关系进行探究，但是如果我们在研究一开始就着意寻找事物发生的原因，很容易忽略那些非因果关系的资料。一事情之所以发生不一定与其他事情之间有必然的因果关系。"北京市教师外流"这个"果"中可能有很多辛酸的故事和复杂的情节，不可能被简单地归纳为几条明确的"因"（如"工资待遇太低"、"没有住房"、"工作不受重视"等）。相比之下，比较合适的研究问题可以是："北京市大学教师外流表现为什么状况？""北京市大学教师是如何外流的？"通过询问"什么？"和"如何？"这类问题，我们可以间接地对事情的因果关系进行一种情境化的、过程化的推论。而通过这种方式得到的因果关系往往比直接询问所得到的回答更加"自然"、"真实"和"丰富"。

2.1.2. 界定研究问题

选择了合适的问题类型以后，我们需要对其进行界定和表述。原则上说，质的研究问题（像其他类型的研究问题一样）应该限定在一定的范围之内，不能太宽，也不能太窄。而什么是"太宽"和"太窄"取决于研究中其他方面的因素，如研究的时间、地点、研究者人数、被研究者人数、研究事件的多寡、研究的方法类型等。假设一名南京师范大学附中的教师有 3 个月的时间和 5000 元人民币资金作一项有关校园文化的研究，如果他选择"中国不同类型学校校园文化比较"作为自己的研究问题，这显然就"太宽"了。而如果他将研究的问题改成"南京师范大学附中学生社团负责人领导风格研究"，也许就比较可行了。

有的研究问题不是因为我们时间或资金不足（如上例所

示），而是因为问题本身的范围限定得不清楚，使人难以明白研究的重点和边界所在。比如，我的一名学生曾经计划对"北京师范大学的教学工作"进行研究，而"教学工作"这个概念的范围十分宽泛，既可以包括本科生和研究生的教学工作，也可以指成人教育中的教学工作；既可以包括教师对教材的选择和编写，也可以指教师的具体教学活动；既可以包含教师与学生在课堂上的互动，也可以指教师在课外对学生的辅导。这位学生对自己究竟要探讨其中哪些方面的内容不太清楚，在研究问题中没有给予明确的界定，因此感觉没有重点，不知道下一步该怎么走。

确定了研究问题的范围以后，我们还需要对其进行语言表述，特别是表述的具体/概括程度。比如，如果我们计划向红旗小学的 10 位教师了解他们对自己教学工作的看法，我们是应该将研究的问题表述为"红旗小学 10 位教师对自己教学工作的看法"，还是"小学教师对教学工作的看法"？我个人认为应该采用前者。质的研究注重确定问题的边界，而前者显然比后者更加确切地限定了问题的边界。有时候，为了使我们的研究问题不显得如此"琐细"，我们可以在计划书和研究报告里使用后者，但是在对问题的说明部分应该明确指出，这里所说的"小学"仅指"红旗小学"，"教师"仅指"红旗小学 10 名被抽样的教师"。

对研究的问题进行表述以后，我们还需要对其中的重要概念进行定义，使这些概念在研究中具有可操作性。比如，如果我们的研究问题是"大学生的心理适应问题研究"，我们需要说明这里所说的"大学"是什么类型的学校，是否包括大专、私立大学、民办大学，是否局限在中国境内，是否只在某一个城市，具体指的是哪（几）所大学；"大学生"具体指的是什么人，他们是几年级的学生，学什么专业，他们的性别、民族、家庭背景是什么;"心理"包括哪些方面,是否指的是情感、意志和认知;"适应"指的是一种什么状态,"不适应"又是一种什么状态(比如,"抑郁"的表现可以是"食欲不佳,睡觉不稳,面部表情低沉"等);"问题"指的是什么;"研究"指的是什么类型的研究,等等。除了给重要概念定义以外,我们还应该说明自己是如何获得这些定义的;如果这些概念尚未被学术界明确定义,自己打算如何对其进行定义;自己为什么选择如此进行定义;如果在研究过程发现此定义不符合实际情况,自己打算怎么办。

对研究问题中重要的概念进行定义以后,我们还需要列出该问题的核心部分及其下属子问题。沿用上面"大学生的心理适应问题研究",其子问题可以是:①这些大学生初入大学时是如何适应的?②他们在适应过程中遇到了什么困难?采取了哪些应对措施?③这个适应过程对他们的学习、生活以及他们个人的自尊和自信有什么影响?④学校对大学生的心理适应可以提供什么帮助?

§2.2. 研究的目的和意义是什么?

"研究的目的"指的是研究者从事某项研究的动机、原因和期望,可以分成三种类型:个人的目的、实用的目的、科学研究的目的(Maxwell,1996:15-16)。"研究的意义"可以分成理论意义和实践意义,前者指的是本研究对有关理论建树的贡献;后者指的是本研究对改善有关现状的具体作用。"意义"和"目的"的关系非常密切,对目的进行讨论时便隐含了对意义的探讨,因此下面只对目的进行探讨。

2.2.1. 个人的目的

"个人的目的"指的是促使研究者从事研究的个人动机、

利益和愿望，如希望改变现存的社会制度，对某一社会现象感到好奇，希望亲身体验一下从事某类研究的滋味，通过发表研究成果提高自己的声誉，把研究经历作为报考研究生的一个筹码等。如果一项研究主要是为了"个人"的目的，研究的质量可能会在很大程度上受到个人倾向的影响。由于研究的主要动因是个人，研究的设计以及对研究结果的解释都很容易带有研究者个人的"主观"色彩。在量的研究中，个人的目的往往是被忽略不计的。但是在质的研究中，个人的关怀不仅不被认为是一个障碍，而且被认为是一笔宝贵的财富，可以为研究提供灵感、理论和资料。因此，我们应该做的不是抛弃或否认自己的个人目的，而是想办法积极地（然而是有意识地）利用它们。

2.2.2. 实用的目的

"实用的目的"指的是研究者通过此项目可以完成某些具有实际价值的任务，如改变现存的不良现象，揭示有关问题，解决某些困难，完成某项工作，向有关机构提供决策指导等。如果研究的主要目的是为了"实用"，研究的结果可以产生更大的使用价值。然而，由于具有实用价值的研究项目比较容易获得政府机构或财团的支持，因而也比较容易受到这些利益集团的控制，研究者很难保持科学研究所需要的"中立"和"公正"。但是，如果我们设法在一定程度上摆脱这些控制，使自己的研究服务于需要的民众，那么这种研究还是十分有价值的。

2.2.3. 科学研究的目的

"科学研究的目的"与"纯粹的"科学研究有关，指的是为人类认识世界、追求真理提供有益的知识和探索思路。这种研究通常是为了了解有关事情发生的原委、过程和效果,加深对有关问题的理解,为人类知识的增长作贡献,为本研究领域提供新的信息、理论和研究方法等。如果研究的主要目的是为了"科学研究",那么研究者可能受本领域学术权威的影响比较大,可能将一些理论作为先入为主的假设,希望在研究过程中验证或批驳这些假设。这种对"纯科学"的偏好可能会掩盖研究本身的政治意义和个人动机,忽略研究给研究者本人和被研究者有可能带来的思想上和情感上的冲击以及生活上的改变。

虽然上面我们对研究的三种目的分别进行了探讨,但是在实际研究工作中这三类目的常常是相互糅合在一起、共同对研究的决策发生作用的。在很多情况下,这三种目的可能同时激发我们从事一项研究,虽然侧重点可能有所不同(见图表 2 – 4)。

图表 2 – 4 研究目的举例

有一位美国的女教师身材比较高大肥胖,不但自己在日常生活中感到不方便,而且经常在找工作和社交活动时受到歧视。如果她计划对美国社会里其他一些同样肥胖的妇女进行调查,看她们是如何处理自己的自我形象和自信心受挫的情况的,以便为自己所借鉴,那么她的研究便主要是出于"个人的目的"。如果她从事这项研究主要不是为了个人方面的关切,而是受一个肥胖人俱乐部的委托设计一个培训计划,以帮助肥胖人学会对付社会对肥胖人的歧视,那么她的研究就主要是出于"实用的目的"。又假设她进行这项调查纯粹是为了了解肥胖人的日常生活和内心世界,为人类对肥胖人的理解增添知识,那么她的项目便主要是为了"研究的目的"。如果她对三个方面都有所期待,那么她的研究就具有上述三种目的。

§2. 3. 有关本研究的现状如何？

有关本研究的现状调查，我们需要了解至少三方面的内容：①前人有关的研究成果；②我们自己与本研究有关的经验；③我们自己对本研究的设计思路。这三个方面的内容相互交织，共同构成我们的问题视域。

2. 3. 1. 前人有关的研究成果

对有关文献进行检索是为了回答如下问题："前人在这个领域已经作过哪些研究？我的研究在这个领域里处于什么样的位置？通过此项研究我可以作出什么新的贡献？如果此研究问题前人还没有涉及，我的研究可以如何填补这一空白？如果此问题前人已经作过了研究，我的研究可以提供什么新的角度和看法？如果前人在探讨此研究问题时存在明显的漏洞和错误，那么我的研究可以如何对这些谬误进行纠正？"

在我们目前这个信息爆炸的时代，要决定文献检索的范围十分困难。我个人的经验是，首先检索与自己的研究问题有关的领域，同时关注相关领域的主要理论和研究发现。比如，如果我们希望对"中国农村中小学生辍学问题"进行研究，检索的重点可以是前人有关辍学的理论和发现以及中国农村中小学生辍学的现状；与此同时兼顾其他相关领域，如中国农村的基本情况（包括社会、文化、政治、经济、家庭、个人各个方面）、中国的教育总体状况（如入学率、升学率、教育投入、教育质量、师资水平、教学设施、学校管理）、中国的义务教育政策和措施等。

在设计阶段，文献检索可以相对宽泛、粗略一点，不必花费大量的时间被一些具体的细节纠缠不清。研究项目在这个阶段尚未完全定型，过多地纠缠细节可能会使我们误入歧途，

"捡了芝麻丢了西瓜","见树不见林"。设计阶段的当务之急是对有关文献获得一个大概的了解,今后随着研究的深入,如果需要了解某些文献的具体内容,可以再回去仔细查阅。

在如何使用前人的理论方面,质的研究者内部存在争议。有学者认为,在设计阶段就开始阅读有关文献可以为自己作理论上的准备,可以指导自己对研究结果进行联想,是一个锻炼思维的好机会(Mills,1959:205)。与此同时,很多研究者也指出,在使用前人理论的同时要特别注意防止"意识形态霸权"(Becker,1986)。在质的研究中使用理论不是为了用来指导自己的研究设计,也不是为了证实这些理论是否"正确"或"错误",而是为了帮助自己找到研究的问题,提出新的看问题的角度,提供新的分析资料的思路。了解前人的理论可以使我们自己的触角更加敏锐,更加容易捕捉问题和自己的灵感,也可以用来丰富自己已经建构的扎根理论。

有关文献检索的时间问题,有人认为应该在研究开始之前进行,因为前人的理论可以为研究设计提供指导;有人认为应该在研究的过程中进行,因为前人的理论可以指导自己从事研究;还有人提倡在收集资料之后再了解前人的理论,因为过早使用这些理论会妨碍自己建构扎根理论。我个人认为,像质的研究中其他的部分一样,文献检索也应该是一个不断演化发展的过程,既应该在研究开始之前,也应该在研究开始之中和之后进行。

2.3.2. 研究者本人的经验

"研究者本人的经验"指的是研究者本人与研究问题有关的个人经历以及自己对该问题的了解和看法。质的研究认为,研究者的个人生活与工作是不可能截然分开的,任何观点都必须透过一定的视角才能形成,而研究者的视角与自己个人过去的生活经历和看法之间存在着密切的关系(见图表2-5)。

图表 2-5　研究者个人经历举例

　　我的一位学生选择了"北京某大学学生退学现象研究"作为自己的研究项目,希望了解这些学生退学的具体状况、原因和影响。他之所以选择这个题目是因为他在学校的教务处工作,看到一些农村来的孩子,父母和老师含辛茹苦把他们培养成才,好不容易才考到北京来上大学,结果却面临退学的境遇。为此,他感到十分痛心。他自己也来自农村,深深地感到一个农村家庭要培养一名大学生是多么地不容易。因此,他个人的经历和感受使他对这些孩子特别关注,特别希望通过自己的研究来了解他们、帮助他们。

2.3.3. 设计思路

　　"设计思路"指的是:根据我们目前已有的知识对本研究提出的初步设想,主要包括重要的概念和命题及其相互之间的关系。设计思路可以用语言和图表表现出来。图表2-6表现的是研究者在对某大学的师生关系进行研究设计时制作的一个概念图。此研究打算从学生的角度了解他们对师生关系的期待、他们目前与自己老师的关系、他们对这种关系的看法,以及这种关系对他们的影响(如自我概念、自我发展、权威感等)。本概念图体现的是研究者对本研究内容的基本构想。

　　在这个概念图中,"师生关系状况"指的是教师和学生在教育教学过程中形成的人际关系状况;"自我概念"指的是学生个体通过自我观察、分析外部活动、运用社会比较等多种途径获得的对自己的认识;"权威"指的是得到社会普遍承认的组织、集团或者个人对一定社会生活领域所起的影响,此处指教师权威;"与教师的互动"指的是学生同教师之间交互作用

图表 2 - 6 设计概念图

（资料来源：安晓朋，2000：32）

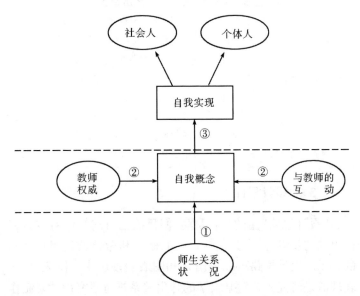

的过程；"自我实现"指的是学生在个人发展和社会化过程中
成为社会人的状态。本概念图有三个层次，依次自下而上发
生影响作用。图①部分表现的是整体的"师生关系状况"对学
生"自我概念"的形成所产生的影响。图②部分反映的"师生互
动关系"和"教师权威"（如"泰斗"）两者同时对学生"自我概
念"的形成所产生的影响。图③部分表现的是学生在师生关系
基础上发展起来的"自我概念"对其"自我实现"的作用，"自我
实现"主要通过学生成为"社会人"和"个体人"两种途径。

在设计这类概念图时，我们不仅需要严谨的思维条理，而
且需要一定的创造力和想象力，用一种"玩游戏"的态度，将
各种概念进行不同的排列和组合。比如，我们可以采用"头
脑风暴"的方式问自己：

- 我对这个研究问题已经有了哪些理解？
- 这些理解是否可以形成一些概念？这些概念可以组成什么命题？
- 这些概念和命题之间存在什么关系？
- 这些关系是否可以形成一个大的理论框架？
- 我可以如何来勾画这个理论框架？
- 还可能有什么不同的画法？不同的概念图可能导致什么不同的结果？

在研究开始之前就理清设计思路，是为了促使我们用比较简洁、直观的方式将研究问题所包含的重要内容呈现出来。它一方面可以将我们心中隐蔽的理论假设明朗化，另一方面可以进一步加深我们对问题的理解，发展自己原有的理论。这是一种在纸上思考的方式，可以揭示一些我们事先没有想到的意义联系以及现存理论中的一些漏洞或矛盾。当然，在研究的过程中，研究的内容可能会变，各部分内容相互之间的关系也可能会变。因此，画概念图也不是一个一劳永逸的事情，需要经常进行调整，以适应研究当时的需要。

§2.4. 如何选择研究的方法？

对方法的选择依赖于研究的问题，而不能为了方法而方法。方法本身并不能保证研究设计的"正确"，更不能保证研究结果的"准确性"和"可靠性"。因此，在对研究的方法进行选择时，我们应该有意识地寻找研究问题与方法之间的匹配关系。一种选择方法的脑力练习是回溯法，即询问自己，"通过这项研究我究竟想要获得什么样的研究结果？"此类问题迫使我们首先在脑子里设想自己今后有可能获得什么样的研究结果,然后回过头来设想自己可以采用何种方法和步骤来获得这些结果。

在设计阶段对方法进行选择是需要的,但如果决定过于明确,则容易使我们缺乏灵活性和应变性。研究方法的选择只能在研究进行时才可能最后确定,在设计阶段对这个问题进行考虑只可能是初步的、猜测性的,应该为今后的修改留有充分的余地。

从实际操作的层面看,研究方法主要由如下几个方面组成:进入现场的方式、收集资料的方法、整理和分析资料的方法、建构理论的方式、研究结果的成文方式等。在作研究设计时,我们必须对以上每一阶段所使用的方法作出选择,并且陈述自己选择这些方法的根据和理由。

2.4.1. 进入现场的方式

在设计进入现场的方式时,我们需要认真考虑:"我应该如何进入研究现场?我可以如何与被研究者取得联系?我应该如何向对方介绍我自己和我的研究?我为什么要这样谈?他们会如何看我?他们会对我的研究有什么反应?为什么会有这些反应?如果在他们之上还有领导把关,是否应该获得这些人的同意?到达实地以后我打算如何与各类人员协商关系?在研究的过程中我怎么与被研究者始终保持良好的关系?"(有关此部分工作,详见第4章)

2.4.2. 收集资料的方法

质的研究中收集资料的方法十分丰富,如访谈、观察、实物分析、口述史、叙事分析、历史法等,其中最常用的是前三种,本书只对这三种方法重点介绍(详见第5—8章)。选择收集资料的方法在很大程度上取决于研究的问题、目的、情境、有可能获得的资源（即在特定环境下这些方法是否可以收集到回答研究问题所需要的资料）。例如，如果研究的问题涉及小学教师如何看待自己的教学工作，那么就应该以访谈法作为收集资料的主要手段。如果研究的问题与这些教师的课堂教学风格有关，那么就应该主要使用观察法来收集资料，同时辅之以访谈。而如果研究的目的是了解教师备课的情况，那么就应该收集他们的教案进行分析，同时辅以访谈和观察。不论选择什么方法收集资料，我们都应该在研究设计中说明自己为什么要选择这个（些）方法，它们与研究的其他部分是什么关系，自己打算如何运用这个（些）方法。

2.4.3. 整理和分析资料的方法

由于质的研究十分强调根据资料本身的特性来决定整理和分析资料的方法，因此我们很难在设计阶段对这个问题提出比较明确的设想。我们只可能根据自己以往的经验以及前人使用过的方式，预想自己将来收集的原始资料可能属于什么类型，具有什么特点，以此来推测自己可以用何种方式对资料进行整理和分析。（有关本部分的具体操作方法，详见第9章）

2.4.4. 建构理论的方法

在对资料进行整理和分析的同时，我们实际上已经开始了初步的为研究结果做结论的工作。由于对研究的结果尚不清楚，我们在设计中只能尝试性地讨论一些问题，如自己将如何为研究的结果做结论，如何在结论和资料证据之间建立起联系，如何保证研究的结论具有一定的可信度和说服力，如何在自己研究的基础上建构区域性理论，自己的理论与前人的理论之间是什么关系,自己是否可以在分析资料的基础上建立一个扎根理论,以便对同类事物进行理论上的诠释等(详见第 10 章)。

2.4.5. 成文的方法

虽然我们在设计时无法确切地知道自己的研究结果将来会是什么样子,因此更加难以决定以什么方式来呈现自己的研究结果,但是如果我们在设计时就对研究的结果进行预测,将有助于我们现在进行研究。比如,如果我们估计今后研究的结果将以文字的形式表现出来,那么我们就应该特别注意访谈资料的整理以及观察笔记的记录;如果我们今后有可能结合图片和录像的形式表现研究结果,现在则应该注意收集影像方面的内容。在研究设计阶段我们还需要说明,自己计划选择什么写作方式,为什么选择这种写作方式,如果用不同的方式写将会对此项研究产生什么不同的结果。当然,这些猜测都只可能(也应该)是极其初步的,否则将会对研究的进程产生过多的约束和限制。(有关写作的要求和特点,详见第 11 章)

§2.5. 如何对研究的质量进行检测?

在设计阶段,我们还要探讨如何对研究的质量进行检测,其中包括结果的真实可靠性、代表性,以及有关的伦理道德问题。由于研究尚未开始,在研究设计中便讨论结果的检测问题显得是“纸上谈兵”。但是,这种“谈”还不得不谈,因为它可以促使我们认真地思考有关问题,从研究一开始就“小心翼翼、战战兢兢”,认真细致地对待自己的每一个决策和行动。(有关这方面问题的讨论和对策,详见第 12 章)

2.5.1.效度问题

首先,应该考虑的是:"我的研究结果是否将会是真实的？我如何知道它们是否真实？我在研究的过程中有可能在真实性方面犯哪些错误？我将如何排除(或减少)这些错误？我的研究结果可以找到哪些其他类型的解释？我的研究结果有可能存在哪些不真实的信息？我将如何对待和处理这些不真实的信息？如果我继续在实地收集资料,这些资料可以如何支持(或反驳)我所做出的结论？我如何使自己的研究结果令人信服？为什么别人要相信我的研究结果？如果我采取不同的方式进行此项研究会获得什么不同的结果?"

2.5.2.信度问题

质的研究一般不讨论"信度"问题,"信度"这个概念来自量的研究,指的是研究结果的可重复性,不符合质的研究的实际工作情况。质的研究将研究者作为研究的工具,强调研究者个人的独特性和惟一性。即使是在同一地点、同一时间,就同一问题、对同一人群所作的研究,研究的结果也有可能因不同的研究者而有所不同。更何况,所谓"同一时间"、"同一地点"、"同一人群"、"同一问题"这些概念都不是一成不变的,它们随研究的进程而不断变化,在与研究者的互动中重新构筑自己。正如赫拉克利特所说的,人不可能两次踏入同一条河流,我们也不可能让一件事情两次以同样的方式发生(Fernandez,1994:136)。

2.5.3.推论问题

由于质的研究采取的是目的性抽样的原则,而且样本通常都比较小,其结果很难在量的研究的意义上进行"推论"。

在研究设计阶段,我们需要说明:研究的结果属于"地方性知识",只局限在样本本身,不企求推论到抽样总体。但是,如果读者在阅读研究报告时得到了思想上的共鸣,便产生了一种认同性推广。而如果本研究建立的理论具有一定的诠释性,也可能起到理论性推广的作用。质的研究结果的推论还可以通过积累,对每一特殊个案的研究所获得的知识可以为人类提供新的认识事物的方式。

2.5.4. 伦理道德问题

虽然我们将伦理道德问题放到最后一节进行讨论,但实际上这个问题贯穿于研究的各个方面和全过程,是一个十分重要的问题。伦理道德问题主要包括自愿原则、保密原则、公正合理原则、公平回报原则等。在设计时,我们应该充分考虑到自己的研究在这些原则方面可能会犯哪些错误,或可能会遇到什么困境,并且设想自己可以通过什么途径处理或解决这些困难。比如,我们应该明确说明,自己是否会对被研究者的身份严格保密,是否打算与对方分享研究结果,如何回报对方的帮助和支持。

3. 如何选择研究对象？

研究对象不仅包括人，即被研究者，而且包括被研究的时间、地点、事件等。因此，在研究开始之前，我们就应该问自己："我希望到什么地方、在什么时间、向什么人收集什么方面的资料？我为什么要选择这个地方、这个时间和这些人？这些对象可以为我提供什么信息？这些信息可以如何回答我的研究问题？"

抽样的对象被确定了以后，我们需要决定抽样的方式。与量的研究不同的是，质的研究不可能（也不需要）进行概率抽样。"概率抽样"指的是：在被限定的研究对象中每一个单位都具有同样大的被抽中的概率。如果被界定的研究对象是1000人，我们计划从中抽取100人，那么所有人的命中率都是十分之一（Honigmann，1982：79）。为了使从样本中获得的研究结果可以推论到总体，量的研究通常需要比较大的样本，其容量取决于研究的精确度要求以及总体的规模和异质程度。比如，如果研究的允许误差为5%，置信水平为95%，总体为1000，那么样本数占总体的比重要求是35%，即350人（袁方，1997：225 – 226）。

而质的研究因其特性，使用的是"非概率抽样"中的"目的性抽样",即抽取那些能够为本研究问题提供最大信息量的样本(Patton,1990:169)。在选择样本的时候,我们需要根据研究的问题和目的决定抽样的标准。例如,如果研究的问题是"村小代课女音乐教师培训需求",重点是了解那些没有接受过正规师范教育、工作以后从来没有接受过培训、目前在乡村小学代课的女教师的职业发展需求,那么我们除了挑选在村小代课教音乐的女教师以外,可能还需要考虑其他一些抽样标准,如受教育程度和类型、年龄、工作年限。

样本的大小取决于研究的其他部分(如研究的目的、问题、范围、时间、地点、经费、人员等)以及样本与它们之间的关系。总的来说,研究的深度和广度是相互制约的。如果选择的样本比较大,那么在同样的时间、人员和经费条件下获得的研究结果就会比较泛。而如果选择的样本比较小,那么在同样条件下获得的研究结果就会比较深入。

§3.1. 如何根据样本的特性进行抽样?

"目的性抽样"有很多具体的策略,可以根据样本的特性决定抽样标准,即所选择的样本是否具有完成研究任务的功能。

3.1.1. 强度抽样

"强度抽样"指的是:抽取具有较高信息密度和强度的个案,目的是了解在这样一个具有密集、丰富信息的案例中,所研究的问题会呈现什么状况。比如,在我参与的基础教育课程改革研究中,一个调查的重点是"城镇中小学学生课业负担的现状"。如果我们选择一个课业十分繁重的学校作为个案调查的基地,那么我们便可以比较充分地了解目前城镇的中小学学生学业负担可以重到什么程度,这么重的负担对学生的身心发展有什么影响。

3.1.2. 最大差异抽样

"最大差异抽样"指的是:被抽中的样本所产生的研究结果将最大限度地覆盖研究现象中各种不同的情况。假设被研究的现象内部的异质性很强,如果我们只抽取其中少数几个个案进行研究,便很难反映该现象的全貌。在这种情况下,我们可以先找出该现象中具有最大异质性的特点,然后将这个特点作为抽样的标准来了解该现象中的差异分布状况。比如,某省试行了一个新的课程体系,遍布该省具有不同经济发展水平的地区。如果我们想了解该课程体系在该省不同环境下是如何运作的,便可以将经济发展水平作为一个抽样标准,分别在经济高度发达地区、中等发达地区和不发达地区抽取一定的样本进行研究。

3.1.3. 同质型抽样

"同质型抽样"指的是:选择一组内部成分比较相似(即同质性比较高)的个案,集中对这一类个案中的某些方面进行深入研究。比如,如果我们希望对小学生家长课外辅导孩子学习的情况进行调查,我们可以选择单亲家庭的家长进行研究。这些家长通常比双亲家庭的家长负担重,有他们自己的苦衷。对一组单亲家庭的家长进行研究,还可以为他们提供一个分享经验和情感共鸣的机会。由于遭遇比较类似,他们可能会对做小学生的单亲家长这个经历展开比较深入的讨论。

3.1.4. 关键个案抽样

"关键个案抽样"指的是:选择那些可以对事情产生决定性影响的个案进行研究,目的是将从这些个案中获得的结果逻辑地推论至其他个案。推论的逻辑是:"如果这个事情在这里发生了,那么它也就一定会在其他的地方发生";换言之,"如果这个事情没有在这里发生,那么它也就不会在其他的地方发生"。这类个案通常不具有典型性,不代表一般的情况,而是一种"理想"的状态。比如,如果我们要对一套新设计的课程方案进行试验,我们可以选择一所大家(如国家教育部、课程专家、学校管理人员、教师、学生和家长等)都公认的、可以进行这类试验的"好"学校进行试点。如果这所"理想型"的学校都不能成功地实施这套课程体系的话,那么我们就可以推断,其他类型的学校更加难以适应这套新方案。

3.1.5. 理论抽样

理论抽样的目的是寻找可以对一个事先设定的理论进行说明或展示的实例,然后对这一理论进行进一步的修订。比如,如果我们认为环境对人的成长具有十分重大的影响,那么我们可以选择一对生长在不同环境下的双胞胎,对他们的生长过程进行观察,考察环境因素对他们成长的影响。如果我们的研究证明这个理论并不完全正确,孩子的先天条件对他们的成长作用更加重大,我们就需要修改原来的理论。

3.1.6. 证实和证伪个案抽样

在这种情况下,我们已经在研究结果的基础上建立了一个初步的结论,希望通过抽样来证实或证伪自己的初步理论假设。这种抽样的方式通常在研究的后期使用,目的是验证或发展我们的初步结论。例如,我们通过一项研究已经了解到大部分女性希望自己的丈夫比自己有更高的学历和成就,我们希望对这个初步的结论进行证实或证伪。我们可以抽取更多的、不同类型的妇女就这个结论进行调查。比如,如果我们希望了解知识型妇女的情况,便可以抽取一些大学的女教师进行调查;而如果我们希望知道知识型妇女和劳动妇女之间的区别,还可以抽取工厂里的女工、农村的妇女、服务行业的女服务员与大学的女教师进行对比。

3.1.7. 可能性抽样

这种抽样方式关注的不是现存的问题,而是将"今后有可能是什么"作为抽样的标准。我们可以选择一些有可能代表未来发展方向的事例,了解其发展的势头和前景。比如,如果我们判断中国目前的一些民办学校代表了今后教育发展的一种模式,我们可以对这样的学校进行研究,以便为今后中国教育的多元化发展提供一种新的可能性。在这里,研究的目的不仅仅是为了对现存事物进行证实或证伪,而是在价值判断和实践理性的基础上引导社会和人的未来发展。

§3.2. 目的性抽样有哪些具体的做法？

上面讨论的是选择样本标准的方法,下面我们讨论一下,在样本标准确定以后,如何具体进行抽样。

3.2.1. 机遇式抽样

"机遇式抽样"指的是:根据当时当地的具体情况进行抽样。这种抽样通常发生在研究者到达实地以后,特别是当研究者对本地的情况不太了解而且有较长的时间在实地进行调查时。这种方法不仅给研究者比较大的灵活性,而且可以得到一些事先意想不到的结果。很多人类学家在进行实地调查时都喜欢采用这种抽样方法(见图表3-1)。

图表3-1　机遇式抽样举例

　　我的一位学生计划到自己所在大学的一个食堂里进行参与型观察,希望了解人们就餐时的人际交往方式。起初她不知道自己应该选择什么样本进行重点观察。后来经过一周每天一小时的观察,她发现这个食堂里从来没有学生与教师同桌吃饭或交谈的现象。由此她产生了对该校的师生关系进行调查的念头,决定抽取一定数量的学生和教师进行访谈和观察,了解他们对师生关系的看法和做法。

3.2.2. 滚雪球抽样

　　这是一种通过知情人士不断扩大样本量的方式。当我们通过一定的渠道找到了一位知情人士,我们可以问他/她:"您知道还有谁对这类事情特别了解吗?您认为我应该再找谁了解情况?"通过如此一环套一环地往下追问,我们的样本像一个雪球一样越滚越大,直到抽取的样本足够大,收集到的信息达到了饱和为止。这是一种通过局内人寻找消息灵通人士的有效办法。

　　此抽样方式的一个弱点是:找到的被研究者很可能是同一类人。由于所有的知情人士都是由他们的熟人或朋友介绍的,他们可能具有类似的特点或观点。如果我们希望了解一个现象内部的异质情况,这种抽样方式可能会给我们带来困难。此外,由于所有的被研究者相互之间都是熟人(或者至少在一个环节上是如此),他们中有些人可能会碍于情面或出于对保密的担心而向我们隐瞒"实情"。

3.2.3. 方便抽样

"方便抽样"指的是:由于受到当地实际情况的限制,抽样只能随研究者自己的方便进行。比如,我们计划了解某中学高三学生准备高考时的心态变化,但是由于高三的老师和学生都非常忙,很难有时间与我们交谈,也不希望我们观察他们的课堂,结果我们只好找了几个住在附近的邻居了解他们正在读高三的孩子的备考情况。

这种抽样方式比较省时、省钱、省力,但是会影响到研究结果的质量。由于没有遵循严格的抽样标准,获得的研究结果往往比较松散,缺乏针对性,可信程度比较低。在很多情况下,这是一种"懒人"的办法,是一种权宜之计,由于很难找到自己需要的样本,我们便求助于它。而这种方式往往掩盖了我们原初的研究意图,使研究的进程和结果都受到抽样的不良影响。如果可能的话,最好不要使用这种抽样方法。

§3.3. 如何确定研究关系对研究的影响?

研究对象确定以后,我们还得考虑自己与对方是什么关系,这种关系对研究会产生什么影响。质的研究中的"研究关系"涉及两个方面的问题:①研究者个人因素对研究的影响;②研究者与被研究者之间的关系对研究的影响。

3.3.1. 研究者个人因素对研究的影响

"研究者的个人因素"包括性别、年龄、文化背景、种族、社会地位、受教育程度、个性特点、形象整饰、角色意识、看问题的角度、个人与研究问题有关的生活经历等。这些因素对研究的过程和结果都会产生影响。我们不仅应该对这些因素保持足够的警惕,而且可以在研究过程中利用它们为自己的研究服务。正如斯特劳斯(1987:11)在下面这个双关语中所说的,"挖掘/注意(mind)你自己的经历吧,那里可能有金子!"无论如何,质的研究是对社会现象的认识,而对社会现象的认识主要是对人的认识,而"对人的认识,本质上是一种自我认识"(景天魁,1993:230)。

(1)性别对研究的影响

"性别"不仅仅指人的生理性别特征,而且更主要的是指人的社会性别特征,如性别角色意识,它包括人在社会化过程中习得和内化的有关社会性别的价值观念和行为规范。以往的研究表明,研究者的性别对研究的各个方面都可能产生十分重要的影响(Olesen,1994)。比如,研究者往往对那些与自己的性别关系比较密切的社会现象产生关注和关切,男性研究者通常对宏观的政治制度和社会问题比较热衷,而女性研究者则对人的平等、女性解放和人的情感生活比较敏感。

性别不仅影响到研究者如何选题,而且对研究的具体操作也有一定的影响。有研究表明,女性一般比男性更加适合做个人访谈(Weiss,1994:140)。在当下男人占据统治地位的社会里,女人通常被认为比较软弱,不具有男人所特有的竞争力和权力。因此,女研究人员在这方面的"优势"往往使被研究者感到比较轻松,较少担心自己的地位或脸面受到威胁。

(2)年龄对研究的影响

"年龄"在这里指的不仅仅是人的生理发育程度,而且包括与年龄有关的人生阅历和生活经验、社会上一般人对年龄的看法以及年龄带给人的象征意义。一般来说,在实地从事长期追踪调查的研究者多半是年轻人(Hammersley & Atkinson, 1983:87）。这一方面是因为他们有比较多的时间和精力;另一方面是因为他们的适应性比较强,比较容易与被研究者群体(如学生团体)打成一片。

在实际操作中,研究者和被研究者之间年龄的差异也可能给研究带来一些影响。年长者有时不太愿意接受年轻人的采访,觉得他们生活阅历太浅,"乳臭未干",不可能理解自己所受到的人生磨难。而年长的研究者在调查年轻人时有可能采取一种居高临下的态度,试图(甚至是无意地)运用他们在年龄(及其社会地位和权力)上的优势对对方施加影响。在这种情况下,受访的年轻人可能对年长者所拥有的操纵能力察觉不够,因此而受到对方的误导,提供一些对方希望知道的(但不一定是"准确的")信息。在一些年龄受到特别尊重的社会里(如中国),这种情况尤其普遍。

（3）社会地位对研究的影响

研究者与被研究者的相对社会地位以及受教育程度对研究的关系也有着至关重要的影响。如果研究者的地位比对方高,对方可能感到不安,不知道自己是否能够达到研究者对自己的预期,自己所提供的信息是否对研究者有"用"。而如果研究者的社会地位比被研究者低,研究者则有可能感到力不从心,担心自己是否可以在这位"权威"面前扮演"研究者"的角色(见图表3-2)。

图表3-2　社会地位对研究的影响

我的一位同事曾就大学课程设置问题对一位中科院院士进行访谈。在整个访谈过程中他都非常紧张,一直不敢插话。尽管他有很多问题希望进一步澄清,但是因为担心自己的问话"不合时宜"或"不够专业",一直没有向这位院士提问题,只是坐在那里听对方滔滔不绝地谈了一个多小时。

研究者与被研究者之间这种不对称的关系还可能反映在上下级关系之中。如果研究者是被研究者的直接上级,后者可能因害怕自己与前者的关系受到影响而选择回避一些敏感性话题(Seidman,1991)。例如,如果一位老师对一些平时学习成绩比较差、但考试时却得了高分的学生进行调查,这些学生很可能不愿意告诉老师自己在考试时的舞弊行为。由于老师对他们的行为评定有很大的权力,他们不仅不愿意自己在老师的头脑中留下一个"不诚实"的印象,而且不希望受到校方的惩罚。

(4)个性特点对研究的影响

由于研究者是一个研究"工具",这个"工具"的内部心理结构和外部表现形式在质的研究中具有十分重要的功能。质的研究对研究者本人有比较高的要求,认为"研究的好坏取决于调查者的好坏"(Morse,1994:225-226)(见图表3-3)。我的一位学生在完成了自己的研究项目后写到:"我深深地感到,一名合格的质的研究者应该有一个'简单无知'的大脑和一颗'好奇'的心。"另外一位学生也深有同感:"一个合格的质的研究者必须具有广博的知识、丰富的阅历、宏大的胸襟、公正的态度、高尚的品格,能够尊重并理解别人,不仅具有严谨认真的态度,还必须对人生有深刻的理解。"同时,有学者从反面提出了质的研究对研究者的要求,认为如下这些人不适合作质的研究:①有权力欲望的人,企望仰仗自己的专业知识而高人一筹的人;②希望对所接触的事情了如指掌的人,对事情只有一种解释的人;③喜欢控制别人的人(Wolcott,1995:237)。

图表3－3　质的研究者的个性特点

（资料来源：Ely et al. ，**1991**；R. Wax，**1977**）

1）思维和行动敏捷灵活，富有幽默感；

2）能够容忍事物的不确定性、模糊性和多元解释；

3）富有想像力，注意捕捉自己的直觉和灵感，善于抓住线索；

4）具有共情的能力，能够获得对方的信任；

5）愿意使自己在对方眼里看起来像一个"傻瓜"；

6）有耐心，有毅力，不因遇到困难而过分沮丧或急躁；

7）办事认真负责、一丝不苟；

8）能够清楚地表达自己的思想，写作风格朴实、清楚、生动。

（5）形象整饰对研究的影响

　　研究者的形象整饰也可能对研究产生一定的影响。如果研究者的发型、衣着和形体动作与所研究的文化群体和具体情境格格不入，被研究者可能很难在心理上接受对方。研究者的形象整饰会在一定程度上向被研究者传递一种信息，即表明自己希望与当地某一类人认同（Bogdan & Biklen，1982：130）。假设一位研究人员到一所学校去做研究工作，如果他西装革履，言谈举止十分正规，学校里的老师、学生和员工可能认为他是"上面"派来的，与学校的领导有关系。如果他身着夹克衫，谈吐比较随和，学校的老师们可能认为他属于"自己人"，愿意和他交谈。而如果他身穿 T 恤和牛仔裤，说话比较"粗鲁"，学生们可能更容易接受他，认为他是属于"自己一伙的"。

（6）角色意识对研究的影响

　　由于研究者从事研究的目的不同，他们可能有不同的角色意识（Glesne & Peshkin，1992：36－37）。通常，质的研究者认为自己是一名"学习者"，自己的主要任务是向当地人学习，了解他们的所作所为和所思所想。自己应该像一名"学生"那样,谦虚、认真、恭恭敬敬地倾听和观看,而不应该像一名"专家"那样对当地人指手画脚。作为一名"学生",研究者应该主动向当地人表示:自己对他们的生活经验和日常知识非常尊重,自己有浓厚的兴趣希望了解他们。作为一名"学习者",我们还必须设法了解自己的学习风格,从而找到适合自己风格的研究课题以及与此相适应的研究对象和研究情境。

(7)看问题的角度对研究的影响

当我们"选择"某一个现象进行研究时,我们通常对这个问题已经有了一些自己的看法,而我们的这些看法往往会影响到自己的研究内容和进程。比如,我在教授质的研究这门课程时,班上好几位研究生都选择"北京大学的研究生为什么报考北京大学?"这类题目做他们的课题。作为北京大学的研究生,他们不仅自己对这类问题很感兴趣,而且都有自己的一些看法和前设。他们认为这些研究生报考北京大学必定有自己的"原因",而且这些"原因"是可以用语言来表达的。

研究者的"前设"不仅会促成自己对某一类课题有所偏好,而且还会对自己的研究设计产生影响。比如,我的一位学生对自己孩子的培养制定了分层次的目标,因此他在访谈提纲中设计的一个主要问题是:"您对自己孩子的培养是否有一个理想的目标和最低的目标?如果理想的目标不能够实现,退而求次的目标是什么?"结果,他在访谈中发现自己的访谈对象根本就不承认存在一种"退而求次的目标"。他们或者认为"理想的目标"是一定会实现的,或者认为"理想的目标"本身的定义就比较宽泛,而且是可以随情况的变化而变化的。很显然,这些访谈对象在考虑自己孩子教育问题时的思路与研究者本人不太一样。但是,由于研究者自己有一套教育孩子的想法,因此他在访谈时便总想问对方类似的问题。

(8) 个人经历对研究的影响

"研究者的个人经历"指的是：研究者自己生活中与研究问题有关的经历以及研究者本人对这些经历的体验和评价。上面我们谈到的研究者对研究问题所持有的"前见"和"偏见"往往与他们自己的个人经历有关，这些个人经历不仅影响到他们对特定研究课题的选择，而且影响到他们对自己的职业乃至终身研究方向的选择（见图表 3 – 4）。

图表 3 – 4　研究者个人经历对研究的影响举例
（资料来源：陈仲庚，张雨新，1987：59 – 60）

人格特质理论的创始人阿尔波特一生对精神分析理论深感不满，与他在维也纳与弗洛伊德的一次会面有关。当时他是从西亚回美国的途中，在维也纳作短暂停留，慕名去拜访弗洛伊德。弗洛伊德把他带到自己的治疗室，坐下以后一言不发。为了打破尴尬，阿尔波特开始叙述自己刚才在电车上遇到的一件事情——一个 4 岁的小孩特别怕脏，在车上什么地方也不愿意坐，好像有恐怖症似的。他刚刚叙述完这件逸事，弗洛伊德突然以一种治疗师的眼光盯着他说："这个孩子是否就是你？"这使阿尔波特大吃一惊，感到受到了极大的伤害。从这次个人邂逅中，阿尔波特意识到，"深度"心理学如果挖掘得过深了有可能对人的实际生存状况忽略不计。于是，他开始了自己对人格特质理论的探讨，强调机能自主的"人"在心理学中的重要作用。

在实际研究中，研究者的个人经历不仅对选择研究的课题，而且会对研究的具体实施和结果分析产生一定的影响。研究者往往会将自己有关的个人经历及其感受带入研究之中，将自己的经验与研究对象进行比较和对照。特别是当研究者与被研究者同是"局内人"时，这种情况尤其普遍。比如，如果一位中学校长计划对其他中学校长的决策过程进行

研究,他在研究设计和建立理论框架时会十分自然地运用自己在这方面的经验。如果他在决策时经常受到上级部门的干扰,他便会将这一点作为校长们决策时必须考虑的一个重要的因素。在进行研究时,他会着重询问这方面的情况,了解其他的校长们是如何处理与上级领导的关系的。原始资料收集上来以后,他会运用自己这方面的个人经验对资料进行分析,然后将自己个人的体会与有关的文献结合起来对结果进行概括和理论抽象。

3.3.2. 研究关系对研究的影响

"研究者与被研究者的关系"主要包括局内人与局外人、熟人与陌生人、上下级与平级、性别异同、年龄异同等。本节只对最重要的前两种关系进行讨论。

(1)局内人与局外人

"局内人"指的是那些与研究对象同属于一个文化群体的人,他们享有共同的(或者比较类似的)价值观念、生活习惯和行为方式,相互之间有比较类似的生活经历,对事物往往有比较一致的看法。"局外人"指的是那些处于某一文化群体之外的人,他们与这个群体没有从属关系,与"局内人"通常有不同的生活体验,只能通过外部观察和倾听来了解"局内人"的行为和想法。

一般来说,"局内人"由于与被研究者共有同一文化,可以比较透彻地理解他们的思维方式和行为习惯。很多事情对方不必进行详细的描述和解释,研究者就能够心领神会。在做研究结论时,"局内人"比较容易理解对方的看法,从他们的角度对研究结果进行解释。比如,如果要对甘肃省回民居住地区的学校教育进行研究,一位土生土长的回族研究人员就会比一位来自北京的汉族研究人员具有一定的优势。她/

他可以说阿拉伯语,她/他的长相与被研究者比较相似,穿上回族服装不会像她/他的汉族同行那么别扭(也许她/他平时一直就穿着回族服装)。而且更重要的是,她/他可以利用自己的文化观念和生活经历了解被研究者的意义建构和思维方式。同样是看到寺庙里一排排小男孩在读经文,汉族研究员和回族研究员可能会得出完全不同的解释:前者可能认为这些孩子不去学校上学而跑到寺庙里来念经是"愚昧落后"的表现;而后者则可能认为这是回族人的文化观念,男孩在寺庙里念经就是"上学"。

　　然而,研究者和被研究者来自同一文化也可能给研究布下陷阱。正是由于他们共同享有的东西太多,研究者可能失去研究所需的距离感,对对方常用的一些语言和行为习以为常,对对方言行中隐含的意义失去敏感(见图表3 – 5)。

图表 3 – 5　局内人举例

　　我在对一些中国留学生的跨文化人际交往进行研究时,由于我和他们来自同一文化,自己也是一名在美国的留学生,因此我对他们所说的很多事情都自以为明白了,不再进行深入的追问。在研究的初期,不少留学生告诉我,"在美国人情味比较淡"。我觉得这种说法很容易理解,没有必要再进一步追问。直到后来,一位美国教授在阅读我的研究报告时问我在中国语言中"'人情'是什么意思?"这类问题时,我才明白,对外国人来说这个词语是非常"中国化"的。由于我自己太"中国化"了,结果没有能力站出来看自己的文化,没有向读者(特别是来自异文化的读者)揭示中国人常用的这些表达人际关系的"文化主位"概念的深刻含义。

　　像"局内人"一样,作为"局外人"的研究者也同样具有一定的优势和劣势。首先,"局外人"由于与被研究者分属不同的文化群体,有自己一套不同的价值观念和行为习惯,因此在

研究中可以与研究的现象保持一定的距离,比"局内人"更加容易看到事物的整体结构和发展脉络。出于文化上的"无知","局外人"会对一些"局内人"视为"理所当然"的事情产生好奇,因而激发对这些事情进行深入探究的灵感。

"局外人"的另外一个优势是可以利用自己的文化观念来帮助自己理解异文化。由于来自不同的文化群体,"局外人"对事物往往有不同的看法和情感反应。如果他们将自己的解释与被研究者的解释进行对照,便会产生一种文化差异感,进而加深对问题的理解(见图表3-6)。

图表3-6 局外人与局内人举例

  我在美国对一些中国留学生的跨文化人际交往进行研究时,很多中国学生说:"在美国人情很淡薄,人与人之间没有情感交流";而很多美国同学则说:"你们中国人表情很呆板,与我们交谈时没有情感交流"。作为中国学生的"局内人",我对他们的说法非常理解。而作为美国同学的"局外人",我对他们的说法感到十分吃惊。后来,经过分析,我发现,美国同学所说的"情感交流"(emotional exchange)与中国同学所说的"情感交流"不是一回事。前者强调的是交流者自己的情感表达,是一种"自我取向"的表现;而后者指的是交流者对对方的关切,是一种"他人取向"的感情流露。通过对比这两种不同的解释,我对中美两种文化在这方面的交流规范获得了一种更加贴切的理解。

正如"局外人"可以利用自己的文化观念来理解异文化一样,他们也可以利用异文化对自己的冲击来加深对自己文化的理解。当研究者面临自己不熟悉的文化观念和行为时,很容易将其与自己习惯的进行对比,进而对自己的文化重新进行审视,对那些自己平时"日用而不知"的东西进行思考。比如,作为一名中国留学生,我是在美国对那里的"种族歧

视"问题进行了一些研究以后，才突然意识到在中国也存在类似情况。在我上学的学校里就经常发生城市孩子歧视农村孩子、"大地方"来的人欺负"小地方"来的人、有家庭背景的孩子瞧不起家庭社会地位低的孩子的事情。

除了距离感和文化比较的角度以外，"局外人"还享有一些"局内人"没有资格享受的"优惠待遇"。比如说，被研究者对"局外人"通常比对"局内人"更加宽容，对他们的外表和行为表现通常不那么苛刻。"局外人"不必像"局内人"那样严格效仿当地人的行为规范，也不必特别在意当地人怎么看待自己的外表和衣着。如果他们对当地人的语言或行为不理解，可以随时提问；而且提的问题无论如何"愚蠢"，也不会遭到本地人的奚落和耻笑。例如，如果一名中国的研究人员去问一名中国的大学生"你们所说的'应试教育'是什么意思？"这个学生可能会觉得这位研究人员怎么如此"无知"，不屑于向对方进行详细的解释。而如果一名来自非洲、对中国的教育问题不了解的研究人员问同样的问题，这位学生可能就会十分耐心地向对方解释了。因此，"局外人"可以有意识地利用自己这方面的优势，对一些本地人看起来习以为常的事情佯装"无知"，以此刨根问底，挖掘其深层的文化意义。

此外，由于"局外人"处于"局"之"外"，通常不会像"局内人"那样与被研究者形成比较密切的人际关系或利益纠葛，对"局内"发生的事情也不会如此介意或冲动。由于在心理上保持了一定的距离感，"局外人"在研究时可以保持一种相对"客观"的心态，看待事物时也许会比"局内人"冷静一些，在做研究结论时也比较容易坚持一种相对"中立"的立场。

然而，身为"局外人"也有自己的难处。由于没有长期在本地文化中生活浸润的历史，"局外人"很难对当地人的社会结构、行为规则以及社会事件中隐含的微妙意义有深刻的理解。在这里,距离成了一把双刃剑,既给研究者带来一定的便利和轻松感,但同时又带来了一些理解上的障碍。比如,如果一名美国学生去访谈一位中国留学生,他很可能对对方所说的复杂的人际关系以及诸如"人情"、"民族自尊"之类的词语感到不知所云。而如果一位中国学生去访谈一位美国同学,他也可能很难理解对方所说的"自我意识"、"个体主义"等词语的真正含义。

(2)熟人与陌生人

质的研究中另外一对重要的研究关系是"熟人"和"陌生人",即相对于研究者来说,被研究者是熟悉的还是陌生的。如果被研究者是熟人,参加研究的可能性通常比较大,因为熟人往往碍于面子而接受研究者的要求,而陌生人则不必如此顾及人情。有的熟人不仅很"熟",而且已经成了"朋友",甚至是"亲戚",而为"朋友"和"亲戚"帮忙则被认为是天经地义的事情,不容推脱。此外,如果彼此是熟人,共同经历过一些生活事件,彼此对对方的个性脾气有所了解,研究者会比较容易理解对方。

不过,由于双方是"熟人"或"朋友",被研究者可能不愿意将自己的一些个人隐私告诉对方。研究过后双方彼此还会经常见面,如果将自己的个人隐私暴露给对方,可能会感到尴尬。有时,双方有一些共同的朋友或熟人,为了避免不必要的麻烦,被研究者可能向对方隐瞒那些涉及到这些人的情况。研究的情境与日常生活非常相似,很多人情愿向陌生人倾诉心曲,也不愿向一位"靠不住的"朋友诉说隐私,因为陌生人不会对他们的生活造成威胁,而一位粗心的朋友却有可能给他们的名声带来损害(Goldstein,1987:69)。

此外,"朋友"之间因为关系亲密,很难产生研究所需要的距离感。"朋友"突然变成了"研究者",这其间的角色转换过于唐突,可能使双方难以马上适应。由于双方关系友好,研究者难以采取一种严肃认真的态度来对待研究。如果他/她过于严肃,对方可能认为他/她"装模作样"、"假模假式";如果他/她坚持追问"朋友"之间常用的一些词语或行为的意义,对方会觉得他/她"明知故问",不予理睬。而如果他/她态度过于随便,又很难保证研究的规范性和有效性。

4. 如何进入研究现场？

　　进入研究现场不是一个一次性的工作，不能一劳永逸。虽然在研究开始时我们成功地进入了现场，受到了被研究者的接纳，但因为种种无法预料的原因，这种关系可能在研究的过程中变质，需要不断地修补甚至重建。

§4.1. 如何接触研究对象？

　　在进入现场之前，我们首先需要获得被研究者的同意。一般来说，如果我们只对一些个人进行研究，不涉及他们所属的单位，可以直接与这些人联系。例如，如果我们计划对某地区的部分教师进行访谈，了解他们的教学观念，我们可以通过他们的同事、熟人、朋友或家人与他们联系，或直接询问他们是否愿意参加。但如果我们是对一个社会机构进行个案调查，那么必须获得所在机构领导的批准（Lincoln & Guba，1985）。假设我们计划向一所中学的部分教师进行访谈和观察，了解他们的教学情况，就必须事先获得学校领导的同意。

　　有时候，我们需要对方以书面的形式表示同意被研究者参加研究项目，如小学生需要父母签字。在这种情况下，我们可以事先设计一份"同意书"，请有关人员签字。"同意书"包括对研究项目和研究者本人的简单介绍、被研究者的职责、研究的意义、研究结果的处理方式等。"同意书"应该特别强调自愿原则和保密原则，即被研究者有权拒绝参加研究，研究者将严格为被研究者的姓名、工作/学习地点和其他有关信息保密。有时，为了增加自己身份的"可信度"，我们还可以请自己单位的领导写一封介绍信。应该注意的是，使用这种文件时应该充分考虑被研究者的文化习惯。在有的地方（如比较偏远的中国乡村），这么做可能使被研究者感到"困惑"或"生分"，不如口头交流效果更好。

如果可能，我们应该设法在进入现场之前了解当地的权力结构、人员关系以及一般认可的行为规范，特别是那些有权决定被研究者是否参加研究的人（被称为"守门员"）是谁。"守门员"由于自己的特殊位置，通常对研究有一定的考虑或顾虑，他们或希望影响我们，以便获得对他们自己有利的研究结果；或希望限制我们，使我们只能与某些特定的人物接触（高敬文，1996：63）。比如，在某些学校里，校长可能认为自己是学校里教师和学生的保护者，担心研究活动会搅乱学校的正常教学，占据教师太多的时间，影响学生的注意力，因此不同意研究者进入学校。此外，几乎所有的校长都对自己学校的形象十分在意，不希望过多暴露自己学校不好的一面（Hammersley & Atkinson，1983：65）。因此，在研究的过程中，他们很可能想方设法阻止研究者了解学校的阴暗面。

研究是否应该取得"守门员"的同意取决于与研究有关的其他因素，如研究所在地的性质是属于"封闭型"还是"公共型"。如果研究涉及到某些个人和社会机构，那么这些地域便具有"封闭"的性质，研究者必须事先取得被研究者和（或）他们的"守门员"的同意。而如果研究是在一些"公共"

场合进行,研究者则不必(有时候也不可能)获得被研究者的批准。比如,如果我们到一所幼儿园对孩子的学前教育进行调查,必须获得幼儿园领导、老师以及孩子家长的同意。而如果我们到一条大街上观察每分钟车辆的流量,就不必事先通知本市的交通大队或车辆管理局。

在大街和幼儿园之间进行区分比较容易,可是有时候我们很难确定被研究的地点是属于"封闭型"还是"公开型"。比如,如果我们希望到一个商店了解产品的包装质量,是否应该事先征得商店经理和服务员的同意呢?如果我们计划到一个食堂里观察就餐人员的互动关系,是否要获得食堂管理人员(甚至他们的上级机关)的批准呢?我们可能很容易就回答说:"没有必要",因为我们并不会影响商店的正常营业,也不会妨碍食堂里的人们就餐。但是,假设我们在商店里一转就是几个小时,拿起一件商品琢磨半天,那么会不会引起售货员的注意,以为我们是想偷东西呢?又比如,如果我们在食堂里架起了一台录像机,对食堂里就餐的人们进行近距离的聚焦观察,那些就餐的人们会不会感到十分恼火呢?

因此,对"公共"和"封闭"这一对概念的定义不仅仅在于地点本身的性质(如大街没有明显的所属管理机构,而幼儿园则有比较明显的管辖边界),而且在于研究者个人的行为。在上面商店的例子中,我们之所以引起了售货员的注意,不仅仅是因为身在商店,而主要是因为我们的行为与众不同。如果我们只是像一般的顾客一样,对架子上的商品端详片刻便往前移动,便不会受到售货员的怀疑了。

§4.2. 如何与被研究者交流?

在与被研究者接触时,我们需要介绍自己和自己的研究项目。一个基本的原则是：提供足够的信息，避免对方产生不必要的猜忌或好奇；但要适可而止，过多或过少都不合适。当然，"多少"被认为是"足够"或"合适"并没有一个定准，必须视研究的问题、情境以及被研究者的身份等具体情况而定。比如，如果我们到一所中学去了解学校的教学改革，学校的教务长很可能比一般的教师和学生希望对研究的内容有更多的了解；而一位接受访谈的教师比一位受到观察的教师更有机会直接向研究者询问研究的详情。在通常情况下，我们可以将心比心，设想如果自己处于对方的位置，需要了解什么情况才能决定是否参加研究。如果我们提供的信息过少，对方可能心存疑虑，不知道如何判断我们的意图和诚意；而如果我们提供的信息过多（特别是过于专业），对方可能感到不知所措，不知道自己是否能够与我们合作，而且可能怀疑我们有意说服他们参加研究。

除了自我介绍以外，我们还应该就研究的时间、地点等具体事宜与对方达成共识。研究应该在被研究者认为合适的时间和地点进行，而且以不影响他们的正常工作和生活为基本前提。如果被研究者对我们的计划有异议，我们应该根据他们的意见进行修改。进入现场是一个有得有失的事情，研究者应该在不违背自己的价值标准和研究实际需要的前提下，根据对方的要求做一些必要的妥协。

有时，被研究者可能会提出一些要求，如阅读我们收集的原始资料和研究报告，希望了解本研究到底有什么用，对他们有什么实惠。在这种情况下，我们应该坦率、如实地回答对方。如果没有特殊的原因，我们应该许诺与对方分享研究的成果，并告诉对方如果研究结果得以发表，或者向上级汇报，他们所关心的问题可能得到公众和有关部门的注意，有关领导也许会出面来解决问题。但是，在很多情况下，我们也许不得不告诉对方,本研究对任何个人都没有太大的"实用"价值,只是为人类了解自身增添一些知识而已。在向对方做承诺的时候,一定要注意实事求是。承诺如果到时候不能兑现,不仅会使对方感到失望,而且会使我们失去他们的信任。

有学者提出了协商研究关系时应该遵循的"4C"原则:①关系(connections);②交流(communication);③礼貌(courtesy);④合作(cooperation)(Maxwell,1994)。"关系"与上面讨论的通过自己的朋友或同事寻找被研究者的途径类似,即通过一定的人际关系与被研究者建立信任和友好的关系;"交流"指的是研究者应该心胸坦荡,愿意与被研究者交流自己的意见和感受;"礼貌"指的是研究者应该尊重被研究者的风俗习惯,对他们彬彬有礼,注意倾听他们的心声;"合作"指的是在被研究者需要帮助的时候研究者应该主动为他们排忧解难,使研究成为一种相互受益的行为。我认为以上这些原则都非常重要,但是最最重要的是获得被研究者的信任。如果被研究者对我们产生了信任,其他一切问题便都可以迎刃而解了。而要获得被研究者的信任,我们自己必须做到坦率、真诚、信任对方。

§4.3. 如何选择进入现场的方式?

进入研究现场可以有很多不同的方式,比如在实地自然地进入,直接说明意图地进入,逐步暴露地进入,隐蔽地进入,等等。理想的状态是直接向被研究者说明意图,但是在有的情况下这样做却比较困难。比如,如果我们计划对一个青少年犯罪团伙进行研究,便不可能得到团伙头目的同意。我们只能把自己也装扮成犯罪分子,通过观察团伙的活动以及与团伙成员交谈了解情况。

4.3.1. 隐蔽式进入

隐蔽式进入使研究者避免了协商进入现场的困难,而且有较多的个人自由,可以随时进出现场。但是,由于研究者成了一个"完全的参与者",他/她不可能像在公开型研究中那样广泛地接触被研究者。假设我们在一所学校里找到了一份教书的工作,利用自己的教师身份进行隐蔽式研究。我们也许可以通过与其他教师和学生交谈来了解学校的一些情况以及这些人的想法,但是我们不可能像一位公开的研究人员那样就一些敏感性话题(如学生的体罚问题、学校的财政收入问题)正式与校长或其他管理人员进行访谈(Bogdan & Biklen, 1982:120)。

此外,撒谎总不是一件令人愉快的事情。我们可能时刻受到自己良心的谴责,而且担心无意中暴露自己的真实身份。如果真相不慎败露,不仅会使我们处于十分尴尬的境地,而且会使被研究者感到受到了侮辱。已经建立起来的良好关系可能会毁于一旦,研究可能不得不因此而终止。

4.3.2. 逐步暴露式进入

如果我们预感到"守门员"有可能对我们的研究有顾虑,也可以采取逐步暴露的办法进入现场。在研究开始时,我们可以简单地向对方介绍一下自己的研究计划,然后随着对方对我们信任程度的增加而逐步展开。其实,大部分被研究者并不需要了解研究的全部内容和过程,他们最关心的是"研究者是什么人?他/她到底要干什么?我能够从这个研究中得到什么?"因此,我们只要对上述问题作出解释就行了,不必详细介绍研究的具体程序和细节。

此外,在质的研究中,研究的问题和方法都会随着研究的进行而不断变化,我们事先设定的步骤不一定会如期实现。一开始就向被研究者和盘端出一个复杂的研究计划不但没有必要,而且可能不符合今后会发生的"客观实际"。对方可能会对这个"堂而皇之"的计划感到不知所措,不知道自己是否能够很好地与我们合作,因此而拒绝参加研究。随着我们与对方关系的深入,对方对我们的信任程度会逐步增加,到那时原来看上去复杂、困难的研究计划也许会变得不复杂、不困难了。

4.3.3. 实地自然进入

有时候,我们还可以采取实地自然进入的办法。在研究开始之前,我们可以在被研究的地点"闲逛"一阵,参与当地人的一些活动,与他们随意交谈。然后,随着当地人对我们的了解逐步加深,他们会对我们的出现比较习惯,对我们的信任感也会不断增强。在这种情境下获得的信息往往比较真实,不像在人为的研究环境下那么不自然(见图表4-1)。

图表4-1 自然进入现场举例

美国人类学家利波(Liebow,1967)在华盛顿地区对低收入家庭的育儿方式进行调查。他第一天到达指定的街区时,正好碰到一位妇女在和警察吵架。他在旁边看了一会儿,便与身边的几位旁观者搭讪了起来。结果其中的一位小伙子特别健谈,和他一聊就是几个小时。第二天,他来到同样的地方,又碰到了几位中年"酒鬼",于是便又和他们神聊了起来。就这样,他很快和当地的人建立起了关系,他们中的一个人成了他的"亲信",在研究中为他提供了很多有用的关系和信息。

4.3.4. 处理进入失败

有时候，出于某种原因，被研究者可能拒绝我们的请求，不愿意参加研究。拒绝本身对我们来说是一个重要的信息，我们应该根据当时的情况反省自己在哪些方面做得不合适。比如，怀丁（Whitten, 1970）在加拿大挪瓦斯格夏省对黑人的生活进行研究时，当地人告诉他应该首先与当地黑人居住区的议员通电话，征求他的同意。在和议员谈话时，怀丁声称自己是美国的一名教授，对那些在主流文化之外的"黑鬼们"的生活特别感兴趣。结果，他遭到了议员十分有礼貌但非常坚决的拒绝。议员告诉他本地的"有色人种"已经过多地受到外来研究者的骚扰和伤害，他们已经对被当成"不同"的人而感到厌烦了。过后，怀丁通过进一步调查才意识到，他之所以遭到议员的拒绝主要有两个原因。首先，当一些本地人建议他与议员通话时，他们只是表示一下自己对地方官员的尊重，并没有指望他真的这么做。按照当地人的惯例，他应该首先与一位认识议员的人建立良好的关系，然后通过这个人与议员面谈。其次，外人是不能用"黑鬼"这个词来指当地的有色人种的。这个词只能在当地人的社区内部使用，外人使用这个词语被认为是大不敬的行为。

在上面这个例子里，研究者遭到拒绝在很大程度上是因为自己的行为不符合当地人的规范。但是，有时候研究者受到拒绝却可能与自己的行为毫无关系。比如，当派司金和一名助手一起对美国某学校的种族问题进行调查时，一位女教师拒绝接受派司金到她的教室里作观察（Glesne & Peshkin, 1992 : 35）。而对他的助手季米，她却没有表示异议，因为季米比派司金年轻，而且刚刚从研究生院毕业。这位女教师觉得季米不会对她的教学构成威胁，因此和他在一起时感到很自在。而如果派司金到她班上来作观察，她会感到十分紧张，因为他是一个"重要人物"。因此，当遭到拒绝时，研究者除了检查自己的行为以外，还可以考虑一下自己的个人身份（如性别、年龄、社会地位、种族等）对自己进入现场有什么影响。

当然，在一些情况下，被研究者的拒绝就是"拒绝"。虽然他们可能出于面子不明确向我们说明，但是他们都有自己的理由：他们可能工作太忙，生活太紧张，没有时间参与研究；他们可能对研究的题目不感兴趣，觉得没有什么可说的；他们可能对我们印象不好，不想和我们继续来往；他们可能对"研究"这种形式本身就有反感，觉得这种"研究"没有用，我们是"吃饱了饭没事干"；他们可能自己心情不好，不想和人交谈……这个单子可以无止境地开下去。正如接受的理由可以有很多种一样，拒绝的理由也可以千姿百态。

面对这种情况，我们除了应该反省自己的行为以外，还应该认真分析被研究者的具体情况，了解他们提供的这些理由是否"真实"。对方不一定直接说明原因，我们需要自己多动脑筋，注意观察他们所说的话和神情举止。而不管他们的理由是否"真实"，我们都应该分析他们的拒绝对我们的研究意味着什么。例如，如果他们拒绝参加是因为他们认为这种研究"没有用"，那么我们是否应该调整研究的方向或重点呢？

在质的研究中，所有的东西都是资料，进入研究现场本身就是一个收集资料的过程。我们在进入现场时使用的策略、遇到的障碍以及克服阻力的方式——这本身就是研究的一个重要组成部分（Hammersley & Atkinson，1983：54）。协商研究关系中发生的很多事情不仅可以帮助我们了解当地的社会结构、权力网络和人际关系，而且可以帮助我们修改自己的研究问题和研究方法。

5. 如何进行访谈？

　　"访谈"是研究者"寻访"被研究者并且与其进行"交谈"的一种活动。由于质的研究涉及到人的理念、意义建构和语言表达，因此"访谈"便成为质的研究中一个十分有用的收集资料的方法。

　　访谈有很多不同的方式，质的研究主要采用开放型和半开放型访谈①。开放型访谈通常没有固定的访谈问题，访谈者鼓励受访者用自己的语言发表看法。访谈的形式不拘一格，可以根据当时情况随机应变。这类访谈的目的是了解受访者自己认为重要的问题、他们看待问题的角度以及对问题所作的解释。在半开放性访谈中，访谈者对访谈的结构具有一定的控制，根据自己的研究设计对受访者提出问题，但同时也鼓励受访者参与，提出自己感兴趣的问题。在质的研究中，访谈者在研究初期往往使用开放型访谈，随着研究的逐步深入，慢慢转向半开放型访谈，就前面开放型访谈中出现的重要问题进行追问。

---

　　① 　本书中所说的"访谈"一词一律指开放型和半开放型访谈。

§5.1. 访谈有什么作用?

与其他研究手段相比,访谈具有自己独特而又十分重要的功能(见图表5－1)。首先,与观察相比,访谈可以了解受访者的所思所想和情绪反应、他们生活中曾经发生的事情、他们的行为所隐含的意义。观察往往只能看到或听到被研究者的外显行为,很难准确地探究他们的内心活动;而访谈却可以进入到受访者的内心,了解他们的心理活动和思想观念。

图表5－1　访谈的主要特点

1) 了解受访者的所思所想,包括他们的价值观念、情感感受和行为规范;

2) 了解受访者过去的生活经历和他们耳闻目睹的事件,特别是事件发生的过程;

3) 从受访者的角度对研究现象获得多种描述和解释;

4) 事先了解受访者的文化规范,如哪些问题是敏感性问题,研究时需要特别小心;

5) 帮助研究者与被研究者建立关系,使双方由感觉陌生到彼此熟悉;

6) 使受访者感到更加有力,因为自己的声音被听到了,自己的故事被公开了,因而影响到他们对自身文化的解释和构建。

与问卷调查相比,访谈具有更大的灵活性以及对意义进行解释的空间。问卷通常使用的是研究者自己的语言,向被研究者询问研究者自己认为重要的问题;而访谈可以直接询问受访者自己对研究问题的看法,使他们有机会用自己的语言和概念表达他们的观点。此外,在研究关系和具体情境许可的情况下,我们可以与受访者探讨问卷中无法处理的一些敏感性话题(如犯罪行为、婚姻、性倾向等)。如果访谈的结

构足够开放,我们还可以通过让对方讲故事或举例的方式对自己生活中的细节进行比较细致的描述。

与实物分析相比,访谈更具有灵活性、即时性和意义解释功能。实物往往没有自己的嘴巴,无法直接向我们表白自己;而在访谈中我们可以直接询问受访者的看法,了解他们对自己创造的实物的意义解释,探询这些实物与他们生活中其他事件之间的关系。

在使用观察、问卷或实物分析的同时使用访谈,还可以起到相关检验研究结果的作用。在访谈中,我们可以对受访者在观察中的行为表现、在问卷中所作的选择以及他们制作的实物在意义层面上进行比较深入、细致的询问。如果受访者在访谈时的回答与他们在观察中的行为不一致,我们可以一方面通过追问了解这种不一致产生的原因,另一方面也可以再回到研究实地对对方进行观察。通过往返不断的、各种方法之间的相关检验,研究的结果应该可以逐步趋于一致。

§5.2. 如何进行访谈前的准备工作?

访谈前的准备工作一般包括设计访谈提纲和与受访者商量有关事宜,如访谈时间和地点的选择、访谈的次数和长度、是否录音等。

5.2.1. 设计访谈提纲

虽然质的访谈要求给受访者较大的表达自由,但是访谈者在开始访谈之前一般都会设计一个访谈提纲。这个提纲应该是粗线条的,列出我们认为应该了解的主要问题和应该覆盖的内容范围。访谈问题与研究问题不一样,后者是从研究的现象中提炼出来、研究界尚有疑问、需要通过研究予以回答的问题;而前者是在后者的基础上转换而成,是为了回答后者而设计的。因此,访谈问题应该明白易懂、简要具体、具有可操作性。访谈提纲应该尽可能简洁明了,最好只有一页纸,可以一眼就全部看到。

访谈提纲的作用就像是一个舞台提示,在访谈中只是起一个提示作用,以免遗漏重要的内容。访谈的具体形式应该因人、因具体情境而定,不必拘泥于同一程式,也不必强行按照访谈提纲的语言和顺序提问。如果受访者在访谈结束的时候还没有提到提纲中列出的重要问题,我们可以再询问对方。访谈提纲应该随时进行修改,前一次(或者是对前一个受访者)访谈的结果可以为下一次(或者是对下一个受访者的)访谈提供根据。

通常,我们在设计访谈提纲的时候,并不知道什么访谈问题比较适合受访者的实际情况,往往只能根据自己的经验进行猜测。因此,访谈提纲中列出的问题应该尽量保持开放,使受访谈者有足够的余地选择谈话的方向和内容。如果访谈提纲过于封闭,很容易使我们束手无策(见图表5-2)。

5.2.2. 与受访者协商有关事宜

在访谈开始之前,我们需要与受访者协商访谈的时间和地点,尽量以对方的方便为主。这一方面是为了表示对对方的尊重,另一方面也是为了使对方在自己选择的时间和地点感到轻松、安全,可以比较自如地表现自己。选择的地点应该比较僻静,避免过多的人员来往和噪声干扰。

此外,我们还应该就访谈的次数和时间长短与对方进行磋商。通常遵循的一个原则是:收集的资料要尽可能达到饱和,如果在后续访谈中得到的资料只是对以前收集到的资料的重复,那就说明访谈的次数已经够了。有人认为,如果要对

图表 5 – 2　设计访谈提纲举例

在一次课堂访谈练习中，我要同学们当场访谈一位在美国生活了 10 年、获得了博士学位以后回国工作的中国留学生，研究的问题是"留学生回国后的文化适应"。首先，全班同学利用一堂课的时间设计了一个访谈提纲，先分组讨论，然后一起进行集体商议，列出了大家认为比较重要的访谈问题。在这个访谈提纲中，第一个问题是："您回国以后感觉怎么样？"这是一个开放型的访谈问题，可以给受访者足够的机会谈自己的感受。但是，在讨论中，同学们一致认为，这位留学生在美国生活了 10 年以后才回国，各方面一定很不适应，因此大家设计了很多子问题，就受访者可能有的各种不适应的情况进行追问，如"您回国以后有什么不适应的地方吗？比如说，住房？工资？工作条件？交通？空气？食品？孩子上学？"然后，全班同学经过个人自荐、全班通过的办法选出了一位访谈者。

下节课开始，受访者进来，双方坐下以后便开始了正式访谈。访谈者问了对方第一个开放型问题以后，对方立刻爽快地回答："我回国以后很适应，没有任何不适应的地方。"全班同学一个个面面相觑，都露出非常吃惊的表情。15 分钟的访谈结束后，受访者退去，同学们开始就刚才的访谈进行讨论。在场的所有同学都说，受访者的第一个回答使他们大吃一惊，万万没有想到对方会如此做答，他们都暗暗地为那位担任访谈者的同学捏一把汗，不知道下面她该怎么问。访谈者说，她自己也一下子慌了手脚，不知道应该如何回应，由于大家的猜测失误，访谈提纲里准备的那些追问的问题一个也没用上。

有关问题进行比较深入的探讨，起码应该进行三次访谈（Seidman，1991）。第一次访谈主要粗略地了解一下受访者的个人经历，访谈的形式应该尽量开放，让对方用讲故事的方式进行。第二次访谈主要就研究的问题询问受访者有关的情况，着重了解事情的有关细节。第三次访谈主要请受访者对自己的行为进行解释,在受访者的行为、思想和情感反应之间建立起联系。

有关每一次访谈时间的长短,我们也应该事先与受访者协商,以便他们安排自己的时间或协调其他的活动。一般而言,每次访谈的时间应该在一个小时以上,但最好不要超过两个小时。与研究者交谈两个小时以上往往会使受访者感到十分疲劳,如果不及时打住可能会使其产生厌倦情绪,甚至可能认为研究者"不近人情"。如果受访者产生了负面的情绪,其思维活动有可能趋于缓慢乃至停滞——这显然不利于我们今后进一步与其合作。当然,如果受访者自己兴趣盎然,希望在两小时以后继续交谈,访谈也可以继续进行下去。

在访谈开始之前,我们还应该与受访者探讨是否对访谈进行录音。一般来说,如果条件允许,而受访者又没有异议的话,最好对谈话内容进行录音。由于质的研究强调使用受访者自己的语言对他们的意义进行分析和再现,录音可以帮助我们日后分析资料和撰写报告。此外,录音还可以使我们从记笔记的负担下解放出来,将全部注意力放在受访者身上。但是,如果良好的访谈关系尚未建立起来,受访者感到不安全,录音有可能使他们感到紧张不安,甚至选择隐瞒那些今后有可能给他们带来不利后果的信息。另外,有的受访者可能觉得谈话被录音是一件非常重要的事情,有可能今后"名垂千古",因此在谈话的时候尽量使用比较正规的语言,有意避免自己的日常用语。

§5.3. 访谈中如何提问?

提问、倾听、回应可以被认为是访谈中的三项主要工作,它们在实际操作时是相互交融、密不可分的。在很多情况下,回应的方式就是提问的方式，只是前者更加强调与受访者所说上文之间的关联，而后者更多地出自我们自己的筹谋。而倾听则对提问和回应都具有指导性的作用，因为不会倾听就不会回应和提问。如果我们听不到受访者的真实意图，根本就无法进入对方的内心世界，也就不可能对对方的意图做出积极的回应和进一步的探询。

"如何开始访谈？"回答可以有很多种。一个重要的原则是：尽可能自然地、结合受访者当时的具体情形开始访谈。比如，我们可以先与受访者聊聊天，询问一下对方的个人经历、家庭背景和生活工作情况。如果合适的话，双方也可以就共同感兴趣的话题（如球赛、国家大事、衣着等）先闲聊一会。如果我们走进访谈的地点（如受访者的家）时，对方正在做事（如做作业、缝衣服、看电视），我们也可以就这些事情挑开话题，如"你在做什么作业呀？你缝的衣服真漂亮。电视上有什么节目啊？"这么做可以使气氛变得比较轻松，增进交谈双方的情感交流，消除（或减少）双方心理上的隔膜。在双方建立了一定的关系以后，访谈就可以开始正式了。

5.3.1. 访谈问题的类型

访谈的问题可以千变万化，依研究的问题、访谈者的习惯、受访者的个性以及当时的情境而有所不同。常用的一些访谈问题可以按如下标准进行分类：按问题的语句结构可以分成开放型和封闭型；按问题所指向的回答可以分成具体型和抽象型；按问题本身的语义清晰程度可以分成清晰型和含混型。

（1）开放型与封闭型问题

开放型问题指的是在语句上具有开放的结构、在内容上没有固定的答案、允许受访者作出多种回答的问题。这类问题通常以"什么"、"如何"和"为什么"之类的词语为语句的主线,如:"您对高校入学收费有什么想法?你们学校是如何收费的?你们学校为什么这么收费?"而封闭型问题指的是那些在语句结构上对回答方式和内容均有严格限制、其回答往往只有"是"或"否"两种选择的问题,比如:"您认为高校入学收费合理吗?你们学校对每个学生都收费吗?是不是国家有规定要求这样收费?"

很显然,在质的访谈中,封闭型问题应该尽量少用。在质的研究中,访谈的目的是了解受访者看待问题的方式和想法,因此访谈问题不仅在结构上还是内容上都应该灵活、宽松,为受访者用自己的语言表达自己的想法留有充分的余地。而封闭型问题首先在结构上就限制了回答者的选择,使其无法自由地表达自己的想法。比如,在上例中,当被问及:"您认为高校入学收费合理吗?"时,受访者只能说"合理"或"不合理"。尽管受访者可能对高校入学收费的问题有很多自己的看法(如"对富裕家庭的孩子而言,收费是合理的;对热门专业来说,收费也是合理的",等等),但是如果我们不继续追问的话,对方只能就此打住。这样的提问获得的信息类似书面问卷,没有发挥面对面开放型访谈的优势。

封闭型问题不仅在形式上对受访者的回答有所限定,而且在内容上也严重地限制了受访者的思路。这类问题往往带有提问者自己的定见或"倾见",有意无意地将自己对事物的概念定义和分类方式强加给对方(见图表5-3)。

图表5－3 封闭型问题举例

当我们问一位中学生："你认为自己是什么性格,内向还是外向?"这个问题本身就已经将人的性格分成了两类:"内向"或"外向",而这位学生只能在两者之间作一个选择。可是,这位学生很可能不使用"内向"和"外向"这样的词语来描述人的性格;或者即使他使用这样的词语,但是他并不认为自己的性格就必然地属于其中一类。他也许认为自己在某些场合(如上课、参加班级活动时)表现得比较"内向";而在其他一些场合(如与家人和朋友在一起时)却表现得比较"外向"。如果我们对他提出这样一个先入为主的问题,很可能使他不知如何做答。他也许会随便搪塞一下我们,回答"内向"或"外向";也许我们对他来说是"权威人物",在这之前他曾经受到我们的暗示,说他的性格有点"害羞",因此而"不得不"(甚至是无意识地)回答说"内向";也许他对这个问题不太满意,可是又不知道问题出在哪里,心里觉得挺别扭。如果我们连续不断地向他问这类封闭型的问题,他可能会感到自己被放到了一个被动的地位,因此而渐渐失去主动谈话的兴趣。

虽然在访谈中我们应该尽量使用开放型问题,但是也必须考虑到受访者的个人特点。有时候,如果问题过于开放,或者开放的问题过多,对方可能会对我们的意图感到迷惑不解,因此而产生心理上的焦虑。例如,如果我问一位小学生:"你对学校有什么感觉?"他/她会抬起头来,十分疑惑地望着我,好像我是从一个外星球上下来的怪物似的。而如果我改变提问的方式,问这位小学生:"你喜欢上学吗?"他/她可能会回答:"喜欢。"然后,如果我再继续追问:"为什么喜欢?学校里什么事情你最喜欢?能多告诉我一些你们学校的事情吗?"这位小学生的反应会立刻变得生动起来。这类例子说明,如果受访者对过于开放的访谈结构不习惯(这种情况多半发生在受教育程度较低或年龄较小的受访者身上），我们可以适当地问一些封闭型的问题。在受访者明确了自己的大方向以后，我们可以根据对方的回答再提出一些开放型的问题。

如果访谈已经进行到一定阶段，我们希望对自己的某个初步结论进行检验，这时也可以使用封闭型问题。比如，如果我们发现某大学很多学生都对学校食堂的伙食不满意，希望在访谈中明确地知道是不是所有被访的大学生都有这类看法，那么我们可以直接问每一位受访者："你对学校食堂的伙食满意吗？"有时，我们甚至可以故意使用一个与目前发现的"事实"相反的陈述，以求从不同侧面来检验自己的初步结论（Sullivan，1954）。比如，我们明明知道大部分学生都对食堂的伙食不满意，但是在访谈时故意问："你对学校食堂的伙食很满意，是吗？"以此来邀请对方对这个问题进行反驳。另外一种具有导向性的封闭型问题被称为"控制型投射"，即使用别人的意见或在别的情境下发生过的类似事件对受访者进行检验（Whyte，1982），如："你们学校有的同学认为食堂的伙食很不错，不知你的意见如何？"或者"我访谈过的几位同学都认为食堂的伙食很不好，不知你是否同意这种看法？"

使用这种检验性封闭型问题有一定的风险，很容易造成对受访者的误导，不到迫不得已时不应该使用。如果一定要用，也应该控制在访谈的后期（个别特殊情况除外，如上面所谈的受访者不习惯过于开放的访谈结构）。一般来说，如果我们在前期成功地使用了开放型问题，受访者通常在访谈结束之前便覆盖了我们希望了解的情况。如果受访者在结束的时候还没有谈及一些我们认为十分重要的问题，我们可以采用相对封闭的方式对这些问题进行有针对性的提问。

（2）具体型与抽象型问题

从访谈问题所期待的回答来看，访谈的问题还可以分成具体型和抽象型。前者指的是那些询问具体事件(特别是事情的细节)的问题,如:"昨天在你们学校里发生了什么事情?在哪里发生的?当时都有谁在场?在场的人都说了(做了)什么?"后者则具有较高的总结性和概括性,如:"你们学校的学生一般在什么情况下上课迟到?你们平时下课时都干些什么?中学生最喜欢看什么课外书籍?"具体型问题有利于受访者回到有关事件发生时的时空和心态,对事件的情境和过程进行细节上的回忆或即时性建构。抽象型问题则便于对一类现象进行概括和总结,或对一个事件进行比较笼统的描述。

如果研究的目的是了解受访者个人的独特经历和想法,或者探寻某一事件的来龙去脉,我们应该尽量使用具体型问题。总的来说,抽象型问题应该尽量少用,因为受访者对这类问题往往容易凭自己的印象想当然。由于思维理性化的影响,人们(特别是"知识分子")往往习惯于在理性层面探讨问题,不习惯落实到实处。如果我们使用过于理性化的问题,受访者也会倾向于作出理性化的回答,而这样的回答通常不能"真实地"表现说话人的具体行为方式。比如,如果我们问一位教师:"你是出于什么原因到这所学校来工作的?"这位教师可能列出一系列原因。而如果我们问:"你从师范毕业时对就业有什么考虑?当时发生了什么事情?当时的人才市场是什么状况?你怎么会到这所学校来工作的?"这类问题,这位教师也许会告诉我们很多细节。而通过对这些细节的分析,我们可以得出比较"真实可靠"的、不仅仅局限于因果分析的结论。

当然,几乎所有的研究问题都具有一定的抽象性,问题不是不应该研究抽象的问题,而是应该在访谈的过程中将抽象的问题具体化,然后在归纳的基础上再进行抽象。如果直接从抽象到抽象,我们不可能获得"真实"、生动的访谈内容。

如前所述,访谈的问题与研究的问题是不一样的,后者通常比较抽象,而前者则应该比较具体,抽象的研究问题应该通过具体的访谈问题体现出来。

具体型问题不仅可以"掰开"抽象的研究问题,帮助我们了解事情的细节、情境和过程,而且还可以调动受访者的情绪和情感反应。人的情感往往与具体事件之间的关系比较密切,当具体细节在意识中栩栩如生时,受访者比较容易回到当时的情境氛围之中。因此,向受访者询问比较具体的问题,可以引导他们将注意力集中到可见、可触、可闻的细节上,以此将他们浸润在其中的情感引发出来(见图表5-4)。当我们希望了解受访者的心情时,与其直接问对方,不如请对方讲故事,问他们具体做了什么。在叙述具体故事的过程中,受访者的心情便自然而然地表露出来了。这种方法似乎对男性受访者特别有效,因为相对女性来说,男性往往更加难以直接表露和描述自己的情感。

图表5-4　具体型问题举例

在我对中国留学生与美国同学的交往进行研究时,一位中国留学生总是说:"感觉不错。"当我进一步问他:"'感觉不错'是什么意思?"时,他回答说:"就是感觉很好。"我发现自己这种询问方式很难使他接触到自己的具体感受,于是改变了提问的方式:"你们在一起都干些什么?"结果,他兴致勃勃地告诉我他们曾经在一起栽花除草,当他们俩一边干活一边聊天时,他感到与那位同学"十分亲近",心情也"很愉快"。

有的受访者习惯使用时下流行的口号,有意无意地用很多大道理来美化、标榜或贬低自己。特别是当受访者认为我们有一定的"来头"时,更加习惯于用比较正规的、被社会规范所接受的方式来表现和表达自己。有研究表明,人至少有

两套行为指导理论,一套是自己认为应该如此的理论,一套是自己在实际行动中遵循的理论(Argyris,1985)。比如,几乎所有的教师都认为教学应该培养学生独立学习和创新的能力,但是在实际教学中却很少有人能够做到。因此,我们应该注意到这种普遍的"人格分裂"倾向,采取相应的措施来了解受访者个人"真实的"行为和意义解释。比如,在访谈时,我们与其问:"您认为什么是好的教学方法?"不如仔细询问对方在教学中的具体做法和考虑。如果只是与对方就教学的原则泛泛而谈,我们很可能只会得到一些理论上的皮毛,而无法深入到对方的日常行为和内心世界。

此外,我们也可以询问受访者他们周围的人对有关问题的看法和行为方式,通过观察他们谈论他人时所使用的语气和词语来了解其"真实"态度。由于在看待别人和评价别人时受访者在视觉上和心理上与所谈论的对象产生了一定的距离,因此可能谈论得比较"客观"一些。比如,我们可以问:"您学校其他老师是如何教学的? 教研室其他老师呢? 他们使用的是什么教学方法? 他们为什么会这么做? 您对他们的做法有什么看法? 您认为他们的教学方法对学生的学习有什么作用? 他们通常如何评价您的教学? 您认为他们为什么会这么看待您的教学?"

(3)清晰型与含混型问题

从语义清晰程度上来看,访谈的问题还可以进一步分成清晰型问题和含混型问题。前者指的是那些结构简单明了、意义单一、容易被受访者理解的问题;而后者指的是那些语句结构复杂、叠床架屋、承载着多重意义和提问者个人"倾见"的问题。比如:"你今天是几点钟到校的?"就是一个清晰型问题,问题比较明确,只问"到校时间"这一个问题。而"你今天什么时间、和哪几个同学一起到校的? 到校以前是不是和这些顽皮的同学跑到附近的游乐场去转了一圈?"就是一个含混型问题,不仅询问"到校时间"、"到校时的状况"和"到校前的行为",而且包含对对方行为的指责和批评。

通常,清晰的问题因其意义明了,容易获得同样清晰的回答;而含混的问题因为意义重叠不清,容易得到同样含混的回答。比如,如果我们问受访者:"怎么样?"对方的回答多半是:"还可以"或"不怎么样"。而如果我们问:"你今天心情怎么样?"受访者的回答可能是:"比较愉快"或"不太好"。很显然,"比较愉快"比"还可以"、"不太好"比"不怎么样"在语义上要清晰一些;但是,"愉快"、"不太好"对这位受访者究竟意味着什么?上述回答仍旧没有提供明确的解释,还有待我们使用更加清晰的问题来进行详细、具体的提问。

含混的问题不仅因为意思含混,有时还因为问题中包含一层以上的意思而给受访者的回答带来困难。受访者受到一连串问题的"轰炸"之后会感到头脑发蒙,不知从何答起,结果往往出于记忆规律只抓住了问题中的最后一层意思,只就这一部分做答。比如在上面的例子中,被访的小学生可能只记住了该问题三个部分中的最后一个部分"到校以前是不是和这些顽皮的同学跑到附近的游乐场去转了一圈?"而把前面的部分统统忘记了。而这个部分不仅是一个封闭型问题,而且还隐含了访谈者自己强烈的价值判断。因此,被访的小学生只可能被迫回答"是"或"不是",根本没有机会对访谈者的"倾见"进行任何反驳(也许他根本就不认为这几位同学"顽皮")。所以,在通常情况下,访谈的问题应该只包含一层意思,而且这个意思应该尽可能地明确无误,不要带有研究者个人过多的价值取向。

提问的方式、词语的选择以及问题的内容范围应该适合受访者的身心发展程度、知识水平和谈话习惯,要能够使对方听得懂。访谈毕竟是一种类似(虽然不是)生活中经常发生的口头交谈,不宜使用过于艰深的书面用语和专业行话。通俗化的口语更贴近对方的日常生活,也更符合当地的风俗习惯;而学术界的行话往往令受访者"丈二和尚摸不着头脑",不知道我们葫芦里卖的是什么药(见图表5-5)。

图表5-5 含混型问题举例

我在美国学习了四年以后回到中国了解大学生的交友方式,在访谈时我经常问的一个问题是:"交朋友对你的个人成长和自我认同有什么影响?"结果,我发现,被访的大学生几乎个个面露疑色,不知道我在说什么。通过与他们交谈,我才意识到,我使用的"个人成长"和"自我认同"这些词语都是十分"西化"的表达方式,对土生土长的中国人来说是十分陌生的。由于我在美国受了几年教育,我的研究设计又是用英文写成的,结果我的思想也因此而变得含混不清了。从那以后,我改变了自己的提问方式:"交朋友在你的生活中有什么作用?朋友对你来说意味着什么?"虽然这些问题听起来仍旧有点"洋"味,但是起码可以让我的受访者听懂了。而让受访者听懂所问的问题是访谈得以进行的最基本前提。

5.3.2. 追问的作用与技巧

在质的访谈中,我们除了应该尽量使用开放型、具体型和清晰型问题以外,还应该有意识地就受访者前面所说的概念、语词、观点、事件和行为进一步追问。追问可以帮助我们进一步了解受访者的思想,深挖事情发生的根源以及发展的过程。追问时的一个最基本的原则是:使用受访者自己的语言来询问他们曾经表达过的看法和行为。比如,我们在倾听了一位中学教师对自己教学经验的介绍以后,发现对方提到的"发现型学习"这一概念很有意思,希望进一步了解,于是问道:

"您刚才使用了'发现型学习'这个词,请问这个词是什么意思?"在教师对这个词进行了解释以后,也许我们还想了解这位教师是如何针对自己学生的情况进行"发现型学习"的教学的,因此又继续追问:"您刚才解释了'发现型学习'这个概念,请问您自己在教学中是如何做的?"

追问时,我们应该注意时机是否合适。一般来说,追问不要在访谈的开始阶段频繁地进行。访谈初期是我们与受访者建立关系的重要阶段,应该尽量给对方自由表达思想的机会。在很多情况下,受访者有自己想说的事情,即使这些事情与我们希望知道的不太"相干"。我们应该给他们机会"表现自己",然后再在他们所谈内容的基础上进行追问。这样做不仅可以将受访者所说的事情与我们感兴趣的研究问题自然地联系起来,而且可以不伤害受访者的感情,不使他们感到难堪。当然,如果我们发现自己对一些具体的细节不太清楚(如学校上课的时间、班级的人数等),希望对方进行补充或澄清,也可以即时追问。但是,如果希望追问的内容涉及到重大的概念、观点或理论问题(如"素质教育"、"为人师表"等),我们应该将这些问题先记下来,等访谈进行到后期时再进行追问。这样可以使访谈进展自然、顺畅,按照受访者的自由联想进行下去。

追问不仅要注意适时,而且还要讲究适度(水延凯,1996:205)。我们在追问时要考虑到对方的情感、我们与对方的关系以及访谈问题的敏感程度。如果问题比较尖锐,我们应该采取迂回的办法,从侧面进行追问。例如,如果一位小学生在谈到有的老师对学生施行体罚时表现出迟疑,我们应该避免正面追问,等与对方建立了信任关系以后再委婉地询问详情。

访谈中最忌讳的追问方式是:不管对方在说什么或想说什么,我们只是按照自己事先设计的访谈提纲挨个地把问题抛出去。这样的追问不仅把访谈的结构砍得七零八碎,妨碍访谈自然地往前流动，而且没有抓住受访者的思路，强行将我们自己的计划乃至偏见塞给对方。

要达到追问适时和适度，我们必须首先将自己的"前见"悬置起来，全身心地倾听对方谈话。一个具体办法是注意捕捉对方在谈话中有意或无意抛出的言语"标记"（Weiss，1994）（见图表 5 - 6）。通常，受访者之所以接受访谈，除了为我们提供信息以外，还有一些自己的动机、兴趣或利益。因此在回答问题时，他们常常"滑"向自己的心之所致，好像是顺口说出一两句与研究问题无关的话来，而实际上这些"标记"与他们所理解的研究问题之间存在联系。如果我们抓住这些"标记"，便能"顺藤摸瓜"，了解对方隐含的思路。

图表 5 - 6　言语标记举例

　　在回答我的问题"您上课的时候通常使用什么教学方法？"时，一位大学教师说："在我调到这个学校来以前，我比较喜欢使用讨论法。现在嘛，只好用讲授法了。"我立刻意识到，对这位教师来说，工作调动与她的教学方法之间存在着重要关系。虽然我并没有询问她工作调动的事情，但是她自己主动提到了这一点，说明这是她生活中一个十分重要的事件，她希望引起我的注意。于是，我就她工作调动的情况进行了追问。结果发现，她原来任教的学校是一所研究型大学，她教的是研究生，班级不大，可以采取讨论式的方法。而现在她所在的学校是一所省级师专，教课的对象是专科生，班级很大，只好进行课堂讲授。通过对受访者好像是无意中流露出来的"调动学校"这个"标记"进行追问，我获得了对自己的研究十分重要的信息，即学校和学生类型对教师教学风格的影响。

有时候，我们的追问可能使自己显得很"蠢"，好像对所研究的问题一无所知。而受访者大都认为我们是"专家"，期待着我们就研究的问题高谈阔论。然而，在质的访谈中，访谈者应该主要是一名"学习者"。因此，我们不必隐瞒自己的无

知,而要公开承认自己的无知,并且主动表示向对方学习的愿望和需要。也许,在某些问题上,我们并不是如此地"无知",也确实有一些自己的看法。但是,从事访谈的目的不是为我们自己提供发表意见的机会,而是向受访者学习,了解他们的观点和看法。因此,即使我们有一些自己的看法,也要有意地"转熟为生",从受访者的视角重新审视研究的现象。

5.3.3.访谈问题的过渡

与日常谈话一样,访谈中所提的问题相互之间也有自己内在的结构性联系,问题与问题之间也存在先后顺序、承前启后的关系。在编制访谈提纲时,我们应该考虑到这些问题之间的关系;在实际访谈时,根据具体情况做出自然的、连贯的、首尾相呼应的问题过渡。

访谈的问题应该由浅入深、由简入繁。访谈开始的时候,我们可以先问一些开放的、简单的、对方容易理解的问题,然后随着访谈关系和内容的深入再逐步加大问题的难度和复杂性。这里所说的"难度"和"复杂性"不一定指的是内容上的艰深或语句上的复杂,而更多地指的是对受访者来说比较难以启口的事情,比如个人的隐私、政治敏感性话题、有违社会规范的行为和想法等。如果访谈一开始就问这类问题,受访者在心理上尚没有完全接受我们,可能会感到唐突甚至反感。而如果我们先从比较容易谈的问题开始,对方比较容易打开话匣子。

有时候,受访者正在兴致勃勃地谈论某一个话题,而我们出于种种原因(如时间限制或者认为对方已经"跑题"了)希望转换话题。在这种情况下,我们应该使用一个过渡型问题,使内容的转换显得比较自然、连贯(Weiss,1994)。这么做不仅可以在时间上和谈话的节奏上有所缓冲,而且可以使受访者在心理上作好转换话题的准备,不因自己"跑题"了而感到内心不安(见图表5-7)。

图表5-7　问题过渡举例

当一位母亲正在谈她的孩子如何调皮而访谈者希望转到有关她的工作问题时,我们可以这么问:"您的孩子这么顽皮,这对您的工作有什么影响吗?"如果需要转换的话题很难与当时受访者正在谈论的问题联系起来,我们也可以用铺垫的方式为转换话题事先作一些准备。比如:"您说的这些很有意思,可是因为时间的关系,我还想问您另外一个问题,不知道行不行?"

在一个进行得比较顺畅的访谈中,我们所提的问题相互之间在内容上应该有比较一致的联系。在一个完整的访谈记录中应该可以看到一条贯穿访谈全过程的内容线,而将这条线连起来的是一个一个的提问。问题与问题之间的衔接应该自然、流畅,与前面受访者的回答在内容上有内在的联系。访谈问题应该以受访者的思想作为起承转合的主线,问句的构成应该使用受访者自己使用过的词汇和造句方式。如果我们顽固地坚守自己事先设计好的访谈提纲,不管对方说什么都定期地将自己的问题一个一个地抛出去,那么这个访谈不仅在形式上会显得十分地生硬、僵化,而且在内容上也没有自己内在的生命。反之,如果我们将自己放到与对方情感和思想的共振之中,用对方的语言和概念将访谈的问题像一串珍珠似地串起来,那么这个访谈便不仅会如行云流水,而且会展现出自己生动活泼的生命。

§5.4.访谈中如何倾听?

在访谈中,如果说"问"是研究者所做的最主要的有形的工作,而"听"则是我们所做的最主要的无形的工作。在一定意义上说,"听"比"问"更加重要,因为它决定了"问"的方向和内容。"听"既是一门技术又是一门艺术,它需要我们不仅有意识地学会"听"的技能,而且要用自己的心去体会对方的心。在"听"对方说话时,我们不仅要听到对方所发出的声音和语词,而且要设法体察对方没有说出来的意思。我们面对的不仅仅是一个"信息提供者",而且是一个活生生的人。因此,我们要调动自己所有的触觉和情感去感受对方,积极主动地、有感情地与对方共情。只有这样,访谈的双方才能就共同关心的问题进行深入的、建构性的探讨。

5.4.1."听"的方式

"听"是一种直觉,一种感悟,不可能被分成相互独立的部分,更不可能在单一层面运作。下面将"听"按层面进行分析只是一种权宜之计,目的是使读者更清楚地了解访谈中"听"的状态和过程。

(1)行为层面上的"听"

行为层面上的"听"指的是一种听的态度,有可能表现为"表面的听"、"消极的听"和"积极关注的听"。"表面的听"指的是访谈者只是做出一种听的姿态,并没有认真地将对方所说的话听进去,他/她此时可能在想自己的事情,或者在对受访者的容貌或衣着评头论足。俗话说"一只耳朵进,一只耳朵出",指的就是这种情况(见图表 5–8)。

> **图表 5-8 "表面的听"举例**
> 　　一位来自北京的汉族研究人员在西藏访谈一位当地的小学生
> 时，虽然看上去是在听对方诉说因家庭生活困难而辍学的问题，而
> 实际上心里却在想，"这个学生为什么穿着这么奇怪呢？他的一只
> 袖子为什么不穿呢？"

　　"消极的听"指的是访谈者被动地听进了对方所说的一些话，但是并没有将这些话的意义听进去，当然更不用说理解对方的言外之意了。访谈者好像是一个录音机，只是把一些声音机械地录了下来，并没有自己积极的思维理解活动，也没有在自己的情感上产生任何共鸣。比如，一位中学生在访谈时说自己每天晚上做完作业以后都感到"心情很不好"，如果我们不即时追问对方："'心情不好'是一种什么样子？这种状态是如何发生的？为什么会心情不好？心情不好对你有什么么影响？心情不好与什么其他的事情有关？"那么我们的"听"就是十分被动和消极的。

　　"积极关注的听"指的是访谈者将自己全部的注意力都放到受访者的身上，给予对方最大的、无条件的、真诚的关注。我们通过自己的目光、神情和倾听的姿态向对方传递的是这样一个信息："你所说的一切都是十分有意思的，我非常希望了解你的一切。"在这样的倾听中，我们给予对方的不仅仅是一种基本的尊重，而且为对方提供了一个探索自己的宽松、安全的环境。在我们的鼓励下，受访者可能对自己过去从未想到过的一些问题进行思考，更加深入地探索自己的内心世界。

　　很显然，在访谈中，"表面的听"和"被动的听"都是不可取的态度。"表面的听"不仅不能获得研究所需的信息，而且会影响访谈双方的关系。访谈者心不在焉的神情可能使对方感到自己不受重视，访谈者眼光中透露出的居高临下的评

判态度也可能使对方产生反感甚至抵触情绪。"被动的听"虽然吸收了对方提供的信息,但是如果我们不作出积极的反应,对方可能感到自己所说的话没有意思,因此失去继续谈话的兴致。相比之下,"积极主动的听"是访谈中最佳的选择。在我们积极的关注下,受访者会觉得自己十分重要,自己所说的话非常有意思,因此而一直不停地说下去。

(2)认知层面上的"听"

认知层面上的"听"可以有"强加的听"、"接受的听"和"建构的听"三种情况。"强加的听"指的是访谈者将受访者所说的话迅速纳入自己习惯的概念分类系统,用自己的意义解释来理解对方的谈话,并且很快作出自己的价值判断(见图表5-9)。

图表5-9 "强加的听"举例

比如,当听到一位被访的小学教师谈到"我们班上有三分之一的学生是差生"时,访谈者脑海里马上出现"上课时大声吵闹、下课后相互打骂、不按时交作业、学习成绩不及格"的男学生的形象。而这位教师所说的"差生"可能并不全是男同学,上下课时也并不吵闹,只是学习成绩"不太好"而已;而所谓的"成绩不太好"指的是考试平均分数在90分以下(该学校片面追求升学率,学生考试分数在90分以下便被校方认为是"不及格")。

"接受的听"指的是访谈者暂且将自己的判断"悬置"起来,主动接受和捕捉受访者发出的信息,注意他们使用的本土概念,探询他们所说语言背后的含义,了解他们建构意义的方式(见图表5-10)。

> **图表 5 – 10　"接受的听"举例**
>
> 　　一位北京大学的研究生在谈到报考该校的原因时说，他认为北京大学代表的是一种"知识品牌"，因此他愿意到这所大学来学习。访谈者感到"知识品牌"是对方的一个本土概念，立刻就这个概念向对方进行追问。通过详细的了解，访谈者得知，对方将知识比喻为"商品"。正如商品的牌子越响价钱就越高一样，知识也有牌子，具有象征意义："当你是名牌大学毕业时，说明你的出身比较好；知识品牌在知识社会里是最有力量的东西，它可以转化成钱，也可以转化成权力。"

　　"建构的听"指的是访谈者在倾听时积极地与对方进行对话，在反省自己的"倾见"的同时与对方进行平等的交流，与对方共同建构新的"现实"。比如，我就跨文化人际交往这一问题对一些中国留学生进行访谈时，在一位受访者的谈话中听出了"如何在美国这一异文化中保持自己的中国特色"这一主题。我就自己在这方面的经历与对方进行了探讨，结果我们发现使用"文化认同"这样一个舶来的概念可以比较确切地表达所有受访者的意思。在研究结束的时候，这位受访者告诉我："我以前从来没有考虑过'文化认同'这个问题，你的研究使我思考了很多新的问题。"作为研究者，我自己的感受也是如此，我在研究中所获得的成长也是自己始料不及的。

　　概言之，"强加的听"是文化客位的做法，很容易过早地将研究者个人的观点强加给被研究者，得出不符合"客观实际"的研究结果。"接受的听"是文化主位的做法，是开放型访谈中最基本的倾听方式，是访谈者理解受访者需要掌握的基本功。"建构的听"对访谈者的个人素质有较高的要求，访谈者必须具有较强的自我反省能力，能够与对方共情，通过主体间的互动共同对"现实"进行重构。当然，"建构的听"必须建立在"接受的听"的基础之上。双方只有在真正理解了对方的意图和思维方式以后,才有可能进行平等的对话和互为主体的建构。

(3)情感层面上的"听"

情感层面上的"听"可以分成"无感情的听"、"有感情的听"和"共情的听"。"无感情的听"指的是访谈者在听的时候不仅自己没有感情投入,而且对对方的情感表露也无动于衷。通常,如果访谈者没有情感表露,受访者也不会表露情感。在与访谈者接触伊始,受访者的直觉就会告诉自己对方是一个什么样的人,对方喜欢还是不喜欢(或者允许还是不允许)情感表露,然后受访者自己的感觉器官会受到相应的调节。如果访谈者态度十分冷峻或冷淡,受访者会不由自主地压抑自己的情感。比如,当一位年满 30 岁的男性小学教师告诉我们,由于工资低、没有住房、受社会歧视,自己至今尚未成亲时,如果我们面部没有一点表情,也没有在言语上表示同情,对方便很可能对我们产生不满,停止倾诉自己的苦衷。

"有感情的听"指的是访谈者对对方的谈话有情感表露,能够接纳对方所有的情绪反应。在这种情况下,受访者会受到对方的感染,愿意接触和表达自己的情感(见图表 5 – 11)。"有感情的听"并不意味着我们一定要用语言表露自己的情感,认真倾听本身就表明自己具有理解对方的能力。受访者只要感到自己的情感可以被对方所接纳,便会比较自由地去体会自己和表达自己。

> **图表 5 – 11 "有感情的听"举例**
>
> 　　当一位年近 60 的大学教师谈到自己因教学任务繁重、没有时间从事科研、至今没有评上正教授、感到十分苦恼时，如果访谈者全神贯注地倾听对方，用自己的眼神、面部表情或言语（如"这对你太不公平了"、"学校也应该更加重视教学才对"）向对方表示共情，对方便会感到遇到了知音，愿意继续倾诉自己的委屈。

　　"共情的听"指的是访谈者在无条件的倾听中与受访者在情感上达到了共振，双方一起同欢喜、共悲伤（见图表 5 – 12）。"共情的听"不是指访谈者居高临下地向对方表示同情，或者有意展现自己具有理解对方的能力，而是自己确实体会到了对方的哀与乐，在自己的心中也产生了共鸣。因此，有时候（甚至是更多的时候），我们不必说很多话来"表示"共情，无言的倾听和关切的目光有时比语言更加具有感染力。

> **图表 5 – 12 "共情的听"举例**
>
> 　　当一位被访的小学校长谈到自己的学校因经费短缺无法为学生修补危房、家长经常跑到学校来抱怨、自己感到十分被动时，访谈者说"是吧"、"唉"、"也真是的"，或"唉，这可真是太困难了。您得操好多心啊！这也真是太难为您了。"

　　毋庸置疑，在质的研究中，我们应该学会"有感情的听"和"共情的听"，避免"无感情的听"。要做到这一点，我们首先要学会了解自己的情感，特别是自己对研究问题的看法和情绪反应。我们只有坦诚地、勇敢地面对自己的感情，尽可能多地了解这个世界上人们所可能有的各种情感的类型、强度、频度和表达方式，才会有足够宽阔的胸怀接纳这些情感。

5.4.2. 倾听的原则

除了在行为、认知和情感三个层面给予受访者无条件的关注以外,我们还需要遵守一些基本的倾听原则,如不轻易打断对方,学会容忍沉默等。

(1) 不轻易打断对方

在倾听中,一条重要的原则是不要随便打断受访者的谈话。受访者在说话的时候通常有自己的动机和"逻辑",虽然我们认为对方已经"跑题了",但是他们有话要说,应该满足其需要。也许,受访者是一位不受学校领导重视的教师,平时很少有机会与访谈者这样耐心、虚心、尊重他人的人交谈,希望与对方多聊一聊;也许,受访者认为访谈者有背景,可以把自己所说的话汇报给上级领导,为自己"打抱不平";也许,访谈者认为自己所说的内容与我们提出的研究问题有关,只是我们还没有看到而已,等等。总之,受访者通常有自己的理由和需求,他们只有在自己内心的需要得到了满足以后,才会(甚至是无意识地)愿意就我们认为重要的问题进行交谈。

因此,我们一定要耐心地倾听,不仅要注意受访者所说的话语,而且要思考对方是一个什么样的人,具有什么样的动机、愿望和需求(见图表 5 – 13)。在倾听对方的时候,我们应该不断地问自己:"我能听见对方内心世界的声音吗? 我能感知其内心世界的形态吗? 我能对他的话产生共鸣吗? 能在我心中形成来回震荡的回声吗? 我能既感知到他明确说出的意思,又能感知到他害怕谈出然而又极想对人倾诉的意思吗?"(罗杰斯,1987:180)。而"回答就在这静静的聆听之中,我们必须理解对方的现象世界,给他们的经验予无条件的同情,让他们越来越自由、准确地回忆、描述自己的思想、体验和情感"(崔艳红,1997:3)。受访者只有在对方不间断的积极关注中才能充分自由地探索自己的内心,而受访者的自由联想通常会给访谈带来事先意想不到的效果和结果。

> **图表5-13 倾听内心声音举例**
>
> 当一位年迈的教师挥舞着双臂、慷慨激昂地向我们谈到当前学校教育中道德教育的失败时,我们应该问自己:"他究竟要向我说什么？他为什么会如此激动？他本人受过什么样的教育？他代表的是一种什么样的教育观？他所理想的道德教育是什么样子？"

倾听在访谈开始阶段尤其重要,因为这是双方相互试探对方最重要的时刻:一旦谈话的基调定了下来,往后便很难作较大的改变。如果访谈者在一开始就打断对方的谈话,执意追问自己感兴趣的事情,对方可能立刻改变自己的谈话方式(或放弃打算长谈的计划),在随后的谈话中总是给予比较简短的回答。这是因为,访谈者的行为已经给对方一个印象,认为这就是访谈者所希望的谈话方式,因此对方只好采取"合作"的态度。而如果后来当我们意识到了这个问题、希望改变谈话风格时,时机已经过去了——受访者已经被塑模成型,很难再回到自己原来的风格了。因此,在访谈开始的时候我们就应该格外注意,不要随便打断对方的谈话。

(2)容忍沉默

除了倾听受访者的言语表达以外,我们还要特别注意倾听沉默。"沉默"在不同的文化中有不同的定义,因每个文化中人们普遍认可的对"不说话"的时间容忍程度不同而有所不同。比如,在美国,如果谈话一方有十秒钟左右不说话,就会被认为是"沉默";在中国,"沉默"可以到二十秒钟左右;而在日本,"沉默"的时间可以更长一些。此外,"沉默"在不同的文化中还具有不同的含义。东方文化通常赋予"沉默"更多的积极意义,而西方文化则给予它更多的消极意义(关世杰,

1995:285)。东方文化(如中国、日本等)一般认为,"沉默"是一个人"成熟、谦虚、懂礼貌"的表现;而西方文化(如美国、意大利等)则通常认为,"沉默"表示一个人"害羞、自卑、没有想法"。

在访谈中,受访者沉默的原因有很多,如无话可说、不好意思、有意拒绝回答问题、思想开小差、在建设性地思考问题,等等。如果良好的研究关系已经建立起来,访谈进行得比较顺利,而受访者在谈到某一问题时突然沉默了下来,这很可能是因为他/她需要一定的时间来思考问题,或者正在考虑用什么方式将自己的想法说出来。比如,当一位年逾九十的老教授在访谈中被问到:"您当时是如何决定回国服务的?"他沉默了足足有两分钟之久。很显然,老教授此时正在茫茫的记忆长河中搜寻这一事件的线索,需要一定的时间和空间保持沉默。我们应该耐心地等待,不要为了打破沉默而立刻发话。

当然,如果我们不能确定对方长时间保持沉默是否是因为在进行上述建设性思维活动,也可以试探性地询问对方:"请问您在想什么?"如此温和、友好的发问不仅可以帮助我们了解对方此时此刻的思维状况,也可以帮助对方对自己的思维进行清理。如果我们明确地知道对方保持沉默是因为害羞或害怕(如一位胆小的小学生突然被叫到校长办公室接受访谈便很可能感到不知所措),则应该采取措施,先使对方放松下来,如讲一个笑话、闲聊一下,然后再继续进行访谈。如果我们在访谈关系尚未建立起来就询问受访的小学生一些敏感性话题,如"你的学习成绩怎么这么差啊? 你父母离异了对你的学习有没有影响啊?"对方很可能不愿意回答。如果对方表示了明显的敌意,不愿意继续合作,我们应该转换话题。总之,当对方沉默时,我们不要马上打破沉默,而应该首先判断对方是因为什么原因而沉默,然后再根据具体情况做出回应。

通常,访谈者在受访者一沉默时就立刻发话是因为自己不能忍受沉默。当双方都不说话时，我们往往将责任归咎到自己身上，好像自己是一个不称职的研究人员似的。为了打破僵局，我们通常马上发话，以此来缓解自己内心的焦虑。结果，这么做往往打断了受访者的思路，不仅失去了研究所需要的宝贵资料，而且剥夺了受访者深入探索自己的机会。因此，我们应该首先扩大自己容忍沉默的能力。要做到这一点，我们首先要接受自己，相信自己对所探讨的问题有一定的了解，对访谈的情境有一定的判断。如果我们自己心态平和，受访者也会相应地感到轻松和安全，也就会比较自然地表现自己，包括沉默地思考我们所希望了解的一些问题。

§5.5. 访谈中如何回应？

在质的访谈中，访谈者不仅要提问题，认真地倾听，而且还要适当地做出回应，将自己的态度、意向和想法及时传递给对方。访谈者的回应不但直接影响到受访者的谈话风格和谈话内容，而且在一定程度上限定了访谈的整体结构、运行节奏和轮换规则。

5.5.1. 回应的类型及功能

访谈者对受访者做出回应的方式可以有很多种，可以分别（或同时）起到接受、理解、询问和共情的作用。

（1）认可

"认可"指的是访谈者对受访者所说的话表示已经听见了，希望对方继续说下去。表示认可的方式通常包括两类行为：①言语行为，如"嗯"、"对"、"是的"、"是吗"、"很好"、"真棒"；②非言语行为，如点头、微笑、鼓励的目光等。在一般情况下，这两类方式都可以起到鼓励受访者多说话的作用。

如果我们在访谈中频繁使用这些方式,受访者会感到自己是被接受、被欣赏的,因此而愿意继续交谈下去。比如,当一位被访的老教授在谈到自己工资待遇低时,如果我们面带理解的表情,不时地点头,同时辅以"嗯、是吗"这样的语言,对方就会继续将自己的苦衷说出来。而如果我们一声不吭、只是埋头记笔记的话,这位老教授可能会感到十分纳闷,不知道对方是否理解自己,因此而产生不安全感,不愿意再继续谈下去。有研究表明,当访谈者做出上述认可的动作和响声时,受访者的回答比访谈者一声不吭时要长三倍(Bernard,1988)。

(2)重复、重组和总结

"重复"指的是访谈者将受访者所说的事情重复说一遍,目的是引导对方继续就该事情的具体细节进行陈述,同时检验自己的理解是否准确。比如,一位重点中学的班主任谈到自己每天工作十分辛苦,常常干到夜里十一二点才睡觉,我们如果想重复她所说的话,可以说:"您每天工作都十分辛苦,常常干到十一二点才睡觉啊。"通常,被访的教师听到这句话,会马上接着说:"是啊,我每天都……",下面便会引出很多有关她深夜辛勤工作的细节。

"重组"指的是访谈者将受访者所说的话换一个方式说出来。沿用上例,如果我们希望对这位班主任的话进行重组的话,可以说:"您工作非常努力啊。"这时,对方多半会接着说:"是啊,每天都是这样……",接下来一定会有很多她辛苦工作的例子。如果她谈到自己工作十分辛苦但却乐此不疲时,我们也可以说:"您对教师这个职业十分热爱啊。"在这种回应中,我们不仅在检验自己的理解是否正确,邀请对方即时作出纠正,而且希望与对方共情。

"总结"是访谈者将受访者所说的一番话用一两句话概括地说出来,目的是帮助对方清理思想,鼓励对方继续谈话,同时检验自己的理解是否正确。比如,如果我们希望对上面那位中学教师的话进行一番总结的话,可以说:"你们中学老师很辛苦啊。"如果对方同意这个总结,可能会立刻说:"是啊,我们每天都……",接下来是一大串中学老师如何辛苦的事例。而如果这位老师不同意这个总结,认为我们将她个人的情况过分地夸大到其他老师身上,也可能会说:"嗯,也不见得,并不是所有的中学老师都这么辛苦。比如说我们学校那些不当班主任的老师吧……"

(3)自我暴露

一个成功的访谈者在访谈中并不总是一言不发、点头微笑的,在适当的时候也应该以适当的方式暴露自己。"自我暴露"指的是访谈者对受访者所谈的内容就自己有关的经历或经验做出回应,如:"我本人也当过教师,我也有过这种经历"等。这么做可以产生至少两种作用:一是使受访者了解访谈者曾经有过与自己一样的经历,因此相信对方具有理解自己的能力;二是可以起到"去权威"的作用,使受访者感到对方也像自己一样是一个普普通通的人,而不是一个高高在上、无所不知、刀枪不入的"权威"。

访谈者适当的自我暴露不仅可以拉近自己与受访者之间的距离,使访谈关系变得比较轻松和平等,而且还可以改变访谈的结构,使交谈的方式变得更加具有合作性和互动性。如果访谈的形式仅仅局限于简单的一问一答,受访者往往会感到十分紧张,没有足够的心理空间进行自我探索。当访谈者接过谈话者的位置对自己的经验进行描述时,受访者在倾听对方的过程中可以更加积极地探索自己的内心世界。如果我们的谈话非常真诚,接触到了自己的内心深处,受访者通常也会因此而受到感染,更加深入地进入自己的意识深层(见图表5-14)。

图表 5 – 14　自我暴露举例

当一位中学校长向研究者倾诉自己的工作困难重重时,研究者自己碰巧也当过中学校长,并且与对方分享了自己担任这一职位时的苦衷,对方可能会对自己的经历有更加深入的体验,更愿意向对方谈论自己的内心感受。

然而,访谈者的自我暴露一定要适当,过多或过少、过早或过晚都可能产生不好的效果。如果我们过多地分享自己的个人经历,访谈的重心可能会从受访者身上转移到我们身上,产生喧宾夺主的效果。有时候,我们的个人经验不一定与受访者完全类似,暴露自己类似的经历不一定能够说明对方的情况,因此也不一定能够给对方以启迪或共鸣。如果我们的自我暴露使对方产生了反感情绪,不仅不会使双方的关系接近,反而会造成双方情感上的疏远或隔膜(见图表 5 – 15)。

图表 5 – 15　不成功的自我暴露举例

当一名小学生谈到自己的学业成绩不好,经常受到老师的责备时,访谈者如果立刻跟上一句:"我小时候成绩也不好,也经常受到老师的批评",对方可能会想:"你怎么知道你的情况和我的一样?! 你小时候? 那是几十年前的老皇历了,怎么会和我现在的情况一样呢!?"

5.5.2. 应该避免的回应方式

在回应时,访谈者应该避免一些不符合质的研究精神的回应方式,如对对方所说的话进行论说或价值判断。

(1)论说型回应

"论说型回应"指的是访谈者利用一些现成的理论或者访谈者个人的经验对受访者所说的内容做出回应。例如,当上述被访的中学班主任老师谈到自己工作很辛苦，每天都要干到夜里十一二点才睡觉时，访谈者可能对精神分析理论略知一二，认为对方这么做是受到自己内心某种潜意识的驱使，因此而回应说：“您这么做是不是为了弥补自己内心的某种缺陷呢？是不是希望获得领导和同事的赞扬而提高自己的自尊呢？”

很显然，不论在任何情况下，我们都应该尽量避免使用这种论说型回应。论说型回应不仅在态度上给受访者一种居高临下的感觉，而且在知识权力上显示出访谈者的优越感和霸权，使受访者感到自己在被分析，而不是被理解，因此而产生排斥心理，不想与对方继续合作。在上面的例子里，由于访谈者在使用精神分析的理论对受访教师的辛勤劳动进行论说，这位教师很可能感到不被理解，不想听这位所谓的“专家”在这里“瞎扯”。

（2）评价型回应

“评价型回应”指的是访谈者对受访者的谈话内容进行价值上的判断，其中隐含有“好”与“不好”的意思。比如，当上述被访的教师谈到自己深夜还在工作时，访谈者可能出于自己的价值取向，认为干工作不必如此卖力，因此回应说：“您工作这么卖力又是何苦呢？您这么干可不太好”（而这位教师可能认为自己如此努力工作应该受到表扬而不是批评）。同样地，也许访谈者觉得对方工作努力是一种“美德”，因此在访谈时不断使用正面评价来强化自己的观点：“您这么做真是太好了！我们都应该向您学习！”（而这位教师也许认为自己如此努力是不得已而为之，别人大可不必像自己这么辛苦）。而如果这位访谈者像上述访谈者一样，也是一位心理分析的爱好者，可能会忍不住说：“您不认为自己这么干是有什么心理问题吗？”（而这位教师也许对心理分析理论毫无所知,不知道这位"专家"在"胡扯"些什么)。

评价型回应通常反映的是研究者自己的价值观念和评判标准,不仅不一定适合被研究者的情况,而且表现出前者对后者的不尊重。过多的价值评价还表明访谈者不够成熟,不能接受事物的多样性、不确定性以及道德两难性,不能容忍受访者有与自己不同的观点或感受。此外,评价型回应还会妨碍受访者自由地表露自己的思想,由于害怕对方对自己的想法或行为品头论足,受访者可能会隐瞒有关的"真相"。

§5.6. 其他注意事项

除了上述提问、倾听和回应工作以外,访谈者还必须注意其他一些事项。

5.6.1. 作访谈记录

访谈记录在质的研究中占据了一个十分重要的位置。由于质的研究的目的是捕捉受访者自己的语言,了解他们建构世界的方式,因此受访者的话最好能够一字不漏地记录下来。如果可能的话,我们应该对访谈进行现场录音或录像。在条件不允许的情况下,我们应该对访谈内容进行详细的笔录。

由于时间关系,我们可以发明一些自己看得懂的速记方法,对谈话内容进行速记,然后再找机会将细节补充进去。详记的时间应该越早越好,在记忆尚未消失之前立刻进行。通常,我们事后作记录时往往习惯于用自己的语言对谈话内容进行总结和概括,容易忽略说话者自己的语言和说话的方式。因此,在事后补充记录时一定要注意将自己放回到访谈的情境之中,身临其境地回忆当时受访者所说的原话。

5.6.2. 注意非言语行为

受访者的非言语行为(如外貌,衣着打扮,动作,面部表情,眼神,人际距离,说话和沉默的时间长短,说话时的音量、音频和音质,等等)不仅可以提供有关受访者个性特征和生活习惯方面的信息,而且可以帮助我们理解他们的言语行为。一般来说,受访者在说话的时候会表现出相应的非言语行为,如高兴时会笑,痛苦时会哭。如果他们的非言语行为与其语言表达之间不相吻合(如谈到痛苦的心情时脸上的表情却是在笑),这便为我们了解他们的人格提供了可见的依据。在访谈过程中,我们可以对受访者的面部表情和形体动作进行观察,同时作一些简短的记录。录音往往无法记录下这些重要的信息,因此即使有录音,我们也应该同时对这部分信息进行笔录。

5.6.3. 结束访谈

访谈应该在什么时候结束？通常的回答是:既然访谈应该在良好的气氛中进行,因此如果访谈已经超过了约定的时间,受访者已经面露倦容,访谈的节奏已经变得有点拖沓,访谈的环境正在往不利的方向转变(如受访者有客人来访),访谈应该立刻结束。我们要善于察言观色,在适当的时机结束访谈。有的访谈新手希望在一次访谈中获得所有希望获得的信息,结果任意延长访谈时间。这样做对访谈的关系极为不利,容易使受访者产生"受剥削"的感觉。有时候,由于访谈者提供的反馈太少,受访者不知道自己提供的信息是否足够,结果(往往是出于好心)按照自己的猜测不停地说下去。这样做的一个后果是:访谈时间被无限制地延长,访谈者失去了控制,而受访者过后也因耽误自己过多的时间而感到不快。

访谈应该以什么方式结束？通常的建议是：尽可能以一种轻松、自然的方式结束。访谈者可以有意给对方一些语言和行为上的暗示，表示访谈可以结束了，促使对方把自己特别想说的话说出来。比如，我们可以问对方："您还有什么想说的吗？您对今天的访谈有什么看法？"如果必要的话，我们还可以作出准备结束访谈的姿态，如开始收拾录音机或笔记本。为了给结束访谈做一些铺垫，我们也可以谈一些轻松的话题，如询问对方："您今天还有什么活动安排？您最近在忙什么？"

如果受访者在此时对研究仍旧表现出疑虑，我们可以再一次许诺自愿原则和保密原则。如果本研究需要对同样的受访者进行多次访谈，我们也可以利用这个机会与对方约定下次见面的时间和地点。当然，对所有的受访者，我们都应该在访谈结束时表示自己真诚的感谢，感谢他们付出的时间和精力，感谢他们给予我们的信任以及他们愿意进行自我探索的勇气(因为并不是每个人都能够这么做)。

6. 如何进行集体访谈？

　　"集体访谈"指的是一到两个研究者同时对一群人进行访谈,通过群体成员相互之间的互动对研究的问题进行探讨。一个"成功的"集体访谈应该满足如下几个方面的条件(Merton,1987):

- 能够让所有参与者都积极参加讨论,就有关议题刺激出最大范围的反应;
- 参与者相互之间进行平等的对话,而不是频繁地向研究者寻求批准或支持;
- 参与者的反应生动、具体,有一定的深度,反映了他们自己对有关议题的感受、认知和评价,而不只是对抽象、笼统的概念泛泛而谈;
- 参与者的谈话内容反映了他们个人的生活经验以及亲身经历过的有关事件的情境,参与者能够在过去的经历和自己目前的反应之间建立起意义联系。

§6.1. 集体访谈有何作用?

　　集体访谈有很多个别访谈所没有的优势,可以发挥一些比较独特的作用。

6.1.1. 访谈本身作为研究的对象

在集体访谈中,参与者相互之间进行交谈,而不仅仅是对着研究者说话。因此,研究者可以将访谈本身作为研究的对象,通过观察参与者之间的互动来了解他们在个别访谈中难以展现的行为。我们可以有意识地提出问题,然后通过观察参与者的反应来辨别他们的认知方式、看问题的角度、思考问题的"逻辑"和分析问题的步骤。在这种访谈中,我们不仅可以看到参与者个人的言语行为和非言语行为,而且可以看到他们相互之间的行为反应,如交谈机会的轮换、目光的接触、对不同人说话时的声调和语气、表示不同程度亲密关系的身体接触方式等。由于参与者不止一个人,他们相互之间必然会形成一定的行为互动模式。通过对这些互动模式进行观察和分析,我们可以比较自然地、情境化地了解参与者在特定集体环境下的行为表现。

如果参与者对一些问题存有争议,我们还可以利用集体访谈的机会激发他们展开辩论。这样做既可以达到深化主题的目的,又可以观察参与者在遇到冲突时的行为表现。在个别访谈中,由于没有"竞争对手",受访者往往不太容易激动起来,也不太容易进入平时与别人辩论时的心态。而在集体的氛围里,参与者有"对手"可以较量,因此可能会主动调动自己的对抗能力。与自己相对平等的人在一起讨论问题(而不是单独面对一位访谈者这样的"权威"),参与者自己平时意识不到的或者主动压抑的一些情绪或想法也可能会主动"冒"出来。在这里,访谈不仅仅被作为一个研究的工具,而且还被作为一个研究群体动力的对象(Fontana & Frey,1994:361)。

6.1.2. 对研究问题进行集体探讨

由于参与者是一个群体，而不是一个人，我们可以充分利用成员之间的关系和互动对研究问题进行比较深入的探讨。集体访谈中通常有一个比较集中的讨论焦点，我们可以组织参与者围绕着这个焦点展开讨论或辩论。由于参与者不止一个人，大家可以相互补充，相互纠正，讨论的内容往往比个别访谈更具有深度和广度。

对研究者而言，组织参与者一起进行集体性探讨有很多好处，如可以帮助自己了解研究的现象，确定初步的研究计划，筹划后续研究方案，探讨行动策略，检验研究结果的效度等。如果我们涉入的是一个新的研究领域，对研究的现象不够了解，可以在研究正式开始之前组织一次集体访谈，在倾听参与者的对话中逐步形成自己的研究问题。组织这种访谈比个别访谈节省时间，可以同时获得一个以上参与者的看法，而且可以看到他们相互之间的意见交锋（见图表 6－1）。

> **图表 6－1　通过集体访谈形成研究问题举例**
>
> 　　一位美国的研究者希望对中国的幼儿教育进行研究，但是感觉自己对这方面的情况了解太少，无法提出有分量的研究问题。她首先在中国组织了一次由幼儿的父母和幼儿园教师参加的集体访谈，请他们就中国的幼儿教育现状、成人对幼儿的期待、国家对幼儿教育的要求和有关政策、学校和公众媒体对幼儿教育的影响等问题进行广泛的讨论。
>
> 　　通过讨论，她发现中国人的幼儿教育与中国政府、学校、公共媒体以及孩子家长对未来的设想有关。于是，她在这个基础上提出了如下研究问题："孩子是人类的未来——中国的幼儿教育与中国人对未来社会的构想之间的关系"。

如果研究已告一段落，我们已经获得了初步的结果，也可以采用集体访谈对后续研究进行筹划。我们可以将自己的初步研究结果告诉参与者,征求他们的意见,了解存在的漏洞和空白,从他们的反馈中捕捉继续研究的线索。

如果我们从事的是一项行动型研究,需要提高参与者的自我意识和解决问题的能力,寻找改善现实状况的途径,集体访谈也是一个十分有效的手段。在集体环境中,我们可以最大限度地调动大家的智慧,使所有在场的人(通常是与需要解决的问题有关的当地人)群策群力,一起参与到对问题的探讨之中。通过提建议、相互辩论、比较不同方案、共同协商解决办法等不同方式,集体访谈不仅可以使大家共同面对现存的问题,而且(更加重要的是)可以使大家都参与到民主参政的过程之中。

此外,我们还可以通过集体访谈中的集体性思维对自己的初步研究结果进行效度检验,以确定自己目前收集到的资料以及做出的结论是否符合实际情况。我们可以将初步结论呈现给参与者,征求他们的意见。如果我们对自己的某些结论不太满意,或不太肯定,也可以利用这个机会请参与者提出修改意见(见图表6-2)。

图表6-2　通过集体访谈检验研究结果举例

在一项对亚洲孩子在美国中学遇到的文化适应问题进行的研究中,我首先对8名亚洲中学生(分别来自日本、韩国、新加坡、越南)进行了个别访谈,得出了一个初步的研究结论。但是,我感觉自己的结论比较肤浅,主要是一些事实的罗列和个别零碎的解释,因此决定将这些中学生召集在一起进行一次集体座谈。

结果,在这次座谈中,这些中学生彼此之间讨论得非常热烈,一些在个别访谈中没有出现的问题被提了出来,一些曾经被个别人提到过的问题在这里得到了深化。特别是当我告诉他们自己的初步结论以后,很多同学都提出了补充和修改意见,使我在短时间内获得了十分丰富的信息,为研究结论的检验和深化提供了非常有益的依据。

6.1.3. 集体建构知识

传统意义上的个别访谈主要是基于一种个体主义的、实证的知识建构方式，认为在个体身上存在一些"知识"，需要研究者去"挖掘"。虽然近年来也有研究者认为个别访谈中的知识也是访谈者与受访者之间的共同建构，但是由于种种原因这种观点仍旧没有进入质的研究的主流。虽然访谈者可以向受访者声明，自己不是一个"权威"，对方应该与自己"平等地"交谈，但是学术研究的传统已经使受访者落入了"被研究"的陷阱。而且（更加重要的是），个别访谈这一形式本身（主要是"问"与"答"）在知识建构上不如集体访谈有效，很容易使受访者不得不扮演"提供信息者"的角色。

而在一个理想的集体访谈中，参与者不是单独地"向"（或者说"对着"）研究者说话，而是相互之间自己交谈，参与者相互之间的激励和刺激是产生思想和情感的主要手段。集体访谈的一个理论假设是：个体的知识是从一个复杂的、个体与他人互动的人际网络中涌现出来的；在这种网络互动中，参与者的视角会通过集体的努力而得到扩展，进而接触到更加具体的知识内容，深入到更加深刻的认知模式、人际情感和价值评价，并引发出个人以往经验与现有意义之间的联系（Morgan, 1988）。个体的知识不是一个独立的、先在的存在，而是在与其他成员交流时产生的。集体的讨论不仅可以使个体的思维得到深化和活跃，而且可以共同建构新的知识。成员之间的关系和互动本身就具有一种思维动力，可以自动地将讨论的议题往前推进（或往后拉扯）（见图表6-3）。

图表 6 – 3　通过集体访谈建构知识

在我参与的一项有关在中国农村贫困地区初中阶段渗透职业技术教育的研究中,我们组织了当地的学生、家长和老师一起进行了几次集体访谈。由于参与者来自不同的社会群体,他们提供了许多不同的看待问题的角度,而且在讨论中彼此不断添补和扩展对方的观点。通过观察他们之间热烈的交谈,我们了解了很多在个别访谈中没有了解到的情况。

后来,我们就这次访谈的效果询问了参与者的意见,大多数人都认为"很不错"。参加讨论的几位教师还特意告诉我们,他们没有想到学生和家长对这个问题也有这么多看法,他们自己在访谈时也受益非浅,产生了很多新的想法和建议。

集体访谈不仅可以将群体成员的认识往前推进,而且可以加强群体成员相互之间的了解,消除(或减少)彼此之间的隔阂。通常,一个单位内的成员虽然经常见面,但很少有机会坐在一起就自己关心的问题坦诚地交换意见。集体访谈可以从单位的外部为成员间的交流提供一个机会,比通常由单位领导组织的座谈更有效果(见图表 6 – 4)。

图表 6 – 4　通过集体访谈增强成员之间的了解举例

当我们"人才素质与课程体系研究"课题组对某大学生物专业的教学改革进行个案调查时,我们组织了部分教师和学生进行了一次集体访谈。访谈开始时,发言的主要是教师,学生们一直沉默不语。我们可以明显地感到,教师和学生之间存在隔膜,学生对教师的发言有很大的抵触情绪(比如,当一位教师谈到"现在很多大学生都没有远大的人生理想,没有为科学献身的精神"时,在座的不少学生都流露出不以为然的表情)。

后来,经过我们的一再调动,学生终于慢慢地参加了进来。当讨论进行得比较热烈时,有一位学生甚至向上面那位批评现在的

续图表 6 – 4

大学生没有理想的教师主动"发难"："刚才这位老师说我们大学生没有人生理想,但是我们考虑的是自己在学校学到的东西是不是能够为我们提供足够的知识和能力,我们今后是不是能够找到一份合适的工作,这是我们最关心的。而学校的领导和老师并不了解我们,学校提供的课程也很不合理。"接着,这位学生列举了一些"课程不合理"的具体实例。在场的教师们似乎很受启发,都在认真地倾听这位学生的发言。

　　到访谈结束时,不少老师和学生都说,这次访谈不仅对有关的问题进行了探讨,而且增进了师生之间的交流。以前虽然学生与老师也经常见面,但是从来没有机会这么认真地坐下来,一起讨论如此具体的问题。他们都向我们课题组表示感谢,说我们为他们提供了一个很好的彼此交流的机会。通过这次座谈,他们感觉师生之间的关系更融洽了,学生对老师的"神秘感"、"敬畏感"和"抵触情绪"减少了,老师对学生的理解和同情也相应地增加了。

§6.2. 集体访谈有何弊端？

　　虽然集体访谈可以节省时间,在较短的时间内获得较丰富的信息,而且研究者的控制比较少,可以给参与者比较大的自由,但是在一个群体里,总是有人比较喜欢出头露面、夸夸其谈;而与此同时也总有一些人比较含蓄、害羞、不善言谈。后者可能会感到心理上受压抑,没有机会和时间像在个别访谈时那样比较充分地发表自己的看法。群体内部的动力会创造出一种集体性思维,对成员之间的交谈方式和内容产生导向作用。如果群体被个别有强烈领导欲、试图影响其他成员的人所控制,形成了一种思维和谈话的定势,其他的成员往往会随波逐流,不愿意或不敢违背主流(见图表 6 – 5)。

图表 6 – 5　集体访谈的群体效应举例

我的一位学生在对研究生报考北京大学的动机进行研究时，对四名研究生进行了个别访谈后又组织他们进行了一次集体访谈。结果，他十分吃惊地发现，这些同学的表现与以前很不一样：有的同学提出了不同的报考北京大学的理由，有的改变了自己原来的看法，还有一位同学现在提供的理由与在个别访谈中所说的理由自相矛盾。

通过与班上同学一起对这次访谈的记录进行仔细的分析，他发现，这些同学的"不同"表现在很大程度上与他们相互之间的关系以及他们当时的言语交流有关。比如，这四位同学中的一位女同学在个别访谈时曾经谈到自己报考北京大学的主要原因是因为自己的男朋友在北京读书，自己希望今后和他在一个城市里工作。可是，在集体访谈时，她却改变了说法，说自己报考的主要原因是"希望到北京大学自由宽松的学术环境里来学习"。

经过对集体访谈的人际关系进行分析，我的学生认为，由于当时在场的其他三位同学都是男生，因此这位女生可能不想在男生面前表现得"女孩子气"或"小家子气"，不愿意承认自己报考北京大学是出于自己个人生活的考虑。而其他几位男生的"不同"表现也许与这位女生的发言有关。由于她在当时的讨论中第一个发言，结果后面发言的几位男生也提出了比在个别访谈时更加"堂而皇之"的理由，如"北京大学的名声比较好"、"北京大学的师资水平比较高"等（而在个别访谈中替代这两个理由的分别是："本科毕业以后没有找到自己喜欢的工作"、"从北京大学毕业以后可以有更多的机会出国"）。由于这个群体所提供的特殊互动关系，参与者在此时此地对自己的行为构建了新的意义解释。

由于受到从众心理的影响，有的受访者在私下所说的话与在群体中所说的话有"出入"。然而，我们不应该认为他们在个别访谈中所提供的信息"比较真实"，而在集体访谈中提供的信息"不够真实"。这些信息都是特定情境下的产物，说

明群体势力对个人的思维方式和行为决策产生了影响。一般来说，如果谈论的话题比较敏感，涉及到参与者个人的隐私，可能遭到其他参与者的轻视，或者有可能给参与者本人带来麻烦，参与者多半不愿意就这些话题表露自己的"真实"想法。

与个别访谈相比，集体访谈的另外一个困难是：由于参与者不止一个人，获得的访谈内容可能比较杂乱。研究者在集体访谈中的控制比在个别访谈中要小（在某种意义上这是前者的一个优势），但因此而获得的资料也比较混乱，给今后的资料整理和分析带来一定的困难。如果访谈在几个不同的团体中进行，资料的可比性也会因研究者控制权的减弱而降低。

与参与型观察相比，集体访谈的情境是研究者人为制造的，不像参与型观察那么自然。虽然我们可以通过观察的方法了解参与者的非言语行为和行为互动，但是了解的主要是参与者的语言表达。在集体访谈中（如其他类型的访谈一样），我们很难获得参与型观察时能够获得的非语言资料。

§6.3. 集体访谈应该注意什么？

在集体访谈时，我们最需要注意的问题是：如何对参与者进行抽样？访谈者应该扮演什么角色？

6.3.1. 集体访谈的抽样

在集体访谈中，为了便于交流，所有的成员都应该可以面对面地看到对方，也都应该有机会发言。因此，样本不宜过大，一般为6—10人。如果研究的目的只是对有关问题进行初步的探索，希望在短时间内得到较多人的看法，也可以适当增加人数。

在挑选参与者时应该注意其同质性，因为具有同质性的成员通常有比较多的共同语言,相互之间比较容易沟通。如果他们在社会地位、教育水平、性别、年龄、辈分、社会角色等方面异质性太强,可能会产生戒备心理,不愿意主动发言。这种情况对社会经济地位较低的人来说尤其明显(Cabanero-Verzosa,1993)。应该指出的是,"异质性"指的是参与者个人背景和生活经历方面的不同,而不是态度和看法上的不同。后者正是集体访谈所希望发现的。

当然,如果研究的目的是了解具有不同背景的人聚在一起时如何互动,我们也可以有意把他们放到一起进行访谈。比如,如果我们希望了解父亲和母亲对自己孩子的教育有什么不同的看法,就应该将他们召集到一起进行讨论。这样我们不仅可以了解父亲和母亲在态度和看法上存在的异同,而且可以观察他们相互之间的互动关系。因此,样本应该"同质"还是"异质"的问题,主要取决于研究的问题和目的。

抽样时应该选择熟人还是陌生人?这个问题至少涉及两方面的情形:①参与者对研究者来说是熟人还是陌生人? ②参与者相互之间是熟人还是陌生人? 我的建议是:除非有特殊要求,最好选择对研究者和参与者都陌生的人。原因是:陌生人彼此不熟悉,对研究更加有新奇感,可能比较积极地投入讨论。此外,陌生人之间不必像熟人那样讲究面子和交情,可以比较坦率地表达自己的看法。从研究者的角度看,由于对陌生人的情况不了解,从他们那里获得的资料应该更加有价值。

当然,如果讨论的议题只适合在参与者相互之间是熟人的情况下进行讨论(比如,某学校内部教师对学校管理现状的看法),我们只能选择熟人。但是应该特别注意的是,不要把对研究者熟悉和陌生的人同时混合在一个小组内。如果这两种人混在一起,研究者可能有意无意地对他们表露出亲疏之分,如对熟人面带笑容直呼其名,而对陌生人则以"那位先生"、"这位女士"这类比较生分的称谓。这种区别对待的态度可能使参与者产生权势上的等级感,特别是对那些与研究者陌生的人而言。

6.3.2. 访谈者的作用

与个别访谈不一样,集体访谈中的研究者主要不是一个提问者,而是一个辅助者或协调者。我们的主要职责是促使参与者积极参加讨论,密切注意群体的动力结构和成员之间的互动方式,在需要的时候适当地为群体提供辅助和协调。我们应该将谈话的主动权交给参与者,鼓励他们即兴发言、相互对话、积极参加讨论,不要依靠研究者这个"权威"。而我们要达到"去权威"的目的,自己必须有意识地保持一种低调姿态,既不要轻易发表自己的意见,也不要随便打断群体的讨论。如果有的参与者出于习惯,只面对研究者说话,我们应该及时提醒他们,将所有在场的人都作为自己对话的伙伴。

为了达到让参与者自己相互交谈的目的,我们还要设法使所有在场的人感到轻松、安全,可以自由地表现自己。要做到这一点,我们自己首先要放松,表现得自然、随和。如果讨论暂时出现冷场的现象,我们不必紧张,也不要马上打破沉默。这个"冷场"很可能是一种有意义的情感表示,应该给予足够的时空让其流露出来。总之,我们要努力创造一个舒适、宽松的环境,使参与者不把过多的精力放到自我形象整饰和人际争斗上面。

如果在访谈的过程中有人因个性或社会地位优势而形成了"领导效应",我们应该注意在不伤害他们感情的前提下调动其他成员发表意见。我们应该明确告诉参与者,不要害怕发表自己的看法,如果自己不同意其他成员的意见,应该主动说出来。群体环境往往会压抑个别人的参与,因此我们应该鼓励那些说话比较少的人多说话,调动群体对他们的支持。在对这些人进行鼓励时,要注意策略,多观察他们的行为和语言线索,顺着他们的思路鼓励他们发言,不要造成勉强和尴尬的局面。

与个别访谈相比,团体访谈的人数比较多,交叉发言的情况时有发生,即使使用录音机或录像机也很难准确地判断内容与发言人之间的关系。因此,我们研究者应该保持记笔记的习惯。笔录的内容不仅可以日后与录音、录像等其他类型的资料进行相关检验,而且可以为访谈后期进行追问提供线索。

§6.4. 集体访谈具体如何操作?

如果我们希望集体访谈成功,需要在很多方面精心策划,根据集体访谈的要求充分利用已有的物质资源和人力资源。

6.4.1. 安排物质空间

集体访谈的物质空间安排十分重要,因为它直接表达了研究者对团体关系的一种暗示。如果条件允许,座位应该尽量排成圆圈,以表示所有在场的人(包括研究者本人)都是平等的,彼此不分高低。如果研究者多于一个人,最好坐在一起,不宜分散于圈内。否则,参与者可能围绕着研究者形成多个小团体,同时各自自己对话。此外,集体访谈中偶发事件比较多,研究者需要经常在一起商量对策,坐在一起可以比较方便地交换意见。

将参与者的座位安排以后,我们可以请大家自由就座。此时,观察参与者选择坐在什么地方、与什么人坐在一起能够为我们提供十分有意思的信息。比如,如果一位男校长故意避免与我们研究者坐在一起,这也许说明:①他比较害怕"权威";②他对研究者有反感;③他平时就对研究者这样的人(处于权力高位、来自学术圈子、"自视清高")敬而远之,等等。又比如,一位女教师有意选择与其他女教师坐在一起,这也许说明:①她的性别认同意识比较强烈;②她对男性有"偏见";③她与同性在一起感到比较安全,等等。有时候,虽然我们将座位排成一个圆圈,有的参与者有意将自己的座位拉到圆圈外面,坐到其他参与者的背后。这也许说明:①这个人不喜欢抛头露面;②这个人在这里感到不安全;③这个人希望与众不同,有"反社会倾向"等等。

6.4.2. 开始访谈

访谈应该以轻松、愉快的方式开始。研究者可以先讲一个与在场的人有关的笑话,或者要大家做一个小游戏,使大家精神上有所放松,减轻他们初次来到陌生地方常有的防御心理(见图表6-6)。

图表6-6 集体访谈前的热身举例

我在甘肃农村做教育发展项目时,有一次组织了一个"与项目有关的受益者座谈会",请当地各类人群的代表对本地的教育发展提出自己的看法和建议。参与者来自各个阶层,上有省教委的官员、师范大学的教授,下有村教学点的教师和不识字的家长。会议开始之前,大家看上去非常紧张,特别是从村里来的代表。大家拥挤地坐在一起,有的人望着主席台,有的人低着头,全场鸦雀无声。

为了打破这种沉闷的局面,我灵机一动,要大家都站起来,想一想自己最喜欢的动物是什么,然后学动物叫。结果,全场哄堂大笑。虽然没有几个人听从我的指挥,但是他们的表情舒展了,脸上露出了轻松的笑容。

我们也可以让所有参与者介绍自己,使大家对在场的人有一个基本的了解,以便决定自己应该以什么姿态参与访谈。此外,我们也可以请每个人谈一谈自己最近生活中发生的好事情,将大家的注意力先放到比较轻松愉快的事情上面,便于下一步将注意力转换到更加严肃的话题上。总之,我们应该尽一切努力,使参与者感到轻松、安全。

访谈开始时,我们可以对自己的研究项目作一个简短的介绍,态度应该诚恳、坦率;介绍的内容可以概括一些,不必过分交代细节。我们在介绍保密原则时,不仅要许诺自己对参与者的信息绝对保密,而且应该要求参与者对彼此的信息绝对保密。这一点在集体访谈中特别重要,因为它直接关系到参与者对访谈的信任程度,对访谈的质量有很大的影响。然后,我们可以向参与者交代集体访谈的基本规则,如:

- 一次只允许一个人说话,别人说话时不要与自己旁边的人"开小会";
- 所有的人都应该有机会发言,不要让少数几个人统治会场;
- 参与者可以自己组织讨论,不必等待研究者的介入,发言的人要面向大家,不要只是朝着研究者一个人;
- 讨论的问题应该相对集中,就大家共同关心的问题进行讨论,后面发言的人应该尽量与前面发言人的内容挂上钩;
- 尽量使用自己的日常语言,不要使用一些时髦的政治术语和口号式的语言;
- 所有在场的人的经历和看法都同样重要,没有"好坏"之分,欢迎发表不同意见。

为了避免"集体性思维"和"同伴压力"，我们还可以在访谈正式开始时建议每一位参与者做一个简短的发言。待每个人都有机会发表自己的看法以后，再放开对研究的问题进行讨论。另外一个可供选择的办法是，请所有参与者在发言之前先花几分钟写下自己的发言，以便强化他们发言的愿望和能力。既然已经将自己的想法写了下来，他们希望说话的愿望会更加强烈，说话的能力也会增强。如果我们不担心参与者中有人会统治会场，也可以直接提出一个话题，让参与者自己讨论。

6.4.3. 进行访谈

集体访谈中引进话题的顺序与个别访谈一样，应该像一个倒置的金字塔，开始时比较宽泛，然后逐步收紧。转换话题要流畅、自然，避免过分强制和操之过急。追问时应该尽量使用参与者自己提供的概念线索，而不是生硬地"另起炉灶"。为了使参与者接触自己内心的感受，我们可以让对方重述具体的情境和事件的细节。当参与者对一个事件进行描述时，我们应该注意捕捉线索，帮助对方不断接近具体细节，避免泛泛而谈。

在讨论时，我们要注意哪些问题参与者认为比较有意思、比较重要，哪些问题他们认为没有意思、不重要，重点就前者进行讨论。有时候，参与者谈到的问题可能是我们事先没有想到的，但是与研究的问题密切相关。此时，我们应该鼓励对方就这些问题进行深入的讨论。

为了了解参与者的态度和价值观念，我们还可以适当地使用控制式投射法，如问参与者："有人认为……不知你们怎么看？"当参与者对一些问题形成了对抗，有的人表示同意，有的人表示反对时，我们应该注意他们彼此的态度和神情，了解他们在面对冲突时的处理方式。

6.4.4. 结束访谈

访谈结束的时候，我们可以要每一位参与者简单地总结一下自己的看法，或者补充自己想说而没有机会说的话。这样做一方面可以使大家进一步厘清思路，另一方面也可以为那些没有机会或机会较少的人提供一个说话的机会。

通常，在一个集体活动结束的时候，参与者往往期待着组织者做一个总结，对大家的看法作一个概括性的评价。但是，在集体访谈中应该避免这么做。原因是：我们不应该让参与者认为研究者具有最后的"权威"，可以对讨论作评价。如果我们只是就大家谈论的内容作一个简要的概括，参与者会带着开放的心态离开会场，回去以后还可能对有关问题进行思考。而如果我们在访谈结束时对讨论的内容下一个定论，那些被肯定的人可能感到比较高兴，而那些被否定（哪怕是间接地被否定）的人会感到十分丧气。更加重要的是，我们在访谈过程中煞费苦心经营起来的"去权威"的气氛会因此而毁于一旦。

访谈结束时我们还需要做的一件重要的事情是：再一次向参与者强调保密原则。虽然在访谈开始时对这个问题已经有所强调，但是经过两个小时的访谈以后，有的参与者可能对此有所淡忘，有的参与者已经与群体中的一些人成了"熟人"，认为没有保密的必要。另外，在访谈的过程中有的参与者暴露了自己的一些个人隐私，或者就某些敏感话题发表了"不同政见"，可能会感到不安全。因此，我们应该利用这个机会再次强调保密原则。集体访谈与个别访谈一个很大的不同的是，参与者不止一个人，不仅研究者要为参与者保密，而且所有在场的人都要为别人保密。这不是一件容易的事情，需要我们不断地给大家敲警钟。

　　当然，访谈结束以后，我们还应该向参与者表示感谢，感谢他们为自己的研究投入了宝贵的时间、精力和信任。如果财力允许的话，我们还可以利用这个机会向每一位参与者送一件小礼品，以表达自己的感激之情。

7. 如何进行观察?

观察是人类认识世界的一个最基本的方法,也是从事科学研究的一个重要的手段。顾名思义,"观"是"看","察"是"思考",两者放到一起便成为"一边看一边想"这么一种活动。因此,观察不仅仅是人的感觉器官直接感知事物的过程,而且是人的大脑积极思维的过程。正如爱因斯坦所说的:"你能不能观察到眼前的现象取决于你运用什么样的理论,理论决定着你到底能观察到什么"(赵慕熹,1991:44)。

§7.1. 观察有哪些类型?

质的研究中的实地观察可以分成参与型观察与非参与型观察两种形式。在参与型观察中,观察者和被观察者一起生活、工作,在密切的相互接触和直接体验中倾听和观看他们的言行。这种观察的情境比较自然,观察者不仅能够对被研究的现象得到比较具体的感性认识,而且可以深入到被观察者的文化内部,了解他们对自己行为意义的解释。观察者可以随时询问自己想了解的问题,并且可以通过观看被研究者的行为而发问。由于其参与性质,观察者具有双重身份,既是研究者又是参与者。观察者不仅要和当地人保持良好的关系，而且在参与当地人活动的同时必须保持研究所必需的心理和空间距离。观察者与被观察者之间的关系比较灵活，不是一方主动、一方被动的固定关系。

非参与型观察不要求研究者直接涉入被研究者的日常活动，观察者通常置身于被观察的活动之外，作为旁观者了解事情的发展动态。在条件允许的情况下，观察者可以使用录像机对现场进行录像。非参与型观察的长处是：研究者可以有一定的距离对研究对象进行比较"客观"的观察，操作起来也比较容易一些。但是其弱点是：

- 观察的情境是人为制造的，被研究者知道自己在被观察，可能受到比参与型观察更多的"研究者效应"的影响；
- 研究者较难对研究的现象进行比较深入的探究，不能像参与型观察那样遇到问题时立刻向被观察者提问；
- 可能受到一些具体条件的限制，如因观察距离较远，看不到或听不清正在发生的事情。

按照公开的程度分，质的研究中的观察还可以分成隐蔽型与公开型。前者指的是观察者在被观察者不知道的情况下进行观察，对方不知道研究者的真实身份。这种观察方式的优点是：不影响观察对象原有的社会结构和内部人际关系，能够获得比较"真实"、自然的信息。但其缺点是违背了社会科学研究中有关"志愿参与"的伦理原则，没有征求对方是否愿意被观察。公开型观察指的是被观察者知道研究者在对自己进行观察，研究者事先向他们说明了自己的身份和任务。这种观察方式的优点是研究获得了被观察者的同意，符合研究的伦理规范。但弱点是有可能造成"研究者效应",被观察者有可能有意改变自己的行为方式。

在质的研究领域,学者们对这两种观察方法有不同的看法。有人认为,人的天性之一就是向外人隐瞒自己内心的真实想法,因此只有通过隐蔽的活动才能发现"真实"(Douglas,1976)。而主张公开型的人则认为,研究的情境本身就是"真实"的,如果被观察者选择"做假",这本身就是现实生活中的"真实",因此研究者不应该"做假"(Maxwell,1996)。从伦理的角度看,被研究者有权利了解研究的真实目的和实施计划,然后根据自己的意愿决定是否参加研究。

§7.2. 观察有什么作用?

通过对有关文献进行检索(Glesne & Peshkin,1992;Jackson,1987;Jorgensen,1989)以及我个人的研究经验,我认为观察主要有如下作用:

(1)可以看到行为或事件的发生、发展和变化过程;

(2)可以将所研究的个案放到当时当地的社会文化情境之中,对事件的发生过程以及社会成员之间的行为互动关系获得较为直接和全面的了解;

(3)对当地的文化有比较直接的感性认识,可以了解"局内人"的行为规范和意义建构;

(4)可以对一些很少为世人所知的现象进行研究,如同性恋、吸毒、监狱生活等;

(5)可以对不能或不需要进行语言交流的研究对象进行研究,如婴儿、聋哑人、说不同语言的人;

(6)可以从日常生活中发掘人们的实践理性,提出新的观点；

(7) 可以辅助其他研究方法，比如在访谈时进行预备性观察可以使访谈更加具有针对性。

一般来说，观察不适合如下情况：

- 在面上对研究对象进行大规模的宏观调查；
- 对过去的事情、外域社会现象以及隐秘的私人生活进行调查；
- 了解被研究者的思想观念、语词概念和意义解释；
- 对社会现象进行因果分析。

关于最后一点，质的研究界存在分歧。有学者认为，通过细密、深入的观察也可以对人们行为的原因进行一定的推论（Maxwell，1996）。我本人同意另外一些学者的看法，即这种推论有很大的冒险性。观察可以比较明确地回答"谁在什么时间、什么地方与谁一起做了什么？"但很难准确地回答"他们为什么这么做？"（Whyte，1984：84）。

§7.3. 观察前应该如何作准备？

观察前的准备工作主要包括"制定观察计划"和"设计观察提纲"。

7.3.1. 制定观察计划

在正式开始观察之前，我们应该根据研究的问题和目的制定一个观察计划。该计划应该包括至少如下几个方面的内容。

（1）观察的内容、对象、范围：我想观察什么（包括人、事情、内容的范围）？为什么要观察这些内容？通过观察这些内容我希望回答什么问题？

（2）地点：我打算在什么地方进行观察？观察的地理范围有多大？这些地方有什么特点？为什么这些地方对我的研究很重要？我自己将在什么地方进行观察？这个位置对我的观察有什么影响？

（3）观察的时刻、时间长度、次数：我打算在什么时间进行观察？一次观察多长时间？我准备对每一个人（群）或地点进行多少次观察？为什么选择这个时间、长度和次数？

（4）方式、手段：我打算用什么方式进行观察？是隐蔽式还是公开式？是参与式还是非参与式？观察时是否打算使用录像机、录音机等？使用（或不使用）这些设备有何利弊？是否准备在现场进行笔录？不能笔录怎么办？

（5）效度：观察中可能出现哪些影响效度的问题？我打算如何处理这些问题？我计划采取什么措施获得比较准确的观察资料？

（6）伦理道德问题：观察中可能出现什么伦理道德问题？我打算如何处理这些问题？我如何使自己的研究尽量不影响被观察者的生活？如果需要的话，我可以如何帮助他们解决生活中的困难？这么做对我的研究会有什么影响？

7.3.2. 设计观察提纲

观察计划制定以后，我们还应该提出更加细致的具体进行观察的提纲。与质的研究中的访谈提纲一样，观察提纲提供的只是一个大致的框架，为观察活动提供一个方向。在实地进行观察时，我们应该根据当时当地的具体情况进行修改。观察提纲至少应该回答下面六个方面的问题（Goetz & Le-

Compte,1984）。

（1）谁？（有谁在场？他们是什么人？他们的角色、地位和身份是什么？有多少人在场？这是一个什么样的群体？在场的这些人在群体中各自扮演的是什么角色？谁是群体的负责人？谁是追随者?）

（2）什么？（发生了什么事情？在场的人有什么行为表现？他们说/做了什么？他们说话/做事时使用了什么样的语调和形体动作？他们相互之间的互动是怎么开始的？哪些行为是日常生活中的常规？哪些是特殊表现？不同参与者之间在行为上有什么差异？他们的行为是如何产生和发展的?）

（3）何时？（有关行为或事件是什么时候发生的？持续了多久？频率如何?）

（4）何地？（有关行为或事件是在哪里发生的？这个地点有什么特色?）

（5）如何？（有关事情是如何发生的？事情的各个方面之间存在什么样的关系？有什么明显的规范或运作机制?）

（6）为什么？（促使事件发生的原因是什么？有关人员对此有什么看法？有关人员的目的、动机和态度是什么?）很显然，这个问题需要通过一定的推论，不能完全通过外部观察而获得。当然，参与型观察不排除现场询问的方式，因此也可以通过这类方式获得当事人的想法。

在参照上述方面设计观察提纲时，我们需要就每一个方面提出具体的观察问题。与访谈的问题一样，观察的问题是次级问题，其作用是为"研究的问题"寻找答案。图表7-1提供了一位研究者设计观察提纲的实例，其观察问题基本上覆盖了上面我提到的六个方面的内容。这六个方面只是一个提示，在具体观察活动中，我们应该根据自己的研究内容设计不同的观察内容和观察提纲。

图表 7 - 1　观察提纲举例

有一位美国博士生的论文研究题目是"从中国的幼儿教育看中国社会变迁与全球化之间的关系"。她准备使用多种研究方法(包括参与型观察、访谈、实物分析、收集统计数据等)对这个问题进行研究,其中参与型观察是最主要的方法。她计划在北京一个中国家庭里住一年,对这个家庭以及其他 20 个家庭进行观察,了解家长教育自己孩子的方式。家庭按经济收入分成富裕家庭和贫困家庭,孩子的年龄在 6—10 岁不等。在这个研究设计中,她提出了很多观察问题,其中包括——

1)有关"谁"的问题:这些家庭里各有多少人? 他们是谁? 家中有几个孩子? 孩子多大年龄? 父母、祖父母与孩子之间是什么关系? 孩子平时和谁一起玩耍?

2)有关"什么"的问题:孩子平时穿什么衣服? 吃什么食品? 玩什么玩具? 看什么电视节目? 读什么课外书? 家庭经济情况如何? 孩子一个月有多少零花钱?

3)有关"何时"的问题:孩子什么时候穿新衣服? 什么年龄时玩什么玩具? 什么时候上麦当劳? 平均一个月去几次? 家长在什么情况下给孩子零花钱?

4)有关"何地"的问题:孩子在哪里上学? 在哪里娱乐? 在哪里消费?

5)有关"如何"的问题:孩子是如何从事上述活动的? 孩子的活动选择是如何作出来的? 谁决定他们可以这么做而不能那么做? 孩子自己有多大的自主权?

6)有关"为什么"的问题:孩子为什么这么做而不那么做? 家长对此有何看法? 孩子自己呢? 家长为什么要孩子这么做? 他们有什么具体的考虑和长远的打算? 他们如何看待自己孩子的教育问题?

§7.4. 现场观察具体怎么做?

在观察计划和观察提纲都设计出来以后,我们就可以开始进行现场观察了。在具体观察中,我们需要注意如下几个方面的问题。

7.4.1. 开放与集中相结合

观察的步骤一般是从开放到集中,先进行全方位的观察,然后逐步聚焦。在观察的初期,我们应该以一种开放的心态,对现场进行整体的、感受性观察。我们应该尽量打开自己所有的感觉器官,包括视觉、听觉、嗅觉、味觉、触觉,用自己身体的所有部分去体会现场所发生的一切。比如,如果我们希望在课间对学校操场上学生踢足球时相互之间的行为互动进行研究,了解学生自己的分群规则,那么我们可以先对操场周围的物质环境和人文环境有一个整体性的感受。我们可以先在操场上闲逛,对正在那里活动的学生进行观察,有机会时也可与他们闲聊,感受一下操场的气氛和学生运动的整体情况。

随着观察的逐步深入,我们对现场获得了一定的感性认识,对自己希望回答的问题形成了比较清晰的计划以后,便可以开始聚焦了。沿用上例,如果观察的问题是"在操场上学生相互之间是如何认识的?"那么观察的焦点最终必须落到在操场活动的学生相互交谈的具体内容上面。而如果观察的问题是"在操场上学生是如何相互邀请参与运动的?"那么观察的焦点落到人们相互邀请对方参加运动时的语言和动作上就可以了。

一般来说,聚焦时的视野可以有狭窄单一的和开阔的两种方式。前者焦点比较集中,对单一行为进行集中的观察(类似西洋画中的焦点透视);后者的焦点比较开阔,强调对整个事件进行全方位的关注(类似中国画中的散点透视)。比如,如果我们主要对运动场上一位学生在传球时目光注视的角度进行观察,观察的焦点始终放在这位学生的眼睛上,那么这便是一个比较狭窄的聚焦视野。而如果我们对运动场上所有学生的目光注视方式进行观察,观察的焦点比较宽泛,那么这就是一个比较开阔的聚焦视野。

在实际观察中,我们可以(而且应该)变换使用狭窄的视野和开阔的视野。比如,如果我们希望对操场上学生传球时的目光注视进行观察,我们可以在他们传球时目光注视的整体状况和某一位学生的目光注视之间来回聚焦。通过这种不断、来回的拉锯,我们可以同时在宏观和微观层面获得比较丰富的对方资料,即先观察事物的局部,然后再观察事物的整体;或者反之,先观察事物的整体,然后再观察事物的局部(水延凯,1996:179)。在如此反复移动焦点、扩大或缩小视野的同时,我们可以对观察的内容进行综合和分析。

除了视野上的不同,聚焦还可以采取一些不同的程序和步骤,如主次程序法、方位程序法、动与静结合法、时间抽样法、场面抽样法、追踪法等,可以根据研究的要求选择合适的聚焦程序。例如,在"主次程序法"里,我们可以先观察现象中的主要部分,然后再观察次要的部分。沿用上面的例子,如果观察的问题是操场上学生的互动行为,我们可以先对他们相互传球的动作、目光注视的方式等进行重点观察,然后再观察球场周围的物质环境(场地的大小、草坪的质量等)和人文环境(如那些站在旁边不踢球的学生的表情和动作),看这些次要部分对场内踢球者的行为互动有什么影响。

在"方位程序法"里,我们可以按照观察对象所处的位置采取由近到远或由远到近、由左到右或由右到左、由上到下或由下到上的方法逐次进行观察。比如,在上述对学生行为互动的观察中,我们可以先从左边球场进口处观察学生刚刚到达球场时的行为表现,然后再观察他们在右边球场踢球时的互动行为。完成了一轮从左往右的观察以后,我们也可以从右往左进行观察,看这么做与前面相反的方向有什么不同。

在"动与静结合法"中，我们可以选择从静态到动态轮流进行聚焦。比如，在对学生互动的观察中，我们可以先对操场的静态环境进行观察，重点放在操场内那些站在圈外观看的、自己不踢球的人；然后再把视点放到那些正在踢球的人。反之，我们也可以先对动态的人群进行重点观察，然后再对静止的人群进行观察。我们既可以对两者进行比较，也可以考察这两个不同人群对彼此行为的影响。

在"时间抽样法"里，我们首先选择一个特定的时间段，然后对这个时间内发生的事情进行观察。比如，在上述对学生互动进行观察时，我们在通过几次开放型观察以后可能发现，下午 4:30—5:30 之间踢球的人最多，气氛最热烈，学生相互之间的接触也最多。因此，我们决定选择这个时段，重点对这个时段内来踢球的学生的类型、他们相互之间接触的动作、踢球时相互之间的目光注视等现象进行观察。

在"场面抽样法"里，我们首先选择一类活动场面，然后对这个活动场面重点进行观察。例如，我们通过一定的前期观察以后可能发现，在一般情况下，在操场踢球的大部分是男生，但有时候也能看到一些女生在踢球。我们决定对此进行重点观察，了解在什么情况下女生到操场上来踢球？她们是什么类型的学生？她们与前来踢球的男生是什么关系？他们是否一起踢球？为什么？

如果研究的项目涉及到研究对象在时间和空间上的变化过程，我们还可以使用"追踪法"对研究对象进行比较长期的持续性观察。例如，我们在上述研究的第一次开放式观察中发现，很多学生在进入操场时首先很快地对操场环视一周，然后选择一个地点将自己驻扎下来；然后，在整个踢球的过程中，除了特殊情况，他们总是回到自己原来选择好的地点，在那里出发去参加下一轮比赛。因此，我们决定对这些学生的位置选择和位置保持进行追踪观察。我们可以在一次观察中追踪几位学生的情况,也可以在连续几次的观察中对这些学生进行重点追踪。

需要特别指出的是,聚焦式的观察不等于封闭式的观察。前者指的是一种虽然有焦点但形式开放的聚焦方式:研究的问题相对比较集中,但是观察的方式始终是开放的。比如,在上面我们对学生的观察中,我们的问题比较集中:对学生传球时的目光注视进行观察,但我们观察的方式却是开放的,即观察任何方式的目光注视。而"封闭式的观察"是一种事先设定了角度和内容的观察方式,只对某一类行为进行观察,而且对观察到的内容进行量的计算。质的研究中的观察特别强调开放性和灵活性,即使是在最后阶段的选择性观察(即为了回答某些比较集中的问题而进行观察)时,也应该采取开放的态度。

7.4.2. 回应式反应

"回应式反应"指的是观察者对被观察者发起的行为作出相应的反应,而不是自己主动采取行动。这种方式可以帮助观察者比较自然地融入被观察者的日常活动,尤其是当他们在年龄、职位等方面处于低位时。例如,寇沙若(Corsaro,1985:117)在对幼儿园儿童之间的人际交往行为进行观察时便着意使用了这种方式。在对这些儿童进行参与型观察时,他十分注意他们对他提出的各种问题以及他们要他参加游戏的邀请,然后根据当时的需要做出回应,如回答他们的提问,反问他们,参加他们的游戏。与现实生活中很多成年人所习惯的行为不同,寇沙若没有主动问这些孩子任何问题,也没有为了引起他们的注意而主动为他们做一些事情。相反,他力图保持幼儿园内孩子们自己原有的互动模式和行为节奏,同时通过回应式反应的方式将自己融入对方现有的活动之中。比如,当他看到两个4岁的女孩贝绨和珍妮在一起玩时,他没有走过去说:"你们在玩什么啊?"而是站在她们旁边看她们玩,直到贝绨主动与他说话(见图表7－2)。在前几个月的观察中,他一直保持这样一种低调的姿态,直到后来孩子们让他进来一起玩耍。通过回应式反应和其他适应性策略(而不是主动反应和干涉性策略),他自己亲身体验了这些孩子的日常活动规范。

图表7－2　回应式反应举例

贝绨:你不能和我们一起玩!

比尔:为什么?

贝绨:因为你太大了。

比尔:那我坐下吧。(他边说边坐下来)

珍妮:你还是太大了。

贝绨:是啊,你是大比尔。

比尔:我只看行吗?

珍妮:行,但是什么也别碰!

贝绨:你只看,好吗?

比尔:好。

　　回应式反应还可以帮助我们比较深入地理解被观察者的文化。在很多情况下,我们需要参与到被观察者的日常活动之中,才有可能了解他们的文化习俗。但是,如果我们死死抱住自己的思维方式不放,一味地按照自己的计划向他们发问,也无法进入对方的"生活世界"。然而,如果我们采取回应的方式,根据他们发起的行为做出回应,那么我们遵循的就是对方的习惯模式,而不是我们自己的文化习惯。通过进入对方的行为模式,我们可以比较深入地理解对方的思维方式和行为习惯。

7.4.3. 选择观察内容

在观察的过程中,我们始终面临如下问题:"我到底打算观察什么?什么内容对我比较重要?我观察的内容应该宽泛到什么程度?应该具体、细致到什么程度?"比如,当我们在观察一所学校的大门口时,看到很多汽车来来往往,我们是否应该注意这些汽车呢?如果应该注意,应该注意这些汽车的哪些方面呢:数量?颜色?牌子?新旧程度?司机?驾驶速度?很显然,无论如何努力,我们也不可能什么都注意到。因此,我们需要进行选择,而且应该是有意识的选择。

无论对什么现象进行观察,我们都必须时刻牢记自己的研究问题。问题明确了,才能确定观察的重点,然后才能对所看到的事情进行选择。沿用上例,如果我们观察学校大门的目的是了解那里的交通情况,当然应该注意各种交通工具的流量和行驶情况。但是,如果我们的目的是了解过往行人在进入校门口时的行为,我们便无须过分注意汽车的情况。当然,如果行人的行为受到过往汽车的影响,我们也得注意到汽车的驾驶情况,但是有关汽车的颜色和牌子等如此具体的细节则变得无关紧要了。

其实,观察的内容与研究的问题之间不仅仅是一个后者决定前者的关系,而且在一定情况下前者也可能对后者产生影响。虽然我们事先脑子里有一个研究的问题,但是到达现场以后,如果发现自己观察到的内容与原来的设计大不一样,完全可以改变自己的研究问题(见图表7-3)。

> **图表 7－3　观察内容的选择举例**
>
> 　　有一位研究者原来计划对一所小学的校园文化进行研究，重点观察学生在校园里活动的情况；结果发现那所小学根本没有"校园"可言，学校是如此地拥挤，几乎没有任何空地供学生开展校外活动。结果，她将自己的研究问题改成对学生课间活动进行研究，重点观察学生下课后在教室内或走廊上进行的活动。

　　观察内容的选择不仅取决于研究的问题，而且取决于观察者本人的习惯。观察不仅仅是我们了解别的人和事的一个过程，同时也是我们自己观察习惯的再现。比如，我的一些学生在对学校大门进行了开放型观察以后，组成小组对自己的观察方法进行讨论。结果他们惊异地发现，同学们各自都有自己的观察风格和习惯，而这些风格和习惯都与自己的生活经历、性别、职业、个性等因素有关。比如，一位大学的行政管理人员十分注意门卫的换岗时间和动作；一位本科学工程的学生特别注意在一定时间内出入门口的人数；一位平时重视穿着打扮的女生对过往行人的衣服的颜色特别注意；一位文学爱好者对温煦的气候、蓝天白云以及周围的景色深有感受。很显然，由于这些同学平时的观察习惯不一样，虽然他们就同一观察问题对同一现象进行观察，具体观察到的内容却很不一样。

§7.5. 如何做观察记录？

　　在进行观察时，我们除了可以使用自己的眼睛、耳朵、鼻子等知觉器官以及其他仪器设备（如录像机、录音机）做记录以外，还可以做笔录。笔录在观察中占有十分重要的位置，是观察中一个必不可少的研究工具。

7.5.1. 记录的程序

观察伊始,我们可以先就观察的现场画一张地图。这张地图不仅应该包括观察现场的物质环境(如教室内桌椅板凳的布置、墙上悬挂的图片和标语等),还应该包括观察现场的人文环境(如学生就座的位置、教师活动的范围等)(见图表7-4)。在观察的过程中,如果我们发现现场内某些物体的摆设或人员位置有所变动,可以随时更改。地图画好以后,我们还应该在下面附上一段文字说明,详细介绍观察的现场以及研究者本人来到现场时的第一反应。

图表7-4 观察现场地图

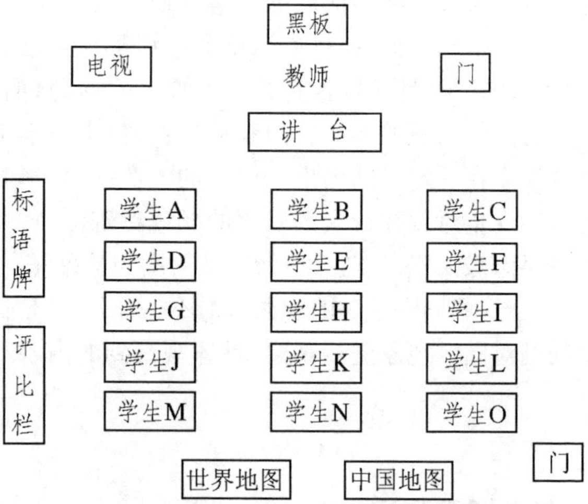

观察记录要求按时序进行,所记的事情之间要有连续性,一个事件接着一个事件。记录应该与事件同步进行,而不是对整个事件作一个整体性的、总结性的描述。这样做一方面可以保持事件发生时的时序和情境,有利于今后分析时查找;

另一方面保留了大量有关事件的细节,便于今后为建构理论提供具体的素材。

与量的研究不同,质的研究中的观察是非结构型的,要求尽可能将所有的事情都记下来。特别是在观察的初期,记录的完整性和丰富性是观察笔记的一个首要要求。质的研究要求对研究现象进行"深描",使读者仿佛身临其境。因此,我们在做实地笔记时必须注意完整、细密,以便为今后在研究报告中进行"深描"提供资料基础。

在实地进行观察时,我们要有意识地训练自己的反应能力、记忆力和笔录能力。如果当场有的细节记不下来,可以先使用一些代号或缩写形式,事后找机会追记详情。实地观察者常用的一个策略是频繁地"上厕所",躲在无人知晓的地方迅速补记重要的信息。如果时间确实非常紧张,我们还可以求助于录音机,在合适的时间和地点将观察到的内容先读入录音机,待今后有时间时再逐字逐句地整理出来。

7.5.2. 记录的格式

质的观察中的记录规格不像量的观察那么统一、固定,因人或研究的具体情境而定。一条基本的原则是:清楚、有条理、便于今后查找。通常的做法是:在记录的第一页上方写上观察者的姓名、观察内容的标题、地点、时间、本笔记的标号、此套笔记的名称,然后在笔记的每一页标上本笔记的标号和页码。笔记的段落不宜过长,每当一件新的事情发生、一个不同的人出现在现场、一个新的话题被提出来时,都应该重新开始一个段落。

实地笔记的纸张应该比较大,在记录的左边或者右边留下大量的空白,以便今后补充记录、评说、分类和编码。记录纸的页面应该分成至少三部分,左边是时间;中间是研究者观察到的事件;右边是观察者个人的感受、解释或疑问,可以在课后访谈任课教师时进一步澄清(见图表 7 – 5)。因此也有人将记录表分成四个部分,最右边是教师在访谈中提供的有关解释。

图表 7 – 5　实地观察记录表一

时间	观察到的事件	观察者的解释和疑问
10∶10	教师阅读课文,眼睛始终盯着课本,没有看学生一眼。	教师似乎对课本内容不太熟悉。
10∶20	教师问了一个课本上有答案的问题(内容略),学生用课本上的答案齐声回答。	教师似乎不注意鼓励学生用自己的语言回答问题。
10∶30	教师问问题的时候,用自己的手示意学生举手发言。左边第一排的一位男生没有举手就发出了声音,教师用责备的眼光看了他一眼,他赶紧举起了左手。所有学生举手时都用左手,将手肘放在桌子上。	教师似乎对课堂纪律管理得很严;绝大多数学生对课堂规则都比较熟悉。
10∶40	教师自己范读课文,学生眼睛盯着书本,静听教师范读。	教师为什么不要学生自己先读呢?是否可以要一位学生来范读?

　　叙兹曼和斯特劳斯(Schatzman & Strauss, 1973)的现场记录表更加精致,将现场观察笔录分成四个部分:①"实地笔记",专门用来记录观察者看到和听到的事实性内容;②"个人笔记",用来记录观察者个人在实地观察时的感受和想法;③"方法笔记",记录观察者使用的具体方法及其作用;④"理论笔记",用于记录观察者的初步理论分析。他们的四分法实际是将我上面所说的三分法中的第三部分"观察者的解释

和疑问"分成了三个部分：个人感受、方法反思、理论思考；"实地笔记"与上表中"观察到的事件"是一回事。图表 7－6 是一位观察者按照这种格式从中午 12:00—12:30 在一所大学的食堂里进行观察时所做的记录。

图表 7－6　实地观察记录表二

实地笔记	个人笔记	方法笔记	理论笔记
12:00——食堂里大约有 300 人，10 个窗口前队伍平均有 4 米长。	我感觉很拥挤。	这个数字是我的估计，不一定准确。	中午 12 点似乎是学生就餐的高潮。
12:05——在卖馅饼的窗口排了一个足有两米长的队，而且排队的大部分（大约四分之三）是男生。	我想是不是今天的馅饼特别好吃？是不是男生特别喜欢吃馅饼？	我站在离卖馅饼窗口有 5 米远的地方，看不清楚馅饼的质量，不知道这些人买馅饼是否因为馅饼好吃。	也许买某一样食物的人数与该食物的质量之间有正相关关系？
12:10——食堂里有 5 对成双的男女坐在一起吃饭，两个人坐得很靠近，都是男的坐在女的左手边。	也许他们是恋人。	我只是根据他们坐在一起的亲密样子判断他们是恋人，这个猜想需要进一步检验。	也许在食堂里就餐时，男生习惯于坐在女生的左手边？
12:20——一位女生将一勺菜送到旁边男生的嘴边，望着对方的眼睛说："想不想吃这个菜?"	为什么这些"恋人们"在公共食堂里如此"放肆"?! 我对此有反感。	我现在与他们坐在同一张桌子上，可以听到他们的对话。	似乎女生喜欢主动向男生"献殷勤"，这一点与我平时的印象不一样，需要进一步观察和检验。

7.5.3. 记录的语言

观察记录的语言要求尽可能具体、清楚、实在。这三个标准之间是相互关联的关系,做到了其一,便会影响到其二和其三。具体的语言会使记录的内容显得比较清楚、实在;清楚的语言会使记录的内容看上去比较具体、实在;而实在的语言也会使记录的内容显得比较具体、清楚。

首先,观察笔记应该使用具体的语言,不要用抽象的、概括性的或总结性的词语。比如,当观察学校食堂的经营情况时,如果我们写下"食堂里十分萧条,炊事员人浮于事,工作没有效率"这样的笔记,就显得过于抽象和概括。一个改进的办法是:在事实笔记部分写下:"在这个面积 200 平方米的食堂里有 30 名顾客、20 名炊事员",然后在个人笔记中写下:"我感觉这个食堂工作效率不高"。

当然,记录内容的具体和抽象程度应该因具体情境不同而有所不同。比如,当对一本书进行描述时,我们是应该只停留在"一本书"这样抽象的层面呢? 还是应该具体到"一本 16 开的、封面是红色的、厚度为两厘米的、字纸相当白的、内容是有关中国历史的教科书"呢? 很显然,如果这项观察是在一堂历史课上进行的,目的只是希望知道在历史课上同学们是否人手一册书,那么只提到"一本书"这样的程度就够了。但是,如果这项观察的目的是记录有关这本书的信息,为出版界提供有关教学课本的装潢情况,那么有关这本书的尺寸、颜色、厚度乃至字纸的质量便是必不可少的了。更有甚者,如果我们假设地球上来了外星人,他们不知道被地球上的人称之为"书"的东西是什么的话,那么我们便不得不更加具体了:"一个长方形的、封面上有一些图画的、由大约二百页纸张装订在一起的、纸上写满了字的东西"。当我们如此细致地进

行描述的时候,我们还必须假设这些外星人已经知道了"长
方形、封面、图画、大约、二百、页、纸张、装订、字"等概念的意
义。否则,我们的描述将不得不更加细致和具体。

上面这个例子表明,当我们对一个读者可能不熟悉的东
西进行描述时,具体一点总是比抽象一点要保险。上面我们
向外星人描述"书"时所使用的语言虽然显得有点"笨拙、累
赘",但是如果他们知道什么是"长方形、封面、图画、大约、二
百、页、纸张、装订、字"这些概念的话,也许可以通过对这个
比较具体的描述进行推测而形成有关"书"的概念。而如果
我们使用比较抽象的语言来描述我们概念中的"书"(如"一
个人们用来表达思想的工具"),我们的外星人朋友更加不知
道我们在说什么了。

实地记录使用的语言不仅要求具体、细致,而且要求清
晰、易懂。当然,"清晰、易懂"的程度可能因研究者而异,这
里主要是针对那些有可能阅读我们的观察记录的读者而言。
假设,我们在对一个大学的食堂进行观察时看到那里人"很
多",显得很"拥挤"。结果我们在观察记录中写道:"食堂里
人很多,很拥挤。"而读者在读到这类描述时,很可能感到不
清楚,不知道食堂里具体的情形是什么样子。他们可能要问:
"食堂里到底有多少人? 食堂有多大? 多少人算是'很拥
挤'? '拥挤'的标准是怎么定的? 是根据谁的标准?"可以假
设,对于一个生长在上海的中国人来说,一个 100 平方米大小
的食堂里有 300 人可以说是"很拥挤";而对于一个来自加拿
大北部的人来说,同样的面积里装上 50 人便可能被认为"很
拥挤"了。

观察记录不仅应该具体、清晰,而且应该实在、平实。我
们在做记录时应该尽量使用朴实、"中性"的语言,避免使用
过于文学化的语言(如隐喻、双关语等)、具有特定含义的用

语（如成语、歇后语等）、过于通俗的民间语言（如俗语、俚语等）、过于程式化的语言（如新闻口号、政治套话等）以及学术行话（见图表 7-7）。文学语言虽然具有生动再现当时情境的作用，但因其未定性，给读者留有较大的想像空间，容易造成解释上的歧义（金元浦，1997）。成语通常来自一定的历史典故，带有独特的民族文化特色，读者需要一定的文化（或跨文化）功底才可能理解；特别是当研究涉及国际交流时，成语这类表达法很容易造成理解上的困难。民间俗语一般比较诙谐、精练，但通常带有使用者强烈的感情色彩，容易妨碍读者"客观地"了解观察的内容。像成语和歇后语一样，对俗语的理解也取决于对特定人群或文化的了解，圈外人往往不知所云。套话通常具有特定的社会政治背景，内容比较概括、空泛，不适合对具体的观察内容进行记录。学术行话的意义一般比较专一，带有学术行会的特点，不易跨学科交流，也不易为一般读者所理解。

图表 7-7　观察记录中的败笔
（资料来源：学生作业）

（1）观察某学校升旗仪式时："升旗仪式庄严肃穆，四处万籁俱静、鸦雀无声。仪仗队队员一个个英俊潇洒，昂首阔步，观看的人心潮澎湃，但见五星红旗冉冉上升。"

（2）观察食堂就餐情况时："食堂里人山人海，熙熙攘攘；同学们一个个摩拳擦掌，准备开始一场饭的战斗。"

（3）观察餐厅内人际互动行为时："一对热恋中的情侣走进餐厅，男士高头大马，女士娇小玲珑，一副小鸟依人的样子。一个奶油小生模样的家伙正和他旁边的小姐谈笑着。他的吃相显得很做作，右手小指古怪地向上翘着，很女性化。那位小姐慢条斯理地在吃一条鱼，像一只吃东西的波斯猫。两个人吃完以后把餐具扔在桌子上就走了，义无反顾。"

7.5.4. 命名的困境

在对观察进行笔录时，我们还经常面临为事物命名的困境。所谓"命名"即用一个语词来表示一个概念或实体，如用"单人摩托车"来指"一种交通工具，由金属做成，有两个轮子，只能供一个人使用"。当我们看到一个在自己的语言中有相应词语表达的事物时，可以直接使用这个词语为该事物命名，如上面所说的"单人摩托车"。而如果我们的语言中没有这类词语，我们便陷入了"命名的困境"。例如，在一次课堂观察练习中，我的一位加拿大助手带来了一些西方儿童"办家家"时常用的玩具，其中有一个几乎每一个西方人家庭都有的烤面包机的模型。结果，在场的大部分学生都不知道这是一个什么玩意儿，使用了各种词语来描述它："一个长方形的、中间有一条缝的东西"、"这个东西旁边有一道槽，槽里可以放入一片东西，用手一按把柄，中间的那个东西就会跳起来"等等。由于这些学生不知道这是一个烤面包机，无法"确切地"对这个东西进行指称，于是只好借助他们所知道的有关形状、空间和其他物品（如"把柄"）的概念来对其进行间接的描述。由于这种描述比较"累赘"、"笨拙"、"间接"，很容易给读者带来理解上的困难。

当我们为自己观察到的事情命名时，还不得不考虑"从谁的角度？""使用谁的语言？"来为事物命名的问题。这里我们起码应该考虑三个不同的人群：①进行观察时的观察者本人及其所代表的研究者群体；②被观察者及其所代表的文化群体；③读者（包括观察过后的观察者本人）。例如，我们在一所幼儿园对儿童进行观察时，看到一个小女孩将一块桌布盖在一个布娃娃身上。这种时候，我们是应该把这块布称为"桌布"还是"被子"呢？很显然，从这个小女孩的角度看，这是一床"被子";但是,从我们观察者(大人)的角度来看,这应该是一块"桌布"。而观察笔记的最终目的是服务于读者,是为了给研究报告的读者以及分析记录的研究者本人提供资料依据。因此在记录时,为了让读者了解观察者和被观察者在角度和语言上的不同,我们可以在"事实"笔记中写下:"一块桌布"(或者"一块布"),然后在个人笔记中写下:"我想她是把这当成一床被子了。"

有时候,我们知道所看到的事物的用途和形状,但是却不知道这个事物的名称。在这种情况下,我们也需要采取其他可能性途径来绕过"命名的困境"。比如,在对一所大学的学生食堂进行观察中,我的一位学生写道:"很多学生把碗放到一个有很多格子的类似屏风的木架子上"。很显然,这位学生注意到了这个架子的用途:这是一个被用来放碗的架子,而且由于它所在的位置使它同时发挥了屏风的作用。但是,由于在观察者的语言中没有一个固定的词语来指称这种类型的架子,于是她便使用了上述比较迂回、具体的描述方式。如果她只告诉我们这是一个"木头碗柜",我们便无法获得有关这个特殊碗柜的"有很多格子"的形态和作为"屏风"的作用了。

§7.6. 观察者如何进行自我反思?

在质的观察中,我们除了对看到和听到的事实进行描述以外,还应该反思自己是如何看到和听到这些"事实"的。我们需要询问自己:"我是如何进行观察的? 我为什么会注意这些内容? 我使用了什么具体的方法和过程? 我分析观察结果时的角度和前设是什么? 我记录时使用的是什么语言? 我是否对观察中出现的伦理道德问题进行了反省? 我目前对什么问题仍旧不清楚? 打算如何加以澄清?"

7.6.1. 观察者的推理

在从事观察活动中,我们必须使用自己的理性思考,才可能"观察"到自己所观察到的东西。观察是人的主动建构,是人头脑中的意识与感觉材料之间相互作用的结果。任何观察活动都离不开观察者的思考,都必须经过观察者推论的过滤。因此,在观察时,我们需要有意识地对自己的推论进行反省,尽量将自己所做的推论与观察到的事情分开。虽然这么做十分困难,但是人为地这么做可以使我们对自己的思维活动更加清楚,不把自己的"私货"偷偷地塞入"事实"里面。

例如,我的一位学生在对课堂上学生就坐的行为模式进行观察时做了如下一段记录:"同学们一走进教室就开始选择座位,大部分人都选择坐在熟人旁边。"这个记录除了对同学们的行为进行了描述,还夹杂着观察者个人对同学们行为意图的推论。其实,如果仅从这个记录所表现的同学们的外显行为,我们很难知道他们是在"选择"座位,也很难知道他们"选择"的邻居是"熟人"。很显然,在这里观察者动用了自己的日常常识,对同学们这些行为的目的进行了推论。为了使那些缺乏此类常识的读者能够通过实际观察材料理解观察者是如何得出这个推论的,观察者可以在"事实笔记"部分写下:"同学们一走进教室就左顾右盼,眼光从一个座位移向另外一个座位;在 50 名学生中,有 36 人坐下来以前或者以后与他们旁边的人说话、微笑或握手",然后在"个人笔记"部分写下:"我想这些同学是在选择座位,而且大部分人选择坐在自己的熟人旁边"。

如果我们对自己的思维活动意识不足,很容易从自己看到的"事实"推出错误的结论。比如,我的一位学生在食堂做观察时,看到很多女生都在排队买牛肉面,因此便在笔记中写道(他没有将"事实笔记"和"个人笔记"分开):"很多女同学在排队买牛肉面,好像女同学都喜欢吃牛肉面。"而根据我自己的经验以及平时的了解,我感觉"排队买牛肉面"与"喜欢吃牛肉面"之间也许并没有直接的因果关系。这些女生在牛肉面柜台前面排队,也许是因为牛肉面比较便宜,也许是因为吃面条比吃米饭和馒头节省时间,也许是这些女同学中有人今天生日,大家希望用吃面的方式庆祝她的生日,也许……这种假设可以无止境地设想下去。因此,问题不是不能对所看到的事实做推论,而是应该将事实与推论区别开来。而且,更加重要的是,我们在推论的时候应该给出相应的证据,仔细检查自己的前设,说明自己是如何得出这个推论的。比如,在上面的情况下,这位学生也许可以通过观察这些女生吃牛肉面的情形来判断她们的饮食习惯:如果她们吃的时候面露不快,吃的速度很慢,而且剩了很多面条,那么他也许可以因此而推论她们并不喜欢吃牛肉面(起码是这个食堂这一顿饭做的牛肉面)。同时,如果合适的话,他也可以去问排队的女生她们在此排队是不是因为喜欢吃牛肉面,如果不是,究竟是什么原因。只有获得了足够的证据以后,他才有资格比较自信地在观察的反思部分写下自己的初步推论。

当我们在观察无法直接看见或品尝的东西时,也会遇到需要推论的难题。如在观察一节化学实验课时,我们就无法知道教师从一个玻璃水杯里倒入试管中的是自来水、蒸馏水还是盐水。在这种情况下,比较安全的做法是,在事实笔记中写下:"教师将大约两立升的液体从一个玻璃水杯里倒入试管中"。然后在个人笔记部分写上:"根据我个人对这类实验的了解,我想教师倒的是蒸馏水。课后应该进一步向教师验证。"

7.6.2. 观察者的叙述角度

在事实性笔记中，观察者应该保持一种第三人称的角度，对"客观"事实进行如实的记载（当然，这里的一个前设是所有的"事实"都是从观察者本人的视角看到的）。如果我们对观察到的事实有疑惑，应该放到"个人笔记"部分，而不应该放到"事实部分"。否则会给读者一种错觉，好像这也是我们看到的"事实"。比如，下面这段记录便表现出记录者对视角的混淆："从我的对面来了一个50多岁的女教师，手里拿着两个饭盒，让人奇怪的是两个饭盒里全是菜。"首先，这个女教师的年龄和工作性质是很难直接观察到的，需要提供一定的细节（如她的眼角有一些细微的皱纹，头发有点灰白，带着一副金丝眼镜，胳臂底下夹着一个讲义夹，身上有一些粉笔灰等）。其次，如果她手里拿着两盒菜令观察者本人感到"奇怪"（而不是令所有的"人"奇怪），观察者应该将其放到个人笔记部分，而且说明为什么自己感到"奇怪"。这里，当观察者使用"令人奇怪"时，事实上他已经对某种"不奇怪的"、"正常的"情况进行了一种带有普遍意义的预设，而显然，对这个端着两盒菜的当事人来说，这并没有什么可"奇怪"的。也许，为了节省时间，她在为另外一位同伴打菜，而她的同伴正在为两个人打饭；也许她背包里带有自己准备的面包，只需要在食堂打菜就行了，而她不喜欢将两种不同的菜放在一个盒里。

观察者的视角混淆还有可能在如下情况下发生：观察者对观察的对象来说是一个局内人，对所观察到的一些事实有自己一些先入为主的知识和解释，因此不自觉地将自己这些知识和解释与看到的"事实"混杂在一起进行记录。比如，在下面这段记录中"今天校园里人很少，因为是星期天大家都没有课，出去玩去了"，观察者就在利用自己个人的知识和经验对看到的现象进行解释。如果观察者从外部对事物进行观察,就不应该在"事实笔记"部分使用局内人叙述角度。否则,角度的混淆很难使读者明白,什么是观察者看到的事情,什么是他/她本人的猜测或解释。当然这种解释并不是不允许,而是应该与事实笔记分开记录。比如,如果在事实笔记中,观察者写了"今天校园里人很少",那么可以同时在个人笔记中写下:"我在这个学校工作,根据我个人的经验,我想人很少是因为星期天大家都没有课,出去玩去了。"

8. 如何收集实物？

"实物"包括所有与研究问题有关的文字、图片、音像、物品等。这些资料可以是历史文献(如传记、史记)，也可以是现时的记录(如信件、作息时间表、学生作业)；可以是文字资料(如文件、教科书、学生成绩单、课表、日记)，也可以是影像资料(如照片、录像、录音、电影、广告)；可以是平面的资料(如书面材料)，也可以是立体的物品(如教具、陶器、植物、路标)。

§8.1. 实物分析有什么作用？

任何实物都是一定文化的产物，表现了一定情境下人们对有关事物的看法。实物具有"合同"的性质，即表现了社会上某些人相互之间或者人与环境之间的一种"契约"。它们之所以被生产出来，是因为满足了社会上某类人的需要。因此，实物被作为文化观念的物化形式，用来对特定文化中特定人群所持的观念进行分析。

实物属于一种物品文化，有其自身的特点。对实物的分析与对语言的分析是很不一样的，遵循的是一种十分不同的逻辑。语言主要依赖于概念的使用，而实物更加依赖于形象的召唤以及物品本身的使用方式。语言分析受到语言规则的制约,是一种以规则为基础的认知方式,依靠的是人们对语言本身的理性知识;而物品分析使用的是一种联想模式,其意义的产生主要来自人们日常生活中的"实践理性"。这些物品通过自身的被使用,不仅具有意义解释的作用,而且具有改变特定社会规范的潜能。例如,一些公路上铺设的路障被称为"睡着的警察",它们被城市交通管理部门用来促使汽车司机减速(Hodder,1994)。如果司机们遇到这些路障不减速,就有可能损坏自己的汽车。之所以没有在路边竖立文字警告式的招牌,是因为文字对大部分汽车司机不起作用。文字唤起的是汽车司机的语言知识,而语言知识主要停留在他们的认知层面。相比之下,路障这类实物性的警告付诸的是他们的实践知识,如果不执行就会立刻产生负面效应,因此更具有实际效果。

由于实物的制作是和特定的社会文化环境密切相关的,因此我们在对实物进行分析时应该将其放回到特定的被生产、被使用、被抛弃的历史文化背景中加以考虑。对物品的分析涉及人们生产、交换和消费时所形成的关系网络,需要采取一种关联性的、历时和共时相结合的分析方法。在对一件实物进行分析时,我们应该就如下问题进行追问(Hammersley & Atkinson,1983:143)。

- 这件实物是谁制作的?制作的目的是什么?
- 它是如何制作的?是在什么情况下制作的?
- 它是如何被使用的?谁在使用它?为什么使用它?使用过后有什么结果?
- 这件实物记载了什么?省略了什么?什么被制作者认为是理所当然的?

● 使用者为了理解这件实物需要知道什么？

与其他研究手段相比，实物分析有自己的长处和短处。首先，实物可以扩大我们的意识范围，提供一些新的概念、隐喻、形象和联想，使我们的分析视野更加开阔。例如，通过观察一个家庭里家具的摆设，我们可以看到该家庭女主人沉默的表达方式（如果该家庭的物质安排是以女主人的意志为主的话）。虽然她没有机会（或者甚至没有能力）直接说出自己对"家"的定义、观念或向往，但是她的家庭摆设却生动、直观地表现了她的内心世界。

其次，实物通常是在自然情境下生产出来的，可以为我们提供有关被研究者当时的生活背景知识。在实物收集中，研究者的直接干预比较少（特别是对那些在研究开始之前就存在的实物而言），因此实物所提供的背景知识往往比其他方式（如访谈和观察）所获得的资料更加"真实"、"可信"。

此外，实物在一些情况下可以表达语言所无法表达的思想和情感，比语言更有说服力。比如，当一位女教师在谈到自己小时候在家乡上小学的情形时，如果我们要她拿出一些当时的照片进行评说，可能会唤起她比较强烈的、深层次的情感。通常，具有立体感、颜色、付诸视觉的人物和景物形象能够刺激起当事人的深层记忆，使他们的谈话变得更加生动、具体。

从研究的"可靠性"考虑，实物还可以用来与从其他渠道获得的材料进行补充和相关检验。例如，我们可以利用实物分析的结果检验被研究者在访谈时所说的话以及在观察时所做的事是否"真实"。假设一位学生在访谈时说："我的学习成绩很好，在全班排名总是在前五名，"结果我们在全班的成绩单上却发现他常常排名在第十到十五名。在这种情况下，我们需要采取措施对这个相互矛盾的"事实"进行进一步的检验。

实物分析也有自己的短处。首先,实物的作者有可能有意美化自己,制造不符合"事实"的实物资料。比如,自传作者可能有意无意地往自己脸上"贴金",希望自己的形象在读者眼里比实际情形要"光彩夺目"一些。其次,实物记录的制造者通常是社会权贵,这些资料通常反映的是有权有势的人或社会机构的价值观念和行为准则,对无权势和弱势人群的声音反映较少。再次,有的实物记录(如历史文献、传记)是后人所为,他们的记忆可能衰退,对有关的细节表述有误,或者根据自己现在的理解对历史进行重构。此外,实物是一种比较间接的资料,不像文字资料那样可以直接进行研究。实物的意义比较隐晦、含蓄,具有多重解释的余地,不同的人可以有不同的解释,容易造成理解上的歧义。

§8.2. 实物资料有哪些类型?

实物资料的分类通常包括两大类:①正式官方记录,即那些被用于比较正规、严肃的社会场合,为公众服务的资料;②非正式的个人文件,即为个人目的而准备的、与个人生活有关的资料(Lincoln & Guba,1985:277)。

8.2.1. 正式官方记录

正式官方记录通常包括各种由政府部门颁发的证件和文件,如结婚证、身份证、工作证、驾驶证、银行收支表、电话单、统计资料、报刊杂志、历史文献等。虽然有的证件和文件是供个人使用和保存的,但是它们的生产者一定是官方机构。

上述各种证件是政府部门用来记录和证实公民的特定身

份、资格和任务完成情况的证据，具有法律效力。在研究中收集这些证件可以帮助我们比较确切地了解有关人员是否具有某些特定的社会身份（如是否通过法律程序结婚？是否具有驾驶员资格？是否确实是某学校的教师？），是否在行为上按法律要求行事（如是否按时向电话公司缴纳电话费？自己如果有汽车是否每年接受交通管理部门的年检？作为某学校的教师自己是否定期归还在学校图书馆借阅的图书？）等等。

官方统计资料是国家统计部门、各级政府部门和专业机构组织收集并编制的各种统计报表和统计报告。这些资料对我们了解有关现象的整体状况很有帮助。但是，由于各种原因，官方统计的数据不一定准确。有的申报单位或个人为了逃避法律上或政治上的责任可能谎报"实情"，有的是因为技术上的原因，如统计口径不一致、计算中出现差错等。此外，统计数据通常有自己的适用范围，具有其特殊的含义。我们在收集这些资料时要特别小心，注意这些数据是否与自己的研究问题相匹配（袁方，1997：395）。

报刊杂志通常被某些社会机构或个人用来记录、报道或解释社会问题，可以为我们的研究提供丰富的二手资料。但是，在收集这类资料时，我们应该特别注意报道人的角度、动机和兴趣所在。报刊（特别是报纸）一般比较讲究轰动效应，追逐的是社会上流行的热点问题。由于时间的限制，这类资料对事情的分析通常不够全面、细致或深入。此外，出于某些政治或经济上的原因，有些报刊具有十分明显的导向性，很难保持"客观"、"中立"。

历史文献指的是那些对过去发生的久远事件的记载，通常当事人已经不在世了。这类资料可以为我们提供一个了解过去的窗口，特别是在历史研究中。然而，任何历史都是作者的重新解释，而我们作为读者对这些历史文献的解读又有一次新的诠释。因此,在使用这类资料时,我们需要特别注意历史记载者以及我们自己的视角,反省他们和我们自己作为历史的诠释者的作用。

官方机构颁发的资料还可以按照保密程度或使用范围分成内部资料和外部资料。如,就一所学校而言,内部资料通常包括那些由学校制定的课表、学生使用的课本、教师使用的教师辅导用书、学校行政部门颁发的各种通知、学生成绩单、个人档案、规章制度等。而外部资料指的是学校对外的资料,如学校的简报、年度总结、给家长的信、学校的改革方案等。这两类资料对研究都十分有用,可以帮助我们比较具体地了解社会机构内部的管理结构、领导风格、制度法规、时间安排等。

在收集上述实物时,我们需要审视自己的价值取向和理论前设。例如,在对某中学的课程体系进行研究时,如果我们只收集中央政府和地方颁发的教材作为分析资料,而不对学校的具体教学活动进行观察,那么我们的一个前设就是:这些教材足以反映该中学课程体系的情况,而具体教学活动的实施不是如此重要。

8.2.2. 非正式个人文件

非正式个人文件包括所有被研究者个人所写的东西,如日记、信件、自传、传记、个人备忘录等。日记是个人内心思想情感的自然流露,对于了解当事人的内心世界很有帮助。此外,日记通常是当事人按照时间顺序在一定时段内持续完成的,因此可以从中了解过去发生的某些事情的来龙去脉。在所有个人资料中,日记是最能够获得相对"真实"信息的一个来源。但是,一般来说,被研究者不会主动将自己的日记给研究者看,因此获得日记这种个人资料的可能性相对比较小。

个人信件通常表现了写信人在没有外部压力的情况下自

然袒露的心情状态,其中包括写信人对某些事情的看法以及写信人与收信人之间的关系。因此,如果我们希望了解写信人的精神状况、想法以及与有关人员之间的交往方式,收集他们的个人信件会很有帮助。但是,出于与日记同样的原因,写信人和收信人一般不愿意主动为研究者提供自己的私人信件。即使这些信件不涉及个人的隐私,写信人一般也不会愿意将它们公布于众。

自传是作者将自己作为主人公的一种写作方式,通常将自己从小到大的生活经历以及随之发生的社会事件、家庭变故等内容比较详细地记录下来。因此,自传比较适合了解作者本人的生活史以及他们所处的时代背景。传记是对有关人物或历史事件的记载,通常作家本人不是中心人物。如果我们希望了解一个特定的历史时期、某些特定的历史事件以及某些特定人群在该时期的行为,传记可以提供比较丰富的资料。但在收集自传和传记的时候应该特别注意其"真实性"和"准确性"。自传和传记都是对过去事件的追记,作者一方面可能对某些细节"记忆"有误,另外一方面可能有意"歪曲事实"。由于现时的记录都会受到目前记事人观点的影响,在一定程度上反映了当下的思想意识形态以及作者的个人动机和利益,因此我们读到的不可能是事实的"真相",而只是特定作者眼里的"真相"。这些作者可能出于种种原因有意标榜自己或某些与自己利益相关的人和事,对有权势的人褒多于贬,对自己不喜欢的人贬多于褒,而对那些没有势力的人则忽略不计。

除了日记、信件、自传和传记以外,个人文件还包括被研究者可能拥有的其他个人资料,比如,教师写的教案、家长为自己孩子做的成长记录等。教师的教案对于了解教师的教学思想、教学构思和个人教学风格很有帮助,特别是当这些教案伴有一些教师个人的评语时。家长为孩子写的成长日记，通常记下每一阶段(如每三天、每周、每月)孩子的生长情况,通过这些日志我们不仅可以了解孩子的具体成长状态,而且可以了解父母如何看待自己的孩子以及父母对孩子有什么样的期待。

8.2.3. 照片

照片是另外一类实物资料,可以是个人的,也可以是官方的,因此我把它与上面的实物分开进行讨论。把照片分成"个人的"和"官方的"主要体现在"照相"和"收藏"这两个行为层面以及"目的"这一动机层面上。它们可以有四种表现形态:

(1)照片是个人照的,并且由个人收藏着,主要为个人的目的服务;

(2)照片是个人照的,目前由官方收藏着(如放置在国家博物馆或档案馆里),主要为官方服务;

(3)照片是官方照的,目前由个人收藏着,主要为个人服务;

(4)照片是官方照的,目前由官方收藏着,主要为官方的目的服务。

在质的研究中,照片被认为是一种十分有价值的实物资料,可以为研究提供十分丰富的信息。首先,照片可以提供非常清晰的描述型信息,包括场景、人物和事件的具体细节。照片通常是在自然情境下拍摄的,可以相对"真实"和"准确"地记录过去发生的事情及其场景。其次,由当事人自己拍摄的照片可以为我们提供了解他们的世界观和人生观的有关线索。通过仔细观看这些照片，我们可以了解他们是如何看待自己周围的世界的，什么事情对他们来说比较重要。我们还可以在访谈时将这些照片作为一种"控制性投射"工具，请被访者对照片作出自己的介绍和解释。此外，照片还可以用来纠正历史事实，对一般人所认为的观点进行反驳或提供多元解释（见图表 8 – 1）。

图表 8 – 1　照片的作用举例

波格丹和比克兰（Bogdan & Biklen, 1983：104）在对 20 世纪 20 年代一所专门招收智力低下儿童的州立小学进行研究时，发现在所有与这所学校有关的照片中，学生们看上去都非常整洁、行为端庄，与来自中产阶级家庭的孩子没有什么两样。这些照片所显现的学生们的形象与当时一些专业人士对这类儿童的描述形成了十分鲜明的对照。1920 年代在美国是优生学运动的高峰期，专业人士一般认为智力低下的人是对社会的祸害，对人类的福祉是一个威胁。所以，他们对这些儿童的介绍往往是贬义的，给后人造成一种十分恐怖的印象。波格丹和比克兰通过对这些照片的分析，提供了一个与当时专业人员不同的解释。

尽管照片有上述各种用途，但是我们必须牢记，照片都是某个特定的人拍摄的，这个人一定有自己的目的、视角和照相的方式。比如，个人拍摄的照片可能是为了记录下某一重要的历史时刻、一次重要的聚会、一个印象深刻的场景；官方拍摄的照片可能是为了纪念某一个重要的场合，将某一历史事件记录下来，为新闻报道提供直观的信息和可信度等。因此，在对照片进行分析时，我们应该考虑到照相人的动机和目的以及形成这些动机和目的的历史文化背景。

此外，与文字资料相比，照片中隐含的政治权力通常比较抽象或隐蔽，很难从表面上直接看到。因此，我们在使用照片的时候应该结合有关的文字资料，特别要说明摄影师的身份、摄影的目的和摄影的具体场景,使读者对其中体现的权力关系有比较清醒的认识。

§8.3. 收集实物资料有哪些办法?

收集实物必须获得当事人的同意。不论是个人非正式的资料还是官方正式的记录文件都有自己的"守门人",我们在收集这些资料的时候必须了解他们是谁,如何获得他们的首肯。如果他们不同意提供这些资料,我们应该尊重他们的选择。当然在可能的情况下,我们可以想办法说服对方,表明我们的诚意和研究的"纯洁性",并且许诺保密原则。

在收集实物资料的同时,我们还要考虑到实物的主人对实物的打算。比如,如果我们计划收集一所学校自己开发的教材,我们应该问学校领导是否愿意卖给我们、价值多少。如果这些教材只在学校内部试用,目前不希望公开,我们应该想其他的方法与学校领导协商,如,许诺不公开引用教材的内容。又比如,如果我们计划收集一些学生的作文,而这些学生不愿意将原件留在我们手中过久,那么我们可以征求对方的意见,是否同意我们复印其中的有关内容。如果对方不同意复印,我们也可以与对方商量,看是否可以在对方在场的情况下阅读一遍。总之,不论采取什么措施,我们应该在尊重对方意愿的基础上与对方协商收集实物的方式。

为了收集比较逼真的信息,有时候研究者可以为被研究者照相。这种方式有可能使对方感到不自然,不安全,特别是在那些对照相不适应或甚至认为照相是禁忌的文化之中。提出来为被研究者照相还可能使研究者愈发显得是外来人,因此会进一步拉大与他们之间的距离。所以,在研究的初期,我们应该避免为被研究者照相。随着关系的逐步深入,被研究

者对我们已经有了一定的信任以后,再提出类似的要求可能
会显得自然一些。

在收集实物资料时,为了使自己目的明确,收集内容相对
集中,我们需要经常问自己一些聚焦类和前瞻性的问题,比
如:"我为什么要收集这些物品？这些物品可以如何回答我
的研究问题？这些物品如何与其他渠道(如访谈和观察)所
获得的资料相补充？它们与其他资料有何相同和不同之处？
我将如何分析这些物品？我的理论分析框架是什么？我的分
析可以与什么大的理论分析框架联系起来考虑?"通过询问
自己这些问题,我们可以在收集实物资料的同时就开始形成
自己的理论假设和分析框架,使自己的收集活动更加具有目
的性和方向性。

9. 如何整理和分析资料?

"整理和分析资料"指的是对所收集的原始资料进行加工,使其逐步趋于系统化和条理化的过程。通过一定的分析手段,我们可以将原始资料"打散"、"重组"、"浓缩",然后在新的基础上进行整合,其最终目的是对原始资料进行意义解释。

在概念上,整理资料和分析资料这两个活动似乎可以分开进行,但在实际操作时,它们是一个同步进行的活动。整理必须(也必然)建立在一定的分析基础之上,任何一个整理行为都受制于一定的分析体系。它们相互之间来回循环,同时受到其他成分的制约(见图表 9 – 1)。

图表 9 – 1 资料整理和分析关系图

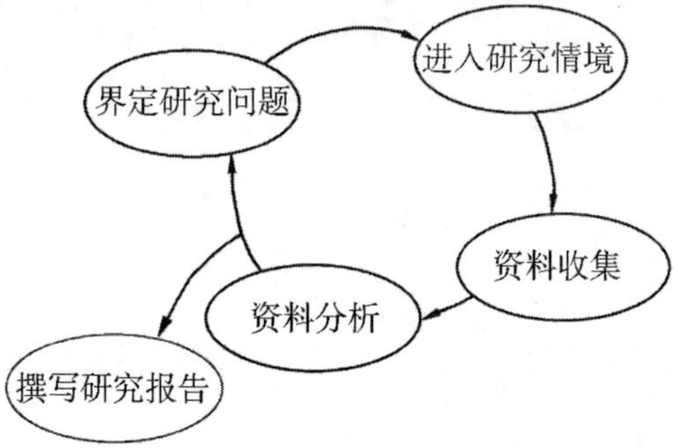

§9.1. 如何整理原始资料?

整理资料不仅可以使我们比较系统地把握已经收集到的资料,而且可以为下一步的资料收集提供聚焦的方向。因此,应该越早进行越好。如果不及时对资料进行整理,堆积如山的资料会使我们在分析时感到无从下手,结果使研究失去方向,变成纯粹的资料堆积。

由于时间的关系,我们在实地做笔录时书写可能不太清楚,细节也记录得不全面,需要及时进行整理。如果研究是由一个课题组共同承担,记录必须在成员中分享的话,则更应该对实地笔记进行及时的整理。从实地回来以后,我们应该在记忆消退以前立刻对初级笔记进行清理,补上遗漏的信息和必要的内容细节。在开始整理笔记以前,注意不要向别人谈论自己所看的和听到的内容。谈话往往会根据双方的关系、心情、时间、地点等因素而对记录的内容进行有意无意地筛选,造成记录的"失真"。整理实地笔记时不宜同时进行文字上的编辑,因为实地笔记的最大价值在于"原始",越是能保持其"原汁原味",今后分析时越能凸显当时的"真实"情形。如果我们可以做到每天(甚至每半天或每次收集资料以后)重新写记录笔记,不仅可以帮助我们清理初级笔记,使笔记的语言和结构更加清楚,而且可以促使我们对原始资料进行初步的思考和分析。

质的研究对资料整理的要求比较严格,通常需要将资料的内容一字不漏地记录下来。比如,访谈中的录音必须逐字逐句地整理出来,不仅包括被访者的言语行为,而且包括他们的非言语行为(如叹气、哭、笑、沉默、语气中所表现的迟疑等);观察过后必须对遗漏的细节进行补漏,对简化的内容进行扩展;实物资料如果有不全或错误的地方,应该及时补充或纠正。质的研究之所以要求对所有的资料都进行整理,是因为这种研究认为"所有的事情都是资料"。有时,在整理资料时我们认为不重要的资料可能今后在分析资料时被发现有非常重要的价值。

在具体整理资料之前,我们可以先为每一份资料编号,然后在这个基础上建立一个编号系统。编号系统通常包括如下几个方面的信息:

(1)资料的类型(如访谈、观察、实物);
(2)资料提供者的姓名、性别、职业等有关信息;
(3)收集资料的时间、地点和情境;
(4)研究者的姓名、性别和职业等相关信息;
(5)资料的排列序号(如对×××的第一次访谈)。

为方便起见,我们可以给每一项赋予一个标号。比如,有关被访谈者的职业,我们可以用 JS 表示教师,XS 表示学生。所有的书面资料都应该标上编号,并且按页标上页码。资料编号以后,应该复印一份,以便分析时用来剪贴和分类。原件应该保持原封不动,以便今后查找。

§9.2. 资料分析有哪些具体步骤?

资料分析主要有如下步骤:阅读原始资料,登录,寻找本土概念,资料的系统化。

9.2.1. 阅读原始资料

分析资料的第一步是认真阅读原始资料,熟悉资料的内容,仔细琢磨其中的意义和相关关系。在阅读资料时,我们应该采取一种主动"投降"的态度,即把自己有关的前设和价值判断暂时悬置起来,让资料自己说话。资料有它自己的生命,只有当我们与它待在一起到一定的时间,与它有足够的互动以后,它才会相信我们,才会向我们展现自己的真实面貌。

除了向资料"投降",我们还要向自己与资料互动过程中产生的体悟"投降"(Lofland & Lofland,1984:135)。虽然资料本身有自己的特性,会对人的理解有所限定,但是阅读情境的可能性却是无穷的。每一次阅读都是读者与作者和文本之间一次新的遭遇,都可能产生新的意义解释(Eco,1992:121)。任何理解都离不开参与者的前设和个人背景,因此对资料的分析在某种意义上来说也就是研究者对自己的分析(见图表9-2)。

> **图表9-2 阅读原始资料举例**
>
> 　我在美国留学时曾经对中国留学生初到美国时的文化适应情况作了一个调查。大量的资料收集上来以后,我开始坐下来仔细阅读这些资料。结果,资料中反复出现的"困难"、"挫折"、"困惑"、"彷徨"等词语立刻揪住了我的心。这些词语如子弹般一个一个地从字里行间蹦出来,猛烈地敲打着我的心和我的每一根神经。我常常是一边听磁带、做笔录,一边泪流满面、全身震颤。
>
> 　后来,在我的研究报告中,我试图对自己的情绪反应进行反省。结果我发现,自己之所以对这些资料产生了如此强烈的反应,与我自己在美国留学时的文化适应有关。我自己三年前刚到美国时也感觉非常不适应,几乎经历了所有我所调查的中国留学生们提到的这些困难。他们的倾诉使我仿佛又回到了最初几个月难熬的日子,又一次在心灵上和肉体上经历了一种异常强烈的冲击。十分有趣的是,他们的诉说不仅使我再次回到了自己过去的生活体验之中,而且使我更深地了解了自己。一方面,通过对他们的情绪反应进行分析,我对自己过去的受挫感有了更加深刻的体验和认识;另一方面,我在阅读资料的时候突然意识到,自己之所以选择这个研究课题,决定对中国留学生的文化适应进行研究,这本身就是与我自己的生活经历和关心的问题分不开的。

　　阅读资料这一活动本身是一个在资料中寻找意义的过程。我们可以在语言层面寻找重要的词、短语和句子及其表达的有关概念和命题；可以在话语层面探询资料文本的结构以及文本内部各部分（句子之间、段落之间）的联系；在语义层面探讨有关词语和句子的意义；在语境层面考察语词出现的上下文以及资料产生时的研究情境；在语用层面寻找有关词语和句子在具体语境中的实际用途；在主题层面寻找与研究问题有关的、反复出现的行为模式和意义模式；在内容层面寻找资料内容的故事线、主要事件、次要事件以及它们彼此之间的关系；在符号学层面探讨资料文本的内容与相关的符号系统以及社会、文化、政治、经济背景之间的关系（见图表9-3）。

图表9-3　寻找意义举例

　　假设我们面前现在有一份有关中国人人际交往习惯的访谈记录，受访者是一位男青年教师。在这份长达30页的访谈记录中，受访者十分详细地介绍了自己平时与人交往的原则和行为以及他认为的中国人一般的人际交往习惯。

　　通过仔细阅读访谈记录，我们可能会发现，在词语的层面，他使用了很多诸如"礼尚往来"、"面子"、"交情"、"讲义气"之类的词语。在话语的层面，我们可能注意到，在一段有关他与其他教师交往的陈述中，他不时地回到前面他与自己家人交往时的一些原则，在话语上形成了一个比较完整的前后呼应的结构。在语境的层面，我们可能发现，每当他谈到自己的朋友时都会提到"铁哥们"，而且会同时提供一些十分具体的有关"铁哥们"相互之间"两肋插刀"的生动故事；如果访谈者给予言语上的鼓励的话，他会继续提供更多的细节。

　　在语用的层面，我们也可能注意到，他在访谈的过程中不止一次提到"我要在5∶00钟去接我的孩子"，而这个看起来似乎与访谈内容无关的陈述可能是受访者在使用一种典型的中国式的委婉方式向访谈者表示自己希望访谈在5∶00以前结束。在主题的层面，我们可能发现受访者反复提到的"人情"、"关系"、"善解人意"这几个概念可以拿来解释他所提到的有关中国人人际交往的原则和行为模式。在内容的层面,他可能会谈到自己与家人、朋友、同事、同学、同乡等不同人群交往的行为习惯,从这些叙述中也许能够发现他从小到大的人际交往脉络。在符号的层面,我们可以将他所提供的内容与中国的语言、绘画、诗歌、戏剧等符号系统联系进行分析,了解他所谈到的中国人的人际交往行为与中国社会大背景之间的关系(如家族传统、乡土社会、农耕经济、儒家思想等)。

9.2.2. 登录

寻找意义的工作主要是通过登录来完成的,即将有意义的词、短语、句子或段落标示出来。登录是资料分析中一项最基本的工作,是将资料打散,赋予概念和意义,然后再以新的方式重新组合在一起的操作化过程。登录要求我们具有敏锐的判断力、洞察力和想像力,不仅能够抓住资料的性质和特点,而且可以在不同概念和事物之间建立起联系。

登录的一个十分具体的工作是找到有意义的码号,"码号"是资料分析中最基础的意义单位,是资料分析大厦中最小的建筑砖瓦。假设,在有关课堂教学中师生互动模式的观察记录中,我们注意到学生问了很多问题教师都没有回答,那么我们便可以建立一个"未回答的问题"这样一个码号。

寻找码号可以有很多标准,其中之一是词语出现的频率。如果某些词语在资料中反复出现,说明这些词语是被研究者关注的焦点,需要进行重点登录。比如,在一项对小学生学习兴趣进行的调查中,学生们反复谈到"没劲"。不仅同一位受访者在不同的访谈中反复提到,而且不同的受访者也多次提到这个概念。因此,我们便选择这个概念作为码号,在资料中注意寻找这方面的内容,重点对其进行登录。

在设立码号时,我们还应该考虑到码号与码号之间的关系,以便看到它们所代表的不同现象之间的联系。通过在码号之间建立起联系,资料的内容将不断浓缩,登录的码号也会更加集中(见图表9-4)。

图表9-4 码号关联举例

在对中国男青年择友观念的一项研究中,我的初级编码非常零散,似乎有关男女择友的各个方面都涉及到了。后来,通过一遍又一遍地分析、比较和筛选,我在一些码号之间找到了联系。比如,将"聪明"、"能干"、"温柔"和"善解人意"都归到"强女人"这个码号下面,将"聪明"、"能干"、"强悍"和"刚愎"都归到"女强人"下面,并且在"强女人"和"女强人"这两个主要码号之间找到了一些十分有意思的联系。

为了使登录快捷、节省空间,登录中的每一个码号都应该有相应的数字或符号加以表示。如"1"代表"学习成绩"、"2"代表"学习态度"、"3"代表"学习结果"等。如果使用语言符号,通常取码号中每一个词的首字母作为代表,比如"学生情绪低落"可以用"SEL","学生情绪高昂"可以用"SEH"。符号也可以与数字结合起来使用,如"1USQ"代表第一位被访的教师未回答学生的问题;"2USQ"代表的是第二位教师类似的情况。选择何种数字和符号取决于研究的需要,特别是研究者个人辨认和查找码号的方便,没有一个固定的程式。

为使登录方便且便于直观,登录可以直接在原始资料复印件的空白处进行。重要的词语和短语应该直接用笔圈起来,码号可以写在靠近所登录的资料旁边。完成一份资料的登录以后,可以将所有的码号及其所代表的意义抄到另外一张纸上,与原始资料装订在一起,以便今后查找。如果条件允许的话,所有这些工作也可以在计算机上进行。目前计算机界已经发明了不少为质的研究进行资料整理和分析的软件,如 ETHNO、TAP(Text Analysis Package)、QUALPRO、The Ethnograph、TEXTBASE ALPHA、HyperQual 等(Tesch,1990)。

为了使读者对资料登录有一个比较直观的了解,我从波格丹和比克兰的《教育中的质的研究》(Bogdan & Biklen, 1982:168)一书中引用了一个被登录过的访谈片段,在此作为登录的示例(见图表 9 – 5),访谈内容是成年妇女对自己小学时所受教育的回顾和反思。

图表 9 – 5　访谈资料登录举例

(资料来源:Bogdan & Biklen,1982:168)

访谈片段:一位 25 岁的妇女对自己小学时所受教育的看法

#101,第 2 页

⑩
6
35
15
受访者:我记得当时对自己的相貌很在意。我比所有其他的人衣服都多。

访谈者:为什么会这样呢?

受访者:我的姨妈是一位服装设计师,我当时的衣服是其他女孩的 10 倍。

访谈者:你当时有什么感觉?

⑩
6
10
受访者:嗯,那时我是大家注意的中心。我享有所有的特权和地位。我记得当时我总是被挑选出来代表合唱团答谢观众,因为我头发上总是插着鲜花。你知道,事情就是这样。我总是把裙子上的带子解开,而老师就会花很多时间为我把带子给系上,然后拍拍我的头。

访谈者:你是说,你有意把彩带解开是为了得到关注?

受访者:是啊。

访谈者:那是几年级的事情?

受访者:我想是四年级吧。

访谈者:让我们继续往下谈吧——关于五年级你记得什么事情吗?

⑩
4
受访者:我记得我总是带领别人做宣传板报。这是学校的工作——我喜欢做这些事情;我喜欢念书,尽管我花费更多的时间在课外阅读,读那些学校不要求读的东西。我记得自己曾经为很多报告做封面。

访谈者:比内容还多吗?

⑩ 受访者:是的。尽管我通常做得很好,但是我记得这种事情不
4 是特别激动人心,我不记得自己真正兴奋过。我变得⋯⋯我
记得曾经因为得到 A 而非常激动,但是至于那些为了得到 A
而做的工作,我却一点也不记得了。

六年级的时候必须在家政课上学缝纫,我恨死了。
花了我差不多一年才缝了一件东西。

访谈者:为什么你恨缝纫?

⑩ 受访者:我只记得老师经常说:"不是机器的原因,是操作者的
9 原因。"而我在想:"就是他妈的机器的原因。"那时候我没有想
41 到"他妈的"这个词;我当时还不知道这个词。但是我有这种
感觉。我简直不能相信自己怎么会这么无能,我竟然不能使
那个绕线筒按要求转起来,而我一直做不到这一点。我感觉
这似乎是我应该做的,但是我却不喜欢它。

码号翻译

6 = 关注/表扬	4 = 学校工作
35 = 衣服	9 = 性别角色意识/期待
15 = 相貌	41 = 方法问题

9.2.3. 寻找"本土概念"

通常,收集的原始资料数量非常大,内容非常庞杂,如果
我们对每一个词都进行登录,那显然是不切合实际的。因此,
就像对研究对象进行抽样一样,我们也需要对所收集到的资
料进行"目的性抽样",即抽取那些能够最有力地回答研究问
题的资料。

资料抽样的一个办法是寻找"本土概念",即那些能够表
达被研究者自己观点和情感感受的语言,将这些概念作为登

录的码号。"本土概念"应该是被研究者经常使用的、用来表达他们自己看世界的方式的概念。这些概念通常有自己的个性和特色,与学术界或一般人常用的概念不太一样(见图表9-6)。

图表9-6　本土概念分析举例

在一项对大学生能力的调查中,访谈者期望从"理解能力、分析能力、社交能力、动手能力"这些方面来解释大学生的"能力"。访谈时他问受访的学生:"你认为在进入大学的学生中,他们的能力主要表现在什么方面?"对方回答说,这类学生可以分成两类:一类是会学的同学,一类是能学的同学。访谈者立刻意识到了"会学"和"能学"这一对概念是受访者本人的"本土概念",马上开始追问。

结果,他发现"'会学'的同学看起来并不紧张,但学习有方法,效率比较高,因此学习能力很强,学习成绩也很好,而'能学'的同学学习比较刻苦,主要是通过时间加汗水来提高学习能力和成绩的。"这位受访者主要是从学生的学习能力方面来理解访谈者的问题,而不是从访谈者事先设想的那些方面。由于访谈者及时地捕捉住了这一对本土概念,他对受访者眼中的"能力"有了更加确切的理解。

本土概念不必是研究者本人或研究者所属群体不知道的概念,只为被研究者群体或个人独自占有。即使一个概念在我们看来"非常平常",但是只要这个概念对被研究者来说具有一定的意义,就可以被认为是他们的本土概念。比如,一位访谈者在整理自己对一位大学生的访谈记录时,发现在一万多字的记录中对方使用了三十余次"安静"这个词。虽然这个词看起来十分普通,访谈者本人及其学术团体都知道这个词的意义,但是在这个访谈资料中,在不同的语境下,它表达了受访者自己很多独特的含义,如"尽量少和周围同学接触、交往","不介入班级或外界事务","家庭和睦生活安定",

"与世无争,少惹是非","平凡、安于现状"等。

在寻找本土概念的时候,我们需要特别注意不要将语词和概念混为一谈。通常,我们以为对方使用的语词与自己所理解的概念之间存在一致的关系,而实际上对方是在用一个相同的语词表达一个不同的概念。比如,我的一位学生在对一位在美国家庭当保姆的中国妇女访谈时,对方反复使用了"生活习惯"这个词。通过分析访谈记录,他发现这位阿姨所说的"生活习惯"实际上指的是他(以及他所属的学术群体)所认为的"文化"。也许是由于她的文化程度和了解范围所至,她所说的"生活习惯"包含了所有那些她认为中国文化和美国文化之间的异同。因此,如果这位学生将"生活习惯"理解为一般人意义上的"生活习惯",如饮食、说话、衣着方式等,他就会大大地缩小这位妇女所指概念的范围。

有时候,我们找到的本土概念不是由一个词,而是由一个句子所表达。这种时候,我们需要首先对这个句子中的每一个概念进行澄清,然后再陈述自己找到的本土概念。比如,我的一位学生在调查大学生的卫生意识时,一位被访者说:"博士生的本分就是把学问做好,卫生意识不重要。"在这里,我们需要首先了解,对这位被访者来说,这句话里的一些概念(如"本分"、"博士生的本分"、"学问"、"做学问"、"做好学问"、"卫生意识"、"重要"、"不重要")是什么意思,然后才可能对这整句话进行分析。如果这些概念不弄清楚,整个句子所代表的本土概念便会含混不清。

和登录一样,寻找本土概念可以有很多不同的标准。一般来说,那些被研究者使用频率比较高的概念对他们来说应该比较重要,在他们的生活中占据比较重要的位置。其次,被研究者在使用的时候带有强烈感情色彩的概念往往比较贴近他们的心。这些概念不必多次被使用,但是如果被使用的时候伴随着明显的情感表达，便表明它们对被研究者来说是十分重要的。再次，如果我们相信自己的判断力的话，那些在阅读的时候容易引起我们自己注意的概念通常也是有其存在的道理的。如果这些概念在上下文中明显地凸显出来，这说明它们对我们有吸引力，值得我们注意。例如，我在对中国学生交友方式的研究中，发现很多人将一般人称之为"朋友"的人叫做"铁哥们"。他们不仅在访谈时反复地使用这个词（女性则使用"铁姐们"），而且在使用的时候带有明显的情绪偏爱（如面带笑容，表情柔和）。我自己也很快就受到了这个词的吸引，立刻抓住不放，反复进行追问。结果，我在分析资料时便采用了这个概念作为中国学生交友观念中一个重要码号的命名。

9.2.4. 资料分析的系统化

资料分析的系统化包括建立编码系统和归类系统。

（1）建立编码系统

第一轮登录完成以后，我们可以将所有的码号都汇集起来，组成一个编码本。这是一个按照一定分类标准组合起来的码号系统，反映的是资料浓缩以后的意义分布和相互关系。编码本有两个主要的作用：①可以将码号系统地排列出来，使我们了解现有码号的数量、类型、码号所代表的意义及其相互之间的联系；②可以为我们今后查找码号（特别是码号所代表的意义）提供方便。编码本中的码号不宜过多，第一次登录时不应该超过30—40个（Bogdan & Biklen，1982：166）。随着研究的逐步深入，编码会逐渐集中，数量也会相应地减少。

码号应该按照一定的原则进行分类，可以根据资料内容的一般分布确定分类标准（见图表9-7）。尽管如此，我们在分类时应该考虑到自己的研究问题和目的，不必机械地套用别人的模式。例如,如果我们的研究是对中小学生课业负担重这一现象进行调查,我们的登录系统很可能包括:时间的安排(上课时间、课外活动时间、家庭作业时间、课外辅导时间、睡眠时间),作业类型和作业量(课堂作业、家庭作业、课外辅导),以及作业难度、课本内容难度、考试频率和类型,等等。

图表 9-7 码号分类举例

斯伯莱德里(Spradley,1980:78)提供了一套实地笔记的分类系统:

(1)空间(地点的物质环境);

(2)行动者(参与事件的人);

(3)活动(有关人员的一系列相关行为);

(4)实物(在场的物品);

(5)行为(有关人员的单一行为);

(6)事件(有关人员的一系列相关活动);

(7)时间(事件发生的前后序列);

(8)目标(有关人员希望完成的任务);

(9)感受(感受到的和表现出来的情绪)。

在建立编码系统时,我们还要考虑这个系统是否能够在今后撰写研究报告时有效地为自己服务,是否与自己的写作风格相匹配。比如,如果我们推测自己的研究报告将以主题的方式呈现(如男性择偶的标准是"女强人"、"强女人"等),那么我们在分析资料时就可以考虑将资料按主题进行登录和归档。而如果我们的报告将以叙事的方式进行(如"王小二的择偶观念"和"张大山的择偶观念"),那么我们的登录方式可以以个案的形式进行。当然,写作方式的确定受制于原始资料的登录,不可能完全超出后者的特点和形式。在此强调这一点是为了提醒研究者,在分析资料的阶段就注意两者之间的相互作用关系。

(2) 建立归类系统

建立编码系统的同时，我们还需要建立一个可以随时储存和调出资料的档案袋系统。档案袋需要根据资料的情况经常进行调整，增加新的码号时需要相应增加新的档案袋，旧的和不适用的码号及其相应的档案袋应该取消。如果某一档案袋突然变得过于臃肿，这可能表明需要对这个码号进一步分化。

编码和档案系统建立以后，我们需要对资料进行归类，即将相同或相近的资料合在一起，将相异的资料区别开来。归类时不仅需要识别资料的属性，而且需要对不同的资料进行比较，找到事物之间的联系。归类的标准不是绝对的、惟一的，存在很大的人为因素和相对性。一旦某一个标准被选定，我们便会突出符合此标准的有关资料，而将那些不符合该标准的资料掩盖或忽略不计。例如，如果我们认为现实是由类型所组成的，那么我们便会倾向于使用分类的方式对资料进行归类。而如果我们认为现实是由一个个具体的事件和过程所组成的，那么我们便会采取叙事的方式对资料进行归类。

归类主要有类属型和情境型两种方式，前者将资料按意义主题分成类别，后者将资料按照一定的时间序列或意义关联进行叙述。对不同分析方式的选择取决于原始资料本身的特点。比如，如果我们收集的资料大都以分类的方式呈现出来（如大学生转系的主要原因有：①对本学科没有兴趣；②本学科成绩不好；③与本学科的教师产生了矛盾；④转系的学科找工作比较容易等），那么我们就可以采取类属分析的方式对资料进行整理和分析。而如果研究的目的是了解这些大学生在一年级是如何适应大学生活的，需要对其学习生活过程进行追踪调查，资料呈现出过程性和动态性的特点，那么对资料的整理和分析则可以采取情境化的分析方式。

§9.3. 如何进行类属分析?

在对类属分析进行介绍之前,首先需要介绍一下什么是"类属"。"类属"是资料分析中的一个意义单位,代表的是资料所呈现的一个观点或一个主题。类属与前面所说的"码号"有所不同,"码号"是资料分析中对资料进行登录的最小意义单位,而"类属"是资料分析中一个比较大的意义单位。"码号"是资料分析中最低层的基础部分,而"类属"则是建立在许多"码号"组合之上的一个比较上位的意义集合。一个"码号"可以分别归到不同的"类属"下面,一个"类属"也可能包含几个相关的"码号"。比如,在一篇对中国人人际关系的资料分析中,我们可以将"谦和"、"含蓄"、"面子"、"回报"和"送礼"等码号都归到"人情"这个类属下面。而根据资料的具体情况,"送礼"这个码号也可以既被归到"人情"这个类属下面,也被归到"社会交往行为"、"利益的互换"等其他类属下面。类属和码号的定义是相对而言的,依据主题分层的形式不同而有所不同。在某一个分类系统中是码号的概念可能在另外一个分类系统中成为类属,而在某一个分类系统中是类属的概念可以在另外一个分类系统中成为码号。比如,上面的码号"面子"在其他的研究情境下有可能成为"害羞"、"回避冲突"、"使用委婉用语"等码号的类属,而上面的类属"人情"也可能在一个意义层次更高的类属(如"人际交往")中成为一个码号。

"类属分析"指的是在资料中寻找反复出现的现象以及可以解释这些现象的重要概念的过程。在这个过程中,具有相同属性的资料被归入同一类别,并且被一定的概念予以命名。类属的属性可以从各个不同的层面寻找,如组成类属的要素、内部的形成结构、形成类属的原因、类属发挥的作用等。

为了使资料分析更加直观、明了,我们在建立不同类属之间的关系时可以画图,如树枝形主从属结构图、网状连接性结构图等。例如,在一项对大学毕业生就业的调查中,我们对北京市的一些人才洽谈会进行了现场观察和访谈,结果发现用人单位在挑选大学生时使用了很多重要的概念,如:"做人"、"做事"、"敬业精神"、"团队精神"、"职业道德"等。经过讨论和画图,我们将"做人"与"做事"作为"合格的大学生"的两个核心类属,在"做人"这个类属下面我们列下了"敬业精神"、"团队精神"和"职业道德"等下属类属;在"职业道德"这个下位类属里我们又分出了"自我定位"(即不轻易"跳槽")、"自我评价"(即正确评价自己的能力,不认为自己大材小用)、"自我约束"(即不打招呼就"跳槽"了)等次下位的类属(见图表9-8)。

图表9-8 类属分析图举例

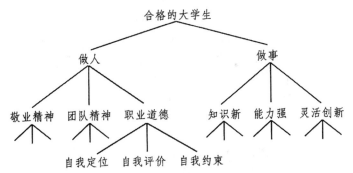

在设定类属时,我们应该充分考虑被研究者自己对事物的分类标准。即使他们的分类方式在学术界看来"不合逻辑"、"缺乏理性",但是如果这种分类方式表现的是他们看待事物的方式,就应该被认为是"合适的"、"理性的"。一些文献提到,对资料进行分类时要注意避免"逻辑错误",如"子项相容"和"子项过多"(李秉德,1986;裴娣娜,1994;水延凯,1996;袁方,1997;赵慕熹,1991)。"子项相容"指的是:分类标准不统一,分类后的各子项其外延不相互排斥,如"我们对该学校进行了智力测验、态度测验、文字测验和非文字测验"。"子项过多"指的是:分类不相称,分类后所得子项的外延之和与母项的外延不相等,如"大学包括文理工科和中专"。这些原则在"传统的"研究方法及其思维方式中有其明显的"合理性",但是在质的研究中却不尽"合理"。由于质的研究强调从被研究者的角度看世界,选择类属时不应该使用学术界公认的"逻辑",而应该注意被研究者自己的"逻辑",即使这些"逻辑"在我们看来是不符合"逻辑"的。比如,研究者问一位二年级的小学生语文课上老师念的一篇文章"写得怎么样?"时,小学生回答说:"写得很好听。"此时,如果我们按照大人的"逻辑",一定会认为这个孩子说得不对,应该改成"写得很好/很美"。但是,如果我们仔细深究孩子的思维,可能会发现,她这么说是因为刚刚听过老师的朗诵,认为老师"读得很好听"。当她说"写得很好听"时,她是将自己的听觉感受与文章的书写效果结合在一起了。这是一种儿童所拥有的典型的"通感"现象,是在没有经过严格的成人社会化过程之前所具有的一个十分宝贵的特色。

§9.4. 如何进行情境分析?

"情境分析"指的是:将资料放置于研究现象所处的自然情境之中,按照故事发生的时序对有关事件和人物进行描述性分析。这是一种将整体先分散然后再整合的方式,首先看到资料的整体情形,然后将资料打碎,进行分解,最后将分解的部分整合成一个完整的、坐落在真实情境中的故事。情境分析强调对事物作整体、动态的呈现,注意寻找那些将资料连接成一个叙事结构的关键线索。

情境分析的结构可以有很多不同的组成方式,如前因后果排列、时间流动序列、时空回溯等。情境分析的内容可以是研究现象中的主题、事件、人物、社会机构、时间、地点、状态、变化等。这些内容可以综合使用,也可以以一个部分作为主干,其余有关的部分作为支撑。内容的前后顺序可以按照当事人的言语、事件发生的时间或语意上的联系进行组织。情境分析的具体手段包括轮廓勾勒、片段呈现、个案、访谈片段、观察事件、故事等。对资料进行情境分析的具体操作方式因资料的特性不同而有所不同,我们既可以将一次访谈或一次观察的内容写成一个情境片段,也可以将对一个人的几次访谈写成一个故事,还可以将几个人的故事连成一体,组成一个综合个案。

一个好的叙事往往使读者感到将这个故事整合在一起似乎是一件十分容易的事情,表面看起来或如行云流水,娓娓道来,或惊心动魄、跌宕起伏,似乎是作者一个人在任意地"讲故事"。而实际上,要把从被研究者那里收集到的既丰富又复杂的原始资料整合成一个具有内在联系的故事,构造一个不仅生动有趣而且有实际资料支撑的故事,我们必须一步步进行认真细致的推敲。通常,质的研究界对叙事体故事最好的评价是"看起来似乎很简单",然而在"简单"的背后却隐藏着作者长期、艰苦的劳动。

情境分析的第一个步骤是系统认真地通读资料,发现资料中的核心叙事、故事的发展线索以及组成故事的主要部分。核心叙事是情境分析中最中心、内容最密集的部分,代表了资料的整体意义。在核心叙事中应该有一条故事线,围绕这条故事线可以追溯故事发生的时间、地点、人物、事件、过程和原因等。寻找核心叙事和故事线的工作可以通过头脑风暴的方式进行,我们可以一个人独自思考,也可以组织课题组成员一起进行思想上的碰撞。头脑风暴时应该尽量让自己放松,调动自己的想像力,让思想自由地从脑子里流出来,大声地从嘴里说出来(Mishler,1986:67)。在阅读原始资料时,应该注意随时写下自己即兴的想法,将关键的词语列出来作为码号,也可以将有关场景以及从资料中涌现出来的主题列成图表,使自己对资料有一个比较直观、明了的把握。

情境分析的第二个步骤是按照已经设立的编码系统为资料设码。像上面介绍过的设码工作一样,通篇资料都要经过仔细的斟酌,将有关的片段用符号标出来。与类属分析不同的是,情境分析中的设码其目的是功能性的,而不是实质性的(Mishler,1986:82),不是将资料按照差异原则进行分类,而是寻找资料中的叙事结构,如引子、时间、地点、事件、冲突、高潮、问题的解决、结尾等。结构出来以后,我们还应该对其中隐含的各类关系进行探讨(如什么是主要事件? 什么是次要事件? 它们彼此之间的联系是什么? 这些事件是如何系统地组织起来的?)。

设码的工作完成以后,下一步的任务是对资料进行归类。归类的具体做法与上面介绍的有关类属分析的做法基本相同,但是归类以后对资料的处理有所不同。类属分析是把相同的资料内容放到一起,然后进行分门别类的陈述;而情境分析是在归类的基础上将内容浓缩,然后以一个完整的叙事结构呈现出来。整体的各个部分之间应该具有内在的联系,可以是时间上、空间上的联系,也可以是意义上、结构上的关联。

§9.5 如何结合类属分析与情境分析？

从上面的讨论中我们可以看出,类属分析和情境分析各有千秋,也各有自己的弊端。基于对现实的不同理解,它们对资料的解读也是很不一样的。类属分析基于的是一种"差异理论",认为现实是由相同或不同类型的现象所组成的,因此对社会现实的认识必须通过并列比较的手法。情境分析基于的是一种"过程理论",认为社会现实是由具体的事件和过程所组成的,具有连续性和动态性,因此资料必须复原到事物发展的进程之中,寻找处于特定情境中事件发生和发展的动态过程以及各个因素之间共时的联系(Maxwell,1992)。

9.5.1. 两种分析方法的特点

类属分析的长处是:将一部分资料(或概念、主题)从它们所处的情境中抽取出来,通过比较的手法使它们之间的各种关系凸显出来。这种处理资料的方式比较符合一般人对事情进行归类的习惯,突出资料之间的异同,并且对资料所反映的有关主题进行强调。其短处是:①容易忽略资料之间的连续性以及它们所处的具体情境,无法反映动态事件的流动过程;②有可能将一些无法分类、但是对回答研究的问题十分重要的资料排除于研究的结果之外。

情境分析的长处是:叙事内容更加贴近被研究者的生活真实,叙事结构与他们的日常生活比较类似;通过直接再现他们的声音,表现了对他们的生活经历和思维方式的尊重。其短处是:容易忽略那些建立在相似性基础之上的意义关系,对资料内容的相同点和不同点视而不见;叙事者可能深深地陷入故事的情境之中,无法看到使用其他资料分析方法(如类属分析)的可能性。

虽然类属分析和情境分析各有利弊,但是它们在实际分析中可以相互包容对方。一个类属可以有自己的情境和叙事结构,而一个情境故事也可以表现一定的意义主题(Merriam,1988;Yin,1994)。在对资料进行分析时,两者可以有机地结合起来使用。比如,在情境分析中,我们可以按照一定的意义分类系统将故事进行分层,使故事按照一定的主题层次展开叙述。在类属分析中,我们也可以在主题下面穿插一些故事片段和轮廓分析,让这些故事性的描述对该主题的内容加以展示和说明。与此同时,我们还可以先后交替使用这两种方法,如先使用类属的方法对资料进行归类,然后将已经被归类过的资料坐落在一定的情境中作因果型或关联型的分析。我们也可以先将资料进行整体性的情境性分析,然后对其中的一些概念或类属进行总结性的分析(见图表9-9)。

图表9-9　结合使用类属和情境分析方法举例

　　我的一位学生在对四位硕士生报考北京大学的原因进行分析时结合使用了类属分析和情境分析这两种方法。首先,他将受访者所陈述的原因归纳为四大类,然后根据每个人的特殊情况对他们考研的过程以及相关的生活故事进行了情境分析。他认为,类属分析中获得的原因只是几个"点",如果把这些"点"还原到每一个人,他们都有一条逻辑的"线"。通过将"点"与"线"结合起来,他不仅对所有被访的学生报考北京大学的原因获得了一个整体性的了解,而且对其中每一个人的特殊情况也有了具体的感受。

将类属分析和情境分析结合使用可以获得单独使用其一所不能获得的效果:情境分析可以为类属分析补充血肉,而类属分析可以帮助情境分析厘清意义层次和结构。结合两者可以达到共时性与历时性的统一,不仅可以在叙述一个完整的历时性故事的同时进行共时性的概念类别分析,而且可以在

共时性的概念类别框架内叙述历时性的故事。这样做可以比较完整地保存被研究者实际生活的面貌，而不是人为地将其进行概念上的切割或情节上的拼凑（Viney & Bousfield, 1991: 764）。

9.5.2. 结合分析举例

下面，让我们来看一个结合两种方法进行分析的实例。图表 9 – 10 中的资料片段来自我的一位学生的访谈记录，访谈的问题是"家长对孩子教育问题的看法"。访谈者是某大学教学管理人员，35 岁，男性。受访者是某大学教师，47 岁，他的女儿现年 17 岁。我选择这个访谈片段作为分析的素材不是因为该访谈本身做得非常出色，而是因为它比较适合同时进行情境分析和类属分析，为我提供了一个比较便捷的例子。由于这是一位初学者的练习，其访谈技巧仍旧存在一些问题。比如，他提问的方式比较程式化，主要按照自己的思路进行提问，对受访者所说的大部分内容都没有追问，因此对方没有机会充分发表自己的看法，结果得到的信息也比较单薄。因此，在下面的分析中，我在对资料进行初步分析的同时将那些今后需要继续追问的地方也标示出来，为有关后续研究提供线索。

图表 9 – 10　访谈分析举例

访谈者: 您的孩子上小学以前, 您对她是怎么要求的? 是否让她参加一些学习班?

受访者: 她上小学前我们让她参加绘画班。1983 年我去美国时给她买了一个电子琴, 注意对她在心灵上进行陶冶。1986 年孩子上小学, 上小学前本来不在北大幼儿园, 后来我们托人给她送到国家安全部幼儿园。

访谈者: 为什么给她送到国家安全部幼儿园?

受访者: 那里条件好, 老师的素质高, 对孩子的影响好。

访谈者：那里的条件怎么好？您看重的素质是什么呢？

受访者：那里的老师都是幼师毕业的，而且北大没有整托，那里有整托。

访谈者：在那里学习什么？

受访者：拼音、诗歌、美术等等，学到了一些东西。但是那里也有一个毛病，吃完晚饭以后六七点钟就让孩子上床了。老师走了以后孩子就开始闹了，有人放哨，老师一来放哨的就打一个暗号，孩子们就假装睡觉。所以孩子从小就学会了撒谎，用撒谎来保护自己。还有一个问题就是她在幼儿园里年龄是最小的，所以总是受欺负。

访谈者：您孩子上小学的情况如何？

受访者：孩子上小学时我们又有两个错误的选择。本来孩子是划片上小学，上北大附小。我们托人让孩子上了中关村二小。第一个错误的选择是孩子年纪小，比一般的孩子小一岁。第二个错误是让孩子上了实验班，要求五年的时间学完六年的课程。由于孩子年龄小，在实验班里学习比较吃力。老师对学习吃力的孩子通常采取批评的态度，她总是感到受压抑。

访谈者：您的孩子在中学的情况如何？

受访者：中学有一段时间出现反弹，也许是因为在小学太受压抑了，在中学阶段就要反弹。她自己想扬眉吐气，她个子高，跑得快，在体育上出风头。

访谈者：学习成绩如何？

受访者：学习成绩属于中等。初中毕业时面临两个选择，或者是上普通高中，或者是上中专。我们没有替她选择，而是与她商量，向她摆出路，哪条路都行，让她自己选择。她坚决不去高中，而是报考了一个中专。我们上门看了，还不错。

访谈者：她在这个学校学习情况怎么样？

受访者：也许是她自己选择的，所以学习比较努力，学习成绩也不错。她自己有很强的奋斗精神，表示什么课都要学好。

访谈者：你们作为父母对孩子的学业有什么希望或要求？

受访者：我们的想法是，我们根据你的情况，你能够学到什么程度，我们就供你到什么程度。

访谈者:如果您的孩子学完中专就不再学习了,您怎么看?

受访者:我们也不会干涉。

访谈者:据我所知,一般的家庭对子女大都有一个比较明确的期望,而您和您的爱人似乎有所不同。您是怎么看这个问题的呢?

受访者:一般的家庭有一个明确的期望,但是我觉得这样做不符合人的发展。人的发展必须有内在的动力。现在的孩子都比较早熟,一般都有自己的判断。作为父母,只能对孩子进行引导,而不能强求。孩子如果没有自己的内在动力,是发展不好的。……我们对孩子的要求是比较严格的,不允许孩子有奢侈的要求,不准超过允许的范围。我们注重孩子的营养,孩子打扮得比较朴实。我们经常在一起聊天,用间接的方式,而不是直接的方式,是用诱导的方式。

(下面继续讨论自己对教育孩子的看法和做法)。

下面我们从情境分析和类属分析这两个层面对这段资料进行分析。

1. 情境分析举例

从情境分析的角度,我们可以首先将孩子的学习经历以及家长的态度和有关行为列出一条故事线。

(1)上小学前,家长为了让孩子受到"心灵上的陶冶",送孩子参加绘画班,为她买电子琴(这是一种什么类型的"心灵陶冶"?——可以继续追问)。与此同时,家长把孩子送到一个家长认为"条件好"的幼儿园:老师的素质高(标准是:老师都是幼师毕业),对孩子实行整托制(即孩子只在周末可以回家,其余时间全部在幼儿园度过),在那里可以学习拼音、诗歌、美术等,孩子在那里"学到了一些东西"(学到了具体什么"东西"?——可以继续追问)。但是,在这个幼儿园孩子遇到的问题是:由于被要求过早上床睡觉,孩子学会了撒谎,"用撒谎来保护自己";此外,由于孩子年龄是最小的,在幼儿园总是受到别的孩子的欺负(具体发生了什么事情? "撒谎"和"受欺负"对孩子的成长有什么具体的影响?)。

(2)上小学时,家长有意托人送孩子上了一个不在划片之内的学校(为什么? ——受访者没有说明,但这个信息似乎非常重要,应该追问)。此时,家长又作了两个"错误的选择":第一个"错误"与上幼儿园时所犯的"错误"一样,孩子年龄比别的孩子小;第二个"错误"是送孩子上实验班,五年要学完六年的课程。由于家长所犯的这两个"错误",孩子学习感到十分吃力。因为学习吃力,孩子经常受到老师的批评,感到受压抑(具体发生了什么事情? 其他孩子是如何对待她的? 老师是如何批评她的? 她学习上感到吃力具体指的是什么? 她感到受压抑有什么表现? 这几件事情之间的因果关系:年龄小+实验班——学习吃力——老师批评——受压抑,是否如此明确?)。

(3)初中期间,孩子出现了"反弹"(即对小学阶段受压抑的一种反抗,想"扬眉吐气")。她个子高,跑得快,在体育上出风头("体育"对她意味着什么? "体育好"的学生在学校里处于什么地位?)。她的学习成绩属于中等。初中毕业时,家长没有替孩子选择,而是与她商量(当时家长有什么具体的考虑和想法? 他们相互之间是如何商量的?)。孩子自己坚决不去高中(为什么? 她对高中有什么情绪和想法?),自己选择去了一个中专。家长去学校进行了考察,比较满意。

(4)中专期间,孩子学习比较努力,成绩也不错(什么情况属于"不错"?)。自己有很强的奋斗精神,什么课都希望学好。家长认为,孩子这方面的变化可能是因为学校是孩子自己选择的(是否真的如此? 孩子具体有什么想法? 家长是如何知道孩子的想法的?)。

（5）对孩子的未来，家长的态度是：根据孩子的情况，尽量供她到可以达到的学习程度。即使孩子中专毕业以后不再上学了，家长也不会干涉（为什么不干涉？什么情况属于"干涉"？家长对孩子的未来有什么设想？）。

（6）家长对孩子的教育现在的态度是：人的发展必须有内在动力（这是一个非常重要的概念，应该重点探讨），内在动力只能通过间接的方式（如交谈）进行"引导"或"诱导"，不能"强求"（什么情况属于"强求"？是否有具体的例子说明？）。现在的孩子都比较早熟，一般有自己的判断（这是一个"标记"，他似乎在暗示自己的孩子有这方面的表现，应该继续询问）。他对自己的孩子有一些基本的要求，而且要求比较"严格"，如身体健康、外貌朴素，不允许孩子有奢侈的要求，不许超过允许的范围（家长的"范围"在哪里？具体所指是什么？如果孩子违背了这些要求，家长是怎么做的？"要求严格"表现在哪里？）。家长所采取的措施是注重孩子的营养，与孩子聊天（效果如何？是否还采取了其他的措施？为什么这么做？）。

从上面的时序分析中，我们可以看到，家长的态度随着孩子的成长在发生变化，从控制比较多到逐步放开，然后到比较尊重孩子自己的选择。在孩子上幼儿园和小学时，家长决定孩子所有的事情：学习的内容、上幼儿园和上小学的年龄、幼儿园和学校的类型、班级的选择等。到孩子上初中的时候，家长似乎有所"悔悟"，不但认可了孩子在体育上的专长（而在我看来，大部分中国知识分子家长不一定认为"体育好"是一个值得骄傲和鼓励的"优点"），而且在孩子初中毕业时与孩子商量何去何从。现在孩子在上中专，家长对孩子教育方面的思考似乎进入了一个比较"超脱"的境界。他认为家长不应该对孩子有明确的期望，这么做"不符合人的发展"。"人的发展"必须有自己"内在的动力",父母应该对孩子进行引导。虽然他仍旧强调对孩子有"比较严格"的要求,但是我们可以看出他总的基调与访谈者和他自己所认为的"一般人"的做法是不一样的。

追溯这位家长对自己孩子成长过程的回顾,我们不仅看到了孩子在不同阶段的有关情况,而且可以听出家长自己的反省(虽然这种反省没有明显的语言标示,大都暗含在他对有关事情的描述中)。在他的陈述中表现出一种自我批评的态度,似乎对自己过去管束孩子过多而感到后悔(如,他对幼儿园整托给孩子带来"撒谎"问题的反省,"孩子上小学时我们又有两个错误的选择"等)。通过幼儿园和小学的教训,他在孩子上中学以后开始对孩子采取比较民主的态度,而且收到了比较好的成效(如"她学习比较努力,学习成绩也不错")。

当然,这段访谈是家长对自己孩子成长过程的一个回溯性的描述和评价,难免受到家长目前对"什么是一个好的教育孩子的方法?"这类问题的看法的影响。我们很难知道在孩子上幼儿园和小学时,他对自己和妻子的决策行为持什么态度。很有可能当时他们并不认为送孩子上实验班是一个"错误","错误"这一标签是若干年后他看到了该决定的负面效果,自己改变了教育孩子的看法以后加上去的。因此,我们的叙事故事应该采取一种回溯的、建构的手法,而不是一种现实主义的、事实性的描述。

2. 类属分析举例

对上面的资料进行类属分析可以有很多切入点,其中一种方式是将资料内容分成三大类:一是家长对孩子的要求;二是家长提供的外部条件;三是家长教育孩子的方式。在第一类里面,家长对孩子的要求可以进一步分成五个方

面:①心灵方面(心灵方面的陶冶);②智力方面(学习有
关的知识和技艺);③道德方面(不应该撒谎);④个性方
面(不要受压抑,受欺负);⑤身体方面(体育拔尖,注重营
养,打扮朴素)。在第二类里面,家长为孩子提供的外部
条件有:上绘画班,买电子琴,上"条件好"的幼儿园,上实
验班,上幼儿园和小学的年龄提前。初中和中专时的有关
资料缺乏。在第三类里,家长教育孩子的方式是:①家长
自己作决定(主要在幼儿园和小学期间),后来家长对自
己的"错误"有所反省;②尊重孩子自己的选择,但同时非
常关心孩子的选择(如孩子初中毕业时与孩子商量去向,
并且"上门看了"孩子选择的中专);③认识到孩子"早熟"
的倾向,任孩子自由发展,同时有一定的要求(如注重孩
子的营养和衣着,不允许奢侈的要求),通过间接的方式
(如聊天)给予引导,调动孩子的"内在动力"。

通过对这段资料的分析,我们对这位家长目前的教育
孩子的方式似乎可以得出一个初步的结论:聊天—引导—
调动内在动力—达到人的发展。虽然他对孩子有这样那
样的希望和要求,在孩子成长的重要阶段作了很多决策,
采取了一系列的行动,但是现在他的认识是:教育孩子不
能强求,一定要尊重孩子自己的意愿,用间接的方式对孩
子进行引导。这大概可以作为我们对这段资料进行分析
的"核心"概念。

下面我从类属分析的思路就上面的分析设计了一个概念
图(见图表9-11),试图将上述三类资料内容整合到一个图
中,同时标示出家长态度的变化。

图表 9 – 11   资料分析概念图举例

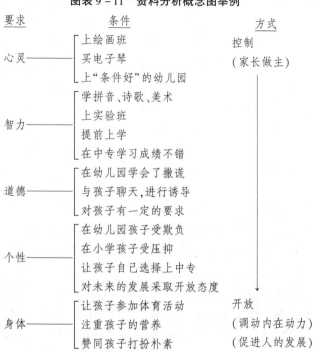

§9.6. 资料分析可以使用什么手段?

分析资料可以使用很多不同的手段,下面主要介绍写作和画图表这两种手段。

9.6.1. 写作分析

质的研究认为写作本身就是一个思考的过程,在原始资料的基础上就有关主题进行写作是质的研究中一个重要的分析手段。在各类写作中,备忘录是最重要的方式。"备忘录"

是记录(同时也是思考)我们自己的发现、想法和初步结论的方式,其主要的目的是通过写作对自己的研究进行思考。"备忘录"有如下类型：

· 描述型,对所发生的事情以及被研究者所说的事情用描述的语言表现出来；

· 分析型,对一些重要的现象和概念进行分析,特别是被研究者的本土概念；

· 方法型,对研究者自己从事研究的方法进行反省,讨论因自己的研究方法可能给研究结果带来的效度问题和伦理道德问题等；

· 理论型,对资料分析中开始出现的初步理论进行探讨,随着研究的深入逐步建立假设和理论；

· 综合型,结合以上各种类型进行综合性探讨。

在上述备忘录中,分析型备忘录是最常用的一种形式,通常用来探讨我们目前已经找到的有关被研究者的一些本土概念。在这种备忘录中,我们应该问自己："我目前找到了什么本土概念？我是如何找到这个本土概念的？我为什么认为这是一个本土概念？这个概念表达的是一个什么问题？我有什么资料可以用来说明这个问题？这些资料可以对这个本上概念作出什么解释？是否可以有其他不同的解释？我将如何处理这些不同的解释？这个本土概念与其他哪些理论或社会、文化方面的问题有联系？将来我可以如何进一步就这个概念进行探讨？"

例如,贝克等人(Becker et al.,1977)在对波士顿一所医院里的男性实习医生进行的一项研究中,发现他们经常使用"crock"这个词。通过反复的观察和询问,他写了一篇分析型备忘录(见图表 9 – 12)。

图表 9-12 分析型备忘录举例

我最初听到"crock"这个词是我在刚开始实地研究不久,当时这个词被用来描述一位病人。这是一位肥胖的中年妇女,她痛苦地抱怨说她身上很多不同的地方都很疼。当我问那位使用了这个词来描述这位病人的实习生,这个词是什么意思时,他说这个词被用来指所有那些因心理问题而抱怨自己有躯体反应的病人。我问他,病房里那位年轻的 X 先生,他的胃溃疡曾经被一位外科医生认为是典型的心理疾病躯体化,是不是一个"crock",这位实习生说,这么用不对,但是他说不清楚为什么这么用不对。

几个星期以后,通过对上午值班时所看到的各种病案与实习生们进行了多次讨论以后,我终于理解了这个词的意思。我意识到,这个词指的是这样一种病人,他们所抱怨的许多症状都找不到器官上的病变。我一开始就注意到这个词带有贬义,并且问实习生们,为什么他们不喜欢医院将"crocks"分配给自己进行检查和诊断。起初,这些学生不承认这个词带有贬义。但是后来我多次看到,当这样的病人被分配给他们时,他们总是表现出厌恶情绪,因此我认为他们的否认是不现实的。最后,有几位学士终于向我解释了他们不喜欢这类病人的原因。下面这句话可以说比较典型地表达了他们的意思:"一个真正的 crock 是一个你为他花费了很大的力气,他身上有所有这些含糊的症状,而你却找不到他的病因到底是什么。"

进一步的讨论使我更加清楚地认识到,这些实习生主要将病人当做一种学习的工具,通过病人可以学到书本上或老师授课中无法学到的一些临床医学知识。而"crock"通常花费掉他们大量的时间(而他们的时间总是很紧),却不能展示出任何有意义的、可以使他们从中学到东西的疾病状态,因此在这些病人身上花费时间纯属浪费。这个发现提示我,也许我可以进一步对这些实习生对医学院的一般看法进行研究,这方面的看法导致了他们用这样的标准来判断自己的病人。与此同时,这个发现还为我如何看待有关医院等级制度的价值观念提供了一些假设,在这个等级制度中这些实习生处于最低层。

在这个备忘录里,贝克回答了上面我提出的在写分析型备忘录时应该回答的绝大多数问题:

(1)"你目前找到了什么本土概念?"回答:"crock"。

(2)"你是如何找到这个本土概念的?"回答:对病人与医生之间的互动进行观察,询问实习生,多次与他们进行讨论。

(3)"你为什么认为这是一个本土概念?"回答:因为这个概念被实习生们反复使用,而且带有明显的情绪反应;研究者本人对"crock"这个词不了解,刚到医院进行实地研究不久就注意到了这个词。

(4)"这个概念表达的是一个什么问题?"回答:这些实习生如何看待病人及其对自己在实习中学习医学知识的作用。

(5)"你有什么资料可以用来说明这个问题?"回答:这些实习生们使用"crock"这个词时带有明显的贬义;他们不喜欢这样的病人,因为这些病人所抱怨的许多症状都找不到器官上的病变,对他们学习医学知识没有帮助;他们不喜欢医院将"crocks"分配给自己进行检查和诊断,研究者多次看到,当这样的病人被分配给他们时,他们总是表现出厌恶情绪。

(6)"这些资料可以对这个本土概念作出什么解释?"回答:这些实习生主要把病人当做一种学习医学知识的工具,通过病人可以学到书本上或老师授课中无法学到的一些临床医学知识。而从"crock"身上他们学不到任何东西,反而花费掉自己大量的时间;使用"crock"这个贬义词表现了这些实习生对这类病人的基本态度。

(7)"这个本土概念与其他哪些理论或社会、文化方面的问题有联系?"回答:"crock"这个概念也许与医院内部的等级制度(在其中实习生处于最低层)有关,它从一个侧面体现了这些实习生对医学院的一般看法,这些看法影响到他们判断病人的标准。

(8)"今后你可以如何就这个概念进行进一步的分析?"回答:对这些实习生对医院的一般看法进行进一步的研究,了解医院的等级制度以及有关人员对这种等级制度所持的价值观念。

备忘录主要是写给研究者自己看的,是为了帮助研究者自己思考问题,让自己的思想主动、自然地流溢出来,写作时的心态应该轻松、真诚。写作的风格应该比较随意,不必刻意使用正规语言,也不必担心别人会怎么看。

另外一种通过写作来分析资料的方法是记实地日记,每天将当天收集到的资料进行分析后,记下重要的想法和灵感。实地日记不仅可以帮助我们及时记下自己的感受和想法,而且可以反省自己的研究活动以及所收集资料的有效性。

分析资料的另外一种方式是在原始资料的基础上写总结,对资料内容进行简化,将资料的精髓以浓缩的方式表现出来。就资料内容所呈现的意义而言,我们可以围绕某些主题对资料进行总结,也可以按照内容本身的前后顺序(如时间序列、因果关系、情境程序)进行总结。就资料数量的处理而言,我们可以就一篇资料的内容进行汇总,也可以就分散在数篇资料中、但在内容上有相似性的资料进行汇编。

此外,我们还可以从原始资料中直接提取有关内容,为有关议题提供论据。内容摘要不是对资料内容的汇总或概括,而是将资料中一部分内容原封不动地提取出来,这些内容通常来自资料中信息比较密集的部分,原则是该部分的内容信息对回答研究的问题比较有力。不论是写总结还是写内容摘要都应该标有明确的参照体系,与相应的原始资料形成交叉参照,以便今后需要时查找。

9.6.2. 画图表

图表是对线性文字资料的一种立体的浓缩,可以通过三维直观的方式比较集中、生动地展现资料中蕴涵的各种意义关系。质的研究中常用的图表有矩阵图、曲线图、等级分类图、报表、网络图、认知地图、模型、本地人分类图、决策模式、因果关系图等。由于篇幅所限,我在这里只列出几种比较常用的、同时又比较容易理解的图表以供参考。如果读者希望更加详细地了解使用分析图表的方式,可以参见迈尔斯和惠泊曼合著的《质的资料分析》(Miles & Huberman,1994)一书。

图表9-13是一个反映一位大学生学习和工作经历的流程图。左边表示的是该生的主要生活经历,右边是研究者对那些导致该生从一个生活事件转向下一个生活事件的主要动力的总结。图中的加号(+)表示的是这些动力所具有的强度;减号(−)表示的是该生对下一段生活经历不满意的程度。这种网络图的长处是可以一眼看到这位大学生的主要生活事件以及他自己的反应,具有简洁、直观的效果。如果我们希望将这位大学生的生活经历与其他大学生的生活经历进行对比的话,使用这种图表会特别有用。这种将生活事件压缩到一个网络图中的分析方法需要研究者首先处理大量的资料,然后从中提炼出一条生活主线。

图表 9 – 13　事件流程网络图：一位学生的学习和工作经历

（资料来源：Miles & Hubeman，1994：114）

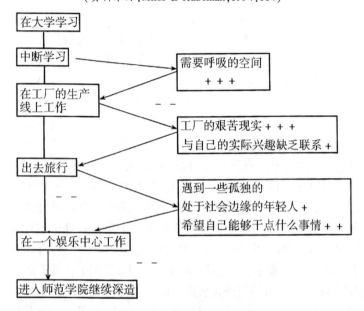

　　图表 9 – 14 是一个矩阵图，展示的是在一个教育发展项目中研究者通过对 4 个项目县的 8 所项目学校进行课堂观察、学生集体和个别访谈后了解到的学生经常使用的学习方法。通过这样的矩阵图，研究者试图将大量的资料集中在一个直观的表中，以便对各县和各校的情况进行对比。如果我们需要了解每一类学习方法的具体情况，可以再查看原始资料。

图表9-14　学生学习方法一览表

（资料来源：西北师范大学学校个案分析组，2000：22）

项目县	学校类型	学校名称	接受式为主				参与式为主				
			背诵法	练习法	静听法	阅读法	帮带法	活动操作	讨论法	观察法	调查法
红旗县	教学点	A	√	√	√		√		+		
		B	√	√	√	√	√	√	+		
乐土县	村小	A	√	√	√		√				
		B	√	√	√	√					
东方县	中心小学	A	√	√	√						
		B	√	√	√						
永乐县	初中	A	√	√	√		√				
		B	√	√	√	√					

注：①学校类型中A代表办学质量较好的学校，B代表办学质量较差的学校；

②"√"代表使用了该学习方法；"＋"表示未使用该学习方法；空格表示研究者未发现使用该学习方法（因受限于调查时间、听课科目和访谈对象）；

③"接受式方法"指的是"教师讲授，学生听讲，做笔记"；"参与式方法"指的是学生自主、自愿、自发参与学习活动。

画上面这类图表的时候，我们可以问自己："这个图表是否可以表现我所找到的资料的内容？资料的各个部分之间是一种什么关系？这部分资料是否可以归到上一层次的类属之中？这部分资料除了可以归到这个类属，是否还可以归到其他的类属之中？"图表中的关系可能错综复杂，需要用一些符号标示。画图伊始，不必追求准确、完美，可以一边思考一边进行，边画边想。设计图表本身就是一个思考的过程，目的是通过图像的方式简洁直观地再现资料的核心内容和关系。

10. 如何从资料中提升理论？

　　建构理论是研究的内在要求，也是研究结果的一个必然归宿。人类任何有意义的行为都需要理论的指导，或者说其中都隐含有一定的理论。正如威廉·詹姆斯所说的，"你即使是在田野里捡石头也需要理论"（Agar,1980:23）。沃克特（Wolcott,1995:183）也曾经风趣地指出，理论就像锻炼身体或者吃维他命 C，有的人过分上瘾，有的人很少考虑，但是没有人可以没有它。

§10.1. 质的研究是如何定义"理论"的？

　　在传统的意义上，"理论"被认为是"为了解释和预测现象，确定变量之间的关系，用系统的观点将相互关联的概念、定义和命题组织在一起的总和"（Kerlinger,1986）。"理论"是一组被推论和被修正的法则，包括从单一、简单的判断到复杂法则的组合（Brodbeck,1963）[①]。很显然，上述定义基于的是一种自然科学的法则，认为理论是"公理"和"定理"，对事

---

　　① 这两个定义均引自维尔斯曼（1997:21）。

物具有普遍的解释意义,可以用来确定事物之间的关系,并可以用来对未来进行预测。

质的研究对"理论"有不同的看法,认为理论不一定是系统的观念体系和逻辑架构,可以用来说明、论证和预测有关现象的规律(这种理论被称为"形式理论")。质的研究中的"理论"大都属于"实质理论",即在原始资料的基础上建立起来的、适用于在特定情境中解释特定社会现实和社会实践的理论。其目的是对特定的现象本身及其内在联系进行探究,注重人的实践理性和实践知识。质的研究与其他研究方法对理论的不同看法还表现在它对"假设"、"观点"、"猜测"和"想法"的评价上。虽然传统社会科学认为它们是没有经过检验的、"不可靠的理论",但质的研究却认为它们是十分合理的"理论",因为它们更加具有针对性,更加注意到研究现象的个性和复杂性。

质的研究中的"理论"至少包括三个方面的内容:前人的理论、研究者自己的理论、资料中呈现的理论。"前人的理论"是研究界在本领域目前已经建立的、被公认的公理和定理;"研究者自己的理论"指的是我们自己对本研究现象的假设、观点、前见等;"资料中呈现的理论"是我们从被研究者那里直接获得的或者通过对原始资料进行分析以后获得的意义解释。这三种理论相互之间是一个互动的关系,它们共同对研究最终做出的理论提供思路、角度和观点。

研究新手们对建立理论和使用理论总是十分担心,不知道自己到底有没有理论,自己的理论在哪里,没有理论怎么办。但事实上,我们每个人(包括不从事研究工作的人)对事情都有自己的理论。比如,我们大家都知道,如果一个人白天在床上睡觉,那么这个人多半是:1)累了;2)困了;3)生病了;4)假装睡觉为躲避来访的客人。这些理由虽然非常简单,来自我们自己的生活常识,但都可以作为解释"一个人白天睡觉"这一现象的理论。质的研究尊重研究者个人的实践知识,特别是他们对研究问题所持的"前设",认为这是研究者从事研究的入门钥匙。正是因为研究者有这些"前设",他们才受到有关问题的吸引,或者说某些研究问题才会产生出来。而研究者的这些"前设"以及随之产生的问题是建构理论的一个坚实的基础。因此,研究者在建构理论的时候,不仅应该尊重原始资料和前人的理论,而且应该尊重自己的直觉和"前设",有效地利用它们来为自己的目的服务。

§10.2. 建构理论有哪些基本方式?

传统意义上的理论建构通常走的是自上而下的路线,即从现有的,被有关学科领域认可的概念、命题或理论体系出发,通过原始资料对这些理论进行逻辑论证,然后在证实或证伪的基础上进行部分的创新。如果在研究开始的时候没有现成的理论可以借鉴,研究者通常根据逻辑分析或前人的研究自己预先构建一个理论,然后将其运用到对当下研究现象的分析之中。

与上述传统的思路不同,质的研究中的理论建构走的是自下而上的路线,即从原始资料出发,通过归纳分析逐步产生理论。通过这种方式建立的理论既可以是一个非常简单的、单一的命题,如"人肚子饿了要吃饭";也可以具有十分复杂的层次结构和语义关系(见图表 10 - 1)。肖(Shaw,1993)在"民族志与青少年亚文化"这门课中曾经借用佩尔托和佩尔托的理论抽象模式(Pelto & Pelto,1978:3)对威利斯(Willis,1977)的《学会劳动》一书中的理论建构作了如下示范:

图表 10 – 1　建构理论模式举例

（资料来源：Shaw，1993）

抽象层次 ↑	宏大理论 （grand theory）	社会阶层在每一代新人身上得到了复制。
	一般理论 （general theory）	学校以及其他社会机构在复制社会阶层上起到了工具性的作用。
	中层理论 （mid-range theory）	那些抵制学习的孩子发展出了一种反学校的文化。
	低层理论 （low-order propositions）	由于来自劳动人民家庭的孩子拒绝学校的权威，他们对学校提供给自己的东西不珍惜。
	观察方式 （modes of observation）	与学生交谈、与教师交谈、与学生的家长交谈、观察学生在校内的行为、记录学校官员对学生成功和失败的解释等。
	真实的世界 （real world）	事情和事件，如教室、教师、教学、同学群体、校外活动、父母的职业等。

　　威利斯的这本专著只有一半是从实地调查收集的资料，其余一半是他从马克思主义理论出发对自己所收集到的原始资料进行的分析。在对英国一所工人阶级男子中学进行研究时，他发现这类学校提供的教育实际上是在复制资本主义社会所需要的底层劳动人民的品质，如身体强壮、头脑软弱、逆来顺受的人生态度等，其目的是最终把他们改造成工业生产需要的劳动力。威利斯认为，如果研究者要理解现代社会对

个人进行的这种非个人化的过程,必须充分探究其中微妙的细节、有关人员的行为方式以及他们在日常生活中展示的话语模式。虽然他的研究使用的是马克思主义的研究范式,但是他认为必须借助民族志的方法把大范式转译为建立在日常生活基础之上的文化术语(马尔库斯,费彻尔,1998:119)。为了获得对研究对象的透彻理解,研究者必须把他们看成具体的存在者,而不是深藏于抽象语言之中的、为了说明一个理论系统的工具。在这个研究中,他从现实资料(如学校内外发生的各种事情、学生与各种人之间的关系)出发,通过在学校里进行观察、交谈和记录,逐步建立了不同层次的理论。

图表10-2是我自己研究中一个从资料自下而上建构理论的例子。这个例子试图说明在有关的概念被发现以后,如何从一个概念开始分析,逐步扩展到其他相关概念,然后在更高层次上将这些概念联系起来,建立一个初步的理论假设。

图表10-2　一个建构理论的实例

我就择偶观念访谈一些男青年时,发现他们在使用"强女人"这个概念的同时还使用了很多其他的概念,如"新派女性、现代女性、有能力、开朗、活泼、有生活情趣、文静、温柔、善解人意、现代、传统、女强人"等。结果,在这些概念中,我挑选了"强女人"作为分析的起点,同时试图在这个概念和其他的概念之间建立起意义联系。

比如,在分析时我问自己:"如何对'强女人'这个概念进行分析?是否可以将这个概念掰开来分析?比如说,是否可以从'强'和'女人'这两个方面来考察?'强'是否意味着'有能力、开朗、活泼、有生活情趣'?'女人'是否指的是'文静、温柔、善解人意'?'强'和'女人'加起来是否指的是一种'新派女性'、'现代女性'?这是否意味着'现代'与'传统'的结合?'强女人'这个概念与被研究者所说的其他概念(如'女强人')之间是什么关系?这些不同的概念可以导向什么更大的理论问题(如'择偶时性别角色对人们的影响')?"通过对这些问题的探讨,我最后试图建立这样一个理论假设:"现代思潮与传统文化在男青年选择择偶标准时共同发挥作用"。

在将研究结果提升为理论时需要特别注意的是：同时照顾到资料内容内部的相同点和不同点，避免为了使理论看上去完满、清晰而牺牲资料的丰富性和复杂性。如果资料本身呈现出不同的角度和观点，我们应该设法让这些不同的角度和观点有机会表现自己。只有让不同的声音都出来为自己说话，我们的理论才会获得概念密集的品质（见图表 10 - 3）。

图表 10 - 3　整合不同观点举例

在我参与的一项有关综合大学理科人才素质和课程体系的研究中，我们遇到了多重声音的问题。在访谈学校管理人员和教师时，他们大都认为当代的大学生缺乏理想、没有为科学献身的精神和道德责任感。而我们所调查的大学生们却一而再、再而三地告诉我们，在改革开放、经济转型的今天，他们最关心的是"情熵"，是自己与人社交的能力，是找到可以实现自我价值的工作。

为了体现老一辈和年轻人不同的价值取向，我们在研究结论中同时报道了他们的观点，而且提出了"多元价值观念的冲突与整合"这样一个理论假设。我们认为，被访的教师和学生所持价值观念有所不同，应该让他们各自说出自己的心声。但是他们之间并不存在原则性的冲突，只是侧重点不同而已。他们只是从不同的侧面强调了"做人"和"做事"的标准，是当代多元价值共存现象的一种体现。结果，在保留多重声音的同时，我们力图在一个更高的理论层次上对不同人群的不同观点进行整合。

---

§10.3. 扎根理论的基本原则是什么？

在质的研究中，一个十分著名的建构理论的方法是 1967年格拉斯和斯特劳斯提出的"扎根理论"。这是一种研究的方法，或者说是一种作质的研究的"风格"（Strauss, 1987:5），其主要宗旨是从资料的基础上建立理论。研究者在研究开始之前没有理论假设,直接从实际观察入手,从资料中归纳出经验概括,然后上升到理论。扎根理论一定要有经验证据的支持,但是它的主要特点不在其经验性,而在于它从经验事实中提炼出了新的概念和思想。

10.3.1. 从资料产生理论的思想

扎根理论不像一般的宏大理论,不是对研究者自己事先设定的假设进行逻辑推理和演绎,而是强调从资料入手进行归纳分析,自下而上不断将资料浓缩,逐步形成理论。扎根理论特别强调从资料中提升理论,认为只有通过对资料进行深入分析,一定的理论框架才可能逐步形成。理论一定要能够追溯到其产生的原始资料,一定要有经验事实作为依据,因为只有从资料中产生的理论才具有生命力。如果理论与资料相吻合,理论便具有了实际的用途,可以用来指导人们的生活实践。

扎根理论的一个基本的理论前提是:知识是积累而成的,是一个不断从事实到实质理论然后再到形式理论演进的过程。建构形式理论需要大量的资料来源,需要通过实质理论的中介。如果我们从一个资料来源直接建构形式理论,这其中的跳跃太大,有可能导致很多漏洞。一个理论的密度不仅表现在其概括层次、概念类属及其属性的相互关系上,而且在于这个理论内部所有的概念是否被合适地整合为一个整体。要使一个理论的内部构成获得统一性和协调性,必须从原始资料开始,自下而上建构多个彼此相关的实质理论,然后在这个基础上建构一个统一的、概念密集的形式理论。

10.3.2. 理论敏感性

由于扎根理论研究方法的主要宗旨是建构理论,因此它特别强调研究者对理论保持高度的敏感。不论是在研究设计阶段,还是在收集资料和分析资料时,研究者都应该对自己现有的理论、前人的理论以及资料中呈现的理论保持敏感,注意捕捉新的建构理论的线索。保持理论敏感性不仅可以帮助我们在收集资料时有一定的焦点和方向,而且在分析资料时注意寻找那些能够比较集中、浓缩地表达资料内容的概念,特别是当资料内容本身比较松散时。

其实,我们从事任何工作时都有自己的理论,问题是自己对这些理论是否了解,了解多少,在何种程度上有所了解。如果我们采取扎根理论的方式进行研究,则应该对理论给予特别的关注。在研究的所有阶段和层面,都应该时刻注意建构理论的可能性,将资料与理论联系起来进行思考。通常,质的研究者比较擅长对研究现象进行细密的描述性分析,而对理论建构不是特别敏感,也不是特别有兴趣。扎根理论出于自己的特殊关怀,认为理论比纯粹的描述具有更强的解释力度。

10.3.3. 不断比较的方法

扎根理论的主要分析思路是比较,在资料和资料之间、理论和理论之间不断进行对比,然后根据资料与理论之间的相关关系提炼出有关的类属及其属性。这种比较必须贯穿于研究的全过程,在研究的所有阶段、层面和部分进行。因其持续性和不间断性,这种方法被称为"不断比较的方法",通常有如下四个步骤(Glaser & Strauss,1967:105 – 115)。

(1)根据概念的类别对资料进行比较。首先对资料进行细致的编码,将资料归到尽可能多的概念类属下面;然后将编码过的资料与以前编码过的资料在相同和不同的概念类属中进行对比。这种比较应该为每一个概念类属找到其属性。

(2)将有关概念类属与它们的属性进行整合,同时对这些概念类属进行比较,考虑它们之间存在什么关系,如何将它们之间的关系联系起来。

（3）勾勒出初步呈现的理论。理论呈现以后,需要首先确定该理论的内涵和外延。当初步理论框架渐渐在比较中凸显出来时,应该将这些理论返回到原始资料进行验证,同时不断地优化现有理论,使之变得更加精致。如果发现这些理论可以基本解释大部分(或者所有)的原始资料,那么这些概念类属就可以被认为是"有力的"和"合适的"。

（4）对理论进行陈述。将所掌握的资料、概念类属、类属的特性以及概念类属之间的关系一层层地描述出来,最后的理论建构可以作为对研究问题的回答。

10.3.4. 理论抽样的方法

在对资料进行分析时,我们可以将从资料中初步生成的理论作为下一步资料抽样的标准。这些理论不仅可以指导我们下一步的资料分析工作,如选择什么样的资料,如何设码,建立什么样的编码系统和归档系统,而且可以在下一轮的资料收集工作中指导我们收集资料。因此,资料分析不应该只是停留在机械的语言编码上,而是应该进行理论编码。我们应该不断地就资料的内容建立假设,通过资料和假设之间的相互比较产生理论,然后使用这些理论对资料进行编码。

在收集和分析资料的过程中,我们还应该不断对自己的初步理论进行验证,去除那些理论上薄弱的、不相关的资料,着重对理论上丰富的、对建构理论有直接关系的资料进行分析。这种验证工作应该贯穿于研究过程的始终,而不只是在最后。

10.3.5. 文献运用的准则

与其他质的研究者一样,扎根理论的倡导者也认为,研究者在进行理论建构时可以使用前人的理论或者自己原有的理论,但是必须与本研究所收集的原始资料及其理论相匹配。如果我们希望发展前人的理论,必须结合自己的具体情况进行。

在建构扎根理论时使用有关的文献可以开阔我们的视野,为我们的分析提供新的概念和理论框架。但与此同时,我们也要注意不要过多地使用前人的理论。否则,前人的思想可能束缚我们的思路,使我们有意无意地将别人的理论往自己的资料上套,或者换一句话说,把自己的资料往别人的理论里套,"削足适履",而不是"量体裁衣"。

扎根理论认为研究者的个人解释也可以在建构理论时起到重要的作用。我们之所以可以"理解"原始资料是因为我们带入了自己的经验性知识,从资料中生成的理论实际上是资料与我们个人解释之间不断互动和整合的结果。原始资料、我们个人的前理解以及前人的研究成果之间实际上是一个三角互动关系,我们在运用文献时必须结合原始资料的性质和自己个人的判断。在分析原始资料时,我们应该养成询问自己和被询问的习惯,倾听原始资料中的多重声音,了解自己与原始资料和理论文献之间的互动关系。

10.3.6. 检核与评价

扎根理论对理论的检核与评价有自己的标准,总结起来可以归纳为如下四条。

(1)概念必须来源于原始资料,深深扎根于原始资料之中。理论建立起来以后,应该可以随时回到原始资料,可以找到丰富的资料内容作为依据。

（2）理论中的概念本身应该得到充分的发展，密度应该比较大，内容比较丰富。这种方法与格尔茨（1973a）所说的"深描"有所不同：扎根理论更加重视概念的密集，而"深描"主要是在描述层面对研究的现象进行密集的描绘。扎根理论的内部应该具有一定的差异性，不应该排除其中的变异现象。正是因为这些差异，才使理论中的概念显得丰富、充实。一个"密度"比较大的理论内部有很多复杂的概念及其意义关系，这些概念坐落在密集的描述性和论理性的情境脉络之中。

（3）"理论是在概念以及成套概念之间的合理的联系"（Strauss & Corbin，1994：278），理论中的每一个概念应该与其他概念之间具有系统的联系，它们相互紧密地交织在一起，形成一个统一的、具有内在联系的整体。

（4）由成套概念联系起来的理论应该具有较强的运用价值，应该适用于比较广阔的范围，具有较强的解释力。与由单一概念形成的理论相比，这种理论应该内涵更加丰富，可以对更多的问题进行阐释。与此同时，这种理论应该对当事人行为中的微妙之处具有理论敏感性，可以就这些现象提出相关的理论性问题（Strauss & Corbin，1990：254）。

§10.4. 建立扎根理论有哪些程序？

对资料进行逐级编码是扎根理论中最重要的一环，其中包括三个级别的编码。

10.4.1. 一级编码（开放式登录）

在一级编码（开放式登录）中，我们应该以一种开放的心态，尽量"悬置"个人的"偏见"和研究界的"定见"，将所有的资料按其本身所呈现的状态进行登录。这是一个将收集的资料打散,赋予概念,然后再以新的方式重新组合起来的操作化过程。登录的目的是从资料中发现概念类属,对类属加以命名,确定类属的属性和维度,然后对研究的现象加以命名及类属化。

开放式登录的过程类似一个漏斗,开始时登录的范围比较宽,对资料内容进行逐字逐句的登录,随后不断地缩小范围,直至码号出现了饱和。在对资料进行登录时,我们应该就资料的内容询问一些比较具体的、概念上有一定联系的问题。提问的时候要牢记自己的原初研究目的,同时留有余地让那些事先没有预想到的目标从资料中冒出来。在这个阶段我们应该遵守的一个重要原则是:既什么都相信,又什么都不相信(Strauss,1987:29)。

为了使自己的分析不断深入,我们在进行开放式登录的同时应该经常停下来写分析型备忘录,对资料中出现的理论问题进行思考,通过写作的方式逐步深化自己已经建构起来的理论。这一轮登录的主要目的是对资料进行开放的探究,所有的解释都是初步的、未定的。我们主要关心的并不是手头这个文本里有什么概念,而是它可以如何使探究进一步发展。

在进行开放式登录时,有如下一些基本的原则可以考虑(Strauss,1987:30)。

- 对资料进行非常仔细的登录,不要漏掉任何重要的信息;登录越细致越好,直到饱和为止;如果发现了新的码号,可以在下一轮进一步收集原始资料。
- 注意寻找当事人使用的词语,特别是那些能够作为码号的原话。
- 给每一个码号进行初步的命名,可以使用当事人的原话,也可以使用研究者自己的语言,不要担心这个命名现在是否合适。

- 在对资料进行逐行分析时,就有关的词语、短语、句子、行动、意义和事件等询问具体的问题,如:"这些资料与研究有什么关系？这个事件可以产生什么类属？这些资料具体提供了什么情况？为什么会发生这些事情？"

- 对与某些词语和短语有关的概念进行分析,列出它们的不同维度。这些维度应该可以唤起可比的案例;如果没有产生比较的例子,应该马上寻找。

- 注意我们自己列出来的登录码号,探讨这些码号与相关理论的演进有什么关系。

10.4.2. 二级编码(关联式登录)

二级编码(又称关联式登录或轴心登录)的主要任务是发现和建立概念类属之间的各种联系,以展示资料中各部分之间的有机关联。这些联系可以是因果关系、时间先后关系、语义关系、情境关系、相似关系、差异关系、对等关系、类型关系、结构关系、功能关系、过程关系、策略关系等。在轴心登录中,我们每次只对一个类属进行深度分析,围绕这一个类属寻找相关关系,因此称之为"轴心"。随着分析的不断深入,有关各个类属之间的各种联系应该变得越来越具体。在对概念类属进行关联性分析时,我们不仅要考虑到这些概念类属本身之间的关联,而且要探寻被研究者表达这些概念类属的意图和动机,将他们的言语放到当时的语境以及他们所处的社会文化背景中加以考虑。

每一组概念类属之间的关系建立起来以后,我们还需要分辨其中什么是主要类属,什么是次要类属。这些不同级别的类属被辨别出来以后,我们可以通过比较的方法把主要类属和次要类属之间的关系连结起来。当所有的主从类属关系都建立起来之后,我们还可以使用新的方式对原始资料重新组合,看它们能否以一种不同的方式反映资料的情况,能否提出新的类属组合方式。

10.4.3. 三级编码(核心式登录)

三级编码(又称核心式登录或选择式登录)指的是:在所有已经发现的概念类属中经过系统的分析以后选择一个"核心类属"。核心类属必须在与其他类属的比较中一再被证明具有统领性,能够将最大多数的研究结果囊括在一个比较宽泛的理论范围之内。就像是一个渔网的拉线,核心类属可以把所有其他的类属串成一个整体拎起来,起到"提纲挈领"的作用(见图表10-4)。

图表10-4 核心类属的特征

核心类属必须频繁地出现在资料中,表现的是一个在资料中反复出现的、比较稳定的现象;

核心类属内部应该有比较大的差异性,由于研究者在不断地对它的维度、属性、条件、后果和策略进行登录,它的下属类属应该变得十分丰富和复杂;

核心类属必须在所有类属中占据中心位置,与最多的类属之间存在意义关联,最有实力成为资料的核心;

核心类属应该可以很容易、很迅速地与其他类属发生关联,而且这些关联的内容应该非常丰富;

由于核心类属与更多的类属相关,而且反复出现的次数很多,因此它比其他类属需要更多的时间才能达到理论性饱和;

核心类属比其他类属更容易发展成为一个形式理论,但是之前需要对有关资料进行仔细的审查,事先在尽可能多的实质性理论中对该核心类属进行检测。

在这个阶段,我们应该问自己:"这个(些)概念类属可以

在什么概括层面上属于一个更大的社会分析类属？在这些概念类属中是否可以概括出一个比较重要的核心？我如何将这些概念类属串联起来，组成一个系统的理论构架？"这个时期我们写的备忘录应该更加集中，针对核心类属的理论整合密度进行分析。目的是对理论进行整合，直至达到理论的饱和和完整性。核心类属被找到以后，可以为下一步进行理论抽样和资料收集提供方向。

核心式编码主要包括如下步骤：

(1)明确原始资料的故事线；

(2)描述主类属、次类属及其属性和维度；

(3)检验已经建立的初步假设，填充需要补充或发展的概念类属；

(4)挑选出核心概念类属；

(5)在核心类属与其他类属之间建立起系统的联系；

(6)如果找到了一个以上的核心类属，通过不断比较的方法，将相关的类属连接起来，剔除关联不够紧密的类属。

图表10－5是我在自己的研究中对原始资料进行三级编码，然后建立初步理论假设的一个实例。

图表10－5　三级编码举例

在我对一些留学美国的中国学生的跨文化人际交往活动以及意义解释进行的研究中(1998)，我对资料进行了逐级的登录。

首先，在开放式登录中，我找到了很多受访者使用的"本土概念"，如"兴趣、愿望、有来有往、有准备、经常、深入、关心别人、照顾别人、管、留面子、丢面子、含蓄、体谅、容忍、公事公办、情感交流、热情、温暖、铁哥们、亲密、回报、游离在外、圈子、不安定、不安全、不知所措、大孩子、低人一等、民族自尊、不舒服"，等等。

续图表 10 – 5

> 然后,在关联式登录中,我在上述概念之间找到了一些联系,在七个主要类属下面将这些概念连接起来。这七个主要类属是:"交往、人情、情感交流、交友、局外人、自尊、变化"。在每一个主要类属下面又分别有相关的分类属,比如在"人情"下面有"关心和照顾别人、体谅和容忍、留面子和含蓄"等;在"局外人"下面有"游离在外、圈子、不知所措、不安定、不安全、孤独、想家、自由和自在"等。
>
> 最后,在所有的类属和类属关系都建立起来以后,我在核心式登录的过程中将核心类属定为"文化对自我和人我关系的建构"。通过在这个理论框架下对原始资料进行进一步的分析以后,我建立了两个扎根理论:1)文化对个体的自我和人我概念以及人际交往行为具有定向作用;2)跨文化人际交往对个体的自我文化身份具有重新建构的功能。

10.4.4. 一个分析实例

下面,让我借用斯特劳斯的《为社会科学家提供的质的分析》(Strauss,1987:12 – 17)一书中提供的一个实例来展示扎根理论方法分析资料的过程。这是斯特劳斯和格拉斯在一所医院里进行的一项研究的真实案例,下面摘取的内容只是一个十分复杂的分析过程的开头。分析的资料主要来自研究者的实地观察和访谈,同时伴以研究者个人的经验性知识。

> 假设研究的问题是:"在医院里使用机器设备是否会(以及如何)影响医务人员与病人之间的互动?"我们在病房里看到很多机器设备被连接在病人身上,现在我们可以形成一个初步的类属——"机器—身体连接"——来表示这个现象。根据观察的结果,我

们初步决定将机器分成两大类：连接病人身体外部
(如皮肤)的机器；连接病人身体内部(如鼻子、嘴巴、
肛门、阴道)的机器。这个区分引出了"机器－身体"
这一类属的两个维度：内部的连接、外部的连接。形
成这些维度的工作被叫做"形成维度"。然后，我们
可以对这些维度进一步细分，比如有关"内部的连
接"，我们可以继续问："这些机器是否给病人带来疼
痛？它们对病人是否安全？是否舒服？是否可怕？"
提出这些问题时，我们可以使用两分法："是"或"不
是"，也可以使用一个连续体，从"强"到"弱"。当然
如此分类不只是来自我们在实地收集的原始资料，而
且也来自我们自己的经验性资料(比如，人的这些内
部器官非常敏感，机器连接可能使这些部位感到疼
痛；那个从病人肚子里伸出来的管道看起来很可怕，
所以这个管道可能不安全)。

　　上述问题涉及到行为或事物的后果："如果这个
东西看起来如此，那么它可能会带来危害生命的后
果？"此时，我们还可以加入一些其他的具体条件，
如：如果他移动得太快，或者他晚上睡觉的时候翻身，
或者这个管子掉出来了，他的身体发炎了，在这样的
情况下他的生命会受到威胁。我们也可以就医务人
员使用的策略发问："为什么他们把管子这么插着，
而不那么插着？"或者就病人使用的策略发问："他是
否与护士协商使用另外一种方式？"我们还可以就双
方之间的互动发问："当机器连到他身上时，他和护
士之间发生了什么事情？他们是否事先告诉他了，是
否给了他一些警告呢？他们是不是没有告诉他就这
么做了，结果他感到很惊恐呢？"(最后这个问题也是

涉及到双方互动所产生的结果)。

这些问题被给予初步的回答以后,我们就可以开始形成一些假设了。有的假设还需要进一步通过观察或访谈进行检验,但是现在我们可以比以前比较有针对性地进行观察和访谈了。我们也许会发现一个连接病人鼻子的管道虽然不舒服,但是很安全。因此,我们可以就这一点进行访谈。如果我们希望对"导致不安全的条件"继续进行探询,我们可以问护士:"在什么时候这些连接对病人来说不安全?"我们也可以注意观察当病人的鼻子被机器连接变得不安全时,有什么条件出现,比如连接突然断了,或者连接的方式出了问题。

这一思考线索可以进一步导引我们对维度进行细分、提出更多的问题、形成更多初步的假设。比如,对那些比较容易脱落的机器连接,我们可以问:"它们是如何脱落的?是因为事故、疏忽,还是故意的(比如病人感到恼怒、不舒服或害怕时自己拉掉的)?护士使用了什么策略和技巧尽可能避免或预防脱落?给予特殊照顾?警告病人不要乱动?强调个人的安全取决于不论多么疼都不要动或者不要拉断连接?或者通过'合作'的方式,保证只连接几个小时?或者定期地移走机器,使他们放松一下?"上述这些问题、假设和区分不一定"属实",但是如果"属实",我们就可以进一步就此进行探究,找到"是-不是-可能"和"为什么"。显然,我们最终总是要问更多的有关条件和后果的问题的,这些问题不仅涉及到病人本人,而且还有病人的亲属、护士、不同的工作人员、病房的功能,可能还会问到对某些机器部位的重新设计。

上述比较有针对性的探究会自然地引导我们追问："我可以在哪里找到'X'或'Y'的证据？"这个问题提出的是"理论抽样"的问题。通过前面的调查，现在我们开始为自己初步出现的(也许是十分原始的)理论寻找有关的人群、事件和行动作为抽样的依据。对于研究新手来说，这个抽样通常是隐蔽地在比较的活动中进行的，主要是对不同的子维度进行对比。比如，我们可以对比那些使病人感到舒服和不舒服的机器。我们已经想到了各种机器连接会给病人带来各种不适和焦虑，但是我们还是可以到实地去观察，对一个危险的脱落发生时的情形与一个不危险的情形进行对比。假设，医院突然停电了，我们可以观看机器断电时会发生什么情况。结果，我们可能发现各个病房的情况很不一样。在一个没有为停电作准备的大楼里，护士们整整花了两个小时为病人做人工救急。

受到上述理论的导引，我们还可以更加广泛地进行抽样。比如，就其他机器的安全和舒适程度进行抽样，看这些机器是否与人的身体相连，如 X 光设备、飞机、烤面包机、锄草机、或那些受雇在街上打破水泥路面的工人手中的机器震动时对身体的震荡。这么比较不是为了对所有的机器或安全的/危险的机器形成一个概括性的理论，而是为了给在医院环境下使用医疗设备的有关理论提供理论敏感性。我们的外部抽样是与内部抽样紧密相联系的。当然，这些比较也可以从我们自己的其他经验资料中获得(即所谓的"逸事比较")，比如我们自己与机器有关的个人经历，观看别人使用机器，自己阅读有关机器的小说、自传或报告文学等。

11. 如何写研究报告?

　　每一项研究都需要将结果呈现给公众,接受公众的检验。作为研究者,我们不仅要把自己的结果写出来,用一种对读者有意义的方式呈现出来,而且必须意识到我们作为"作者"的权力、影响和社会责任。

§11.1. 质的研究报告有什么特点?

　　质的研究报告的特点可以从组成部分、呈现方式、行文风格和读者对象四个方面来讨论。

11.1.1. 组成部分

　　质的研究报告与量的研究报告非常类似,通常包括如下部分:

　　(1)问题的提出,包括研究的现象和问题;

　　(2)研究的目的和意义,包括个人的目的和公众的目的、理论意义和现实意义等;

　　(3)背景知识,包括文献综述、研究者个人对研究问题的了解和看法、有关研究问题的社会文化背景等;

（4）研究方法的选择和运用，包括抽样标准、进入现场、与被研究者建立和保持关系的方式、收集资料和分析资料的方式、写作的方式等；

（5）研究的结果，包括研究的最终结论、初步的理论假设等；

（6）对研究结果的检验，讨论研究的效度、推广度和伦理道德问题等。

上述程式与一般研究报告所要求的基本一致，所有在研究设计中提到的部分都应该在研究报告中有所交代。然而，与量的研究报告相比，质的研究报告的形式比较灵活。首先，上述这些部分不一定在所有质的研究报告中出现，如有的研究报告就没有独立的文献综述部分，而是将文献资料糅入到对原始资料的分析之中。其次，研究报告中各个部分的内容不一定严格按照上述顺序排列，如有的作者为了吸引读者的注意，将研究结果放在报告的最前面，把对方法的反省放在论文的最后。

11.1.2. 呈现方式

一般来说，质的研究报告的呈现方式可以分成两大类型：类属型和情境型。这两大类型与前面关于资料分析的思路有相似之处，但是资料分析中的"类属分析"和"情境分析"指的是资料分析时的具体策略，而这里所说的是写作研究报告时处理研究结果的方式。类属型主要使用分类的方法，将研究结果按照一定的主题进行归类，然后分门别类地加以报道。类属法适合如下情况：

- 研究的对象(人、社会机构、事件等)比较多,很难进行个案呈现;
- 研究的结果中主题比较鲜明,可以提升出几个主要的议题;
- 资料本身呈现出分类的倾向,研究者在收集资料的时候使用的是分类的方式。

比如,我在对中国贫困地区的一些辍学学生进行研究时,从他们自己的角度将他们辍学的过程、原因、辍学后的去向、心情、打算,以及各类人对辍学学生的反应等进行了分类描述和分析。这种写作手法的长处是:

(1)可以比较有重点地呈现研究结果;
(2)逻辑关系比较清楚,层次比较分明;
(3)符合一般人将事物进行分类的习惯。

但类属法也有自己的弱点,失去了如下重要信息:研究的具体场景、被访者的个性特征和生活故事、研究者使用的具体方法、研究的过程、研究者与被研究者之间的互动关系。有时候,为了将研究的结果分成类别,我们难免删去一些无法进入类别但对回答研究的问题非常重要的信息。

"情境型"写作非常注重研究的情境和过程,注意按事件发生的时间序列或事件之间的逻辑关联对研究结果进行描述。由于注重研究或事件的具体情境,情境法通常将收集到的资料按照个案的方式呈现出来。个案可以涉及一个人、一个社区或一个事件,也可以由数人、数个社区或数个事件拼接而成。个案所表现的内容可以是一个自然发生的故事,也可以是作者按时间顺序排列的各种事件的组合。

情境法的长处是:

(1) 可以比较生动详细地描写事件发生时的场景;
(2) 可以表现当事人的情感反应和表情变化;
(3) 可以揭示事件之间的衔接关系;
(4) 可以为研究者提供自我反省的机会。

由于个案保留了事件发生时的文化和文本情境,内容一般比较具体、生动、逼真,比那些抽象的、概括性的陈述更加吸引人(Weiss,1994:167)。一个好的个案能够将读者直接带到研究的现场,带到当事人的生活情境之中,使读者对研究的问题获得比较直接和直观的理解。

但是情境法不太符合一般人概念中的"科研报告",没有将研究结果分门别类地列出来,通常也不将研究方法和研究结果分开处理。对于那些想一眼看到研究结果而对研究过程不感兴趣的人来说,这种叙事方式往往使他们感到"浪费时间"、"不够简洁"、"含糊不清"。而对那些习惯于看到分门别类的研究结果的人来说,这种方式则显得不太"正规"、太像在"讲故事"。

在写作中,我们可以扬长避短,同时结合使用这两种方式(见图表 11 – 1)。比如,我们可以使用类属法作为研究报告的基本结构,同时在每一个类属下面穿插以小型的个案、故事片段和轮廓勾勒。我们也可以以情境法作为整个报告的主干叙事结构,同时按照一定的主题层次对故事情节进行叙述。不论是以分类为主、辅以个案举例说明,还是以叙事为主、辅以类属分析,结合使用两者总会比单独使用其中之一更具说服力。

11.1.3. 行文要求

质的研究报告特别强调对研究现象进行整体性的、情境化的、动态的"深描",在讨论研究结果之前通常有一定的篇幅介绍研究的地点、时间、社区、任务、事件、活动等。即使在对研究结果本身进行报道时,作者也十分注意事情的具体细节、有关事件之间的联系、当时当地的具体情境以及事情发生和变化的过程。质的研究的写作的一个很大的特点就是描述详尽、细密,把读者带到现场,力图使读者产生"身临其境"的感觉。

图表 11 –1　写作中结合使用情境法和类属法举例

我在自己的博士论文《旅居者与外国人——中国留美学生跨文化人际交往研究》(1998)的写作中有意识地结合了情境法和类属法。论文中有关研究结果的主体部分使用的是类属法,由我在研究中发现的七个本土概念作为七章的叙述主题。与此同时,我在这七章里都结合使用了情境法,讨论每一个重要的概念时都引用了一些小故事、访谈片段或当事人自己的叙述,以便将对主题的讨论放置到具体的情境之中。此外,我还在这七章的前面讲述了一位留学生的故事,将这个故事作为一个个案;而这个个案所呈现的主要问题又都与后面的七个主题密切相关。通过结合使用类属法和情境法这两种不同的写作手法,我希望既突出研究结果的主题层次,又照顾到研究结果发生时的自然情境以及我与被研究者之间的互动关系。

之所以强调对研究现象进行"深描",是因为质的研究认为,研究的结论必须有足够的资料证据作为支撑。作者必须为研究结果中的每一个结论提供足够的资料证据,不能只是抽象地、孤立地列出几条结论。作者在论证自己的结论时,必须从原始资料中提取合适的素材,对其进行"原本的"、"原汁

原味的"呈现。很多时候,资料本身的呈现就说明了作者希望表达的观点,不需要作者明确地对自己观点进行阐发。如果作者一定要明确提出自己的观点,必须符合原始资料的内容,不能随意超出资料所指涉的范围。

"深描"的方法要求我们详细引用当事人自己的原话,而有关引言和研究者分析语之间的比例,质的研究界没有一个统一的认识(我怀疑是否有统一认识的必要,但是这个问题确实被认为是一个"问题")。有的人认为,引言与分析的比例应该是4:6;有的人认为应该正好相反,是6:4;但是也有人认为,频繁地从当事人引言转到研究者的分析可能给读者的注意力转换造成困难,建议增加分析型描述的比例(Weiss,1994:192)。我认为,这个问题应该视具体情况而定。如果研究是以描述为主,我们可以多使用当事人的直接引言和行为;而如果研究是为了探讨某个理论问题,引言的比例就可以小一些。无论进行何类研究,应该牢记的一个基本原则是:列举引言的目的是为了支撑作者从资料中抽取出来的有关主题,是为了说明问题,而不是为了列举本身而列举。

在具体使用引言的格式方面,质的研究者通常持两种不同的态度:保留主义的态度和标准化的态度。持前一种态度的人在引用当事人的语言时尽量使用他们的原话,甚至包括他们使用的各种语气词(如"嗯"、"啊"、"哎"等)和停顿,目的是尽可能准确地保留说话人的言语和非言语行为,因为语言(包括言语行为和非言语行为)是一个人自我的呈现。而持"标准化"态度的人则认为,将当事人的原话原封不动地引出来会给读者造成困难。引言中不时穿插以停顿和语气词不仅不符合一般读者所习惯的书面语的规范,而且容易给读者一种印象,好像谈话人没有受过足够的正规教育。因此,他们提倡对资料进行标准化的编辑,比如删掉没有实质性意义的语气词、停顿、重复的话语、非言语表情等(Tripp, 1983 : 35)。
我认为可以采取一种折中的方式,在尽量保持原话的同时,对
一些语气词、重复的内容进行编辑。如果我们省略了某些内
容,应该用省略号标示出来,同时伴以文字说明(如:"他又一
次谈到前面说过的上课迟到事件,内容基本相同,时间约三分
钟")。如果引言的自然顺序与我们希望写作的顺序不相吻
合,也可以在写作时重新组织,但应该在引言之前加以说明。

在写作研究报告时,直接引言应该用引号标出来,以示与
正文相区别。在写初稿时,我们就应该将引言完整、准确地写
下来,同时将引言的具体出处标出来,如来自对某人某次访谈
的记录的某一页。访谈资料经过整理以后应该已经有系统的
标号,如 A – 1 – 5 : A 表示某人,1 表示对 A 的第一次访谈,5
表示该访谈记录的第 5 页等。如果我们为了一时图方便或节
省时间只将引言的大意记下来的话,今后在定稿的时候会遇
到很多麻烦。由于当时没有明确的标记,我们将很难准确地
对这段引言的原文进行引用,也很难迅速地找到该引言的上
下文语境。

11.1.4. 考虑读者

在写作时,我们还应该考虑到自己的读者是谁。通常不
同的读者群对作品有不同的要求,需要作者使用不同的写作
风格和写作规范。当面对不同的读者时,我们不仅需要学会
用他们能够听懂的语言与他们交流,而且还要考虑到他们的
知识水平、认知方式和兴趣所在。

如果我们的读者是学者,除了采取比较学术的行文风格
对结果进行报道以外,我们还必须详细报告前人的有关研究
成果、自己的研究设计以及自己对研究过程的反思。学者们
通常对研究的结论和论证过程会十分注意,因此我们在报告

中需要为自己的结论提供足够的资料证据,对自己的推论过程加以详细的说明。如果对原始资料的分析可能导致不同的结论,我们还应该在研究报告中对这种可能性进行讨论。

至于资助研究的财团、政府机关、企业、公司,他们一般比较关心研究的结果,希望知道我们对那些他们视为"问题"的现象有何看法,可以如何改进。因此,当面对这样的读者时,我们的写作需要明确、简洁,列出问题所在,提出解决问题的方案(虽然只可能是初步的方案)。如果研究涉及敏感性话题,我们还需要事先与他们商量,寻求调和的办法。

如果读者是一般大众,他们的主要兴趣是了解研究的内容,对研究的过程和结果的真实性不是特别关心。这样的研究报告不要使用太专业的用语,应该使用比较通俗的语言。研究报告的内容应该丰富多彩,文风生动活泼,分析层次清楚,可读性要强(Weiss,1994:186 - 188)。

有时候,我们的研究报告需要同时满足一种以上读者群的要求,如学术界和一般民众。在这种情况下,我们不仅应该注意文笔的生动和内容的丰富,还要注意自己论证的严谨性和结论的可信度。这样我们才有可能照顾到不同读者群的要求,做到雅俗共赏。

§11.2. 质的研究报告有何风格?

关于质的研究报告的写作风格,研究界没有统一的定论。一个基本的原则是:根据研究的目的、研究问题的性质、资料的特点和作者本人的倾向选择合适的风格。总结有关学者的调查结果,下面主要介绍五种方式(Van Maanen,1988)。

11.2.1. 现实主义的故事

"现实主义的故事"的写作风格是纪实性的,作者对一些典型事例、文化模式或社区成员的行为进行详细的描述。作者力求尽可能"真实地"再现当事人的所作所为以及研究者自己所认为的当事人的所思所想。作者通常采取一种冷静、客观的态度,直接引用当事人所说的话以及对事情的解释。通过详细报道当事人的言行,作者希望读者相信这些"事实"来自当事人本人,是"真实"、"可靠"的。自己如果"客观"、"准确地"对这些资料进行报道,研究结果就可以代表当事人"真实的"想法。

在现实主义的故事中,作者本人的身份是隐蔽的,具有一种经验主义的权威。在这种研究报告中,最为典型的表达方式是"某某做了××",而不是"我(作者)看见某某做了××"。作者通常只在前言中露一次面,以示"我曾经到过那里"、"我是一名研究者",然后就退隐到幕后,再也不会在前台露面(Richardson,1994:520)。

下面我借用崴斯(Weiss,1994:189)从格拉色和斯特劳斯的《死亡的时刻》(Glaser & Strauss,1968:79)一书中摘取的一个片段来展示"现实主义的故事"的基本风格(见图表 11-2)。作者对一些护士进行了访谈,这些护士专门上门为那些即将在家里死去的病人的家庭成员提供服务。这段文字描述了作者从被访的护士们那里了解到的情况。

图表11-2 现实主义的故事举例

通常,当即将去世的病人在家里迟迟拖延时,越是接近尾声,对家庭成员的照顾就变得越困难。除非这些护士以前曾经经历过这种死亡的情形,否则事情恶化的程度以及由此而导致的工作量是她们无法想像的。结果,几乎所有的护士都发现,自己在病人即将去世的时候都不由自主地增加了上门服务的次数:"在收尾的时候你不得不更经常地去,这使你感到结局快到了。"

11.2.2. 忏悔的故事

忏悔的故事要求研究者非常真诚、坦率,"如实交代"自己在研究中使用的方法以及所作的思考,再现研究的具体情境以及自己与被研究者的互动关系。作者通常使用第一人称的叙事角度,从"上帝"的位置上降了下来,成了一个普通平凡的"人"。读者可以看到作者是如何一步一步与被研究者接触的,作者本人曾经有过什么困惑,是如何处理这些困惑的。在这种故事中,现实主义的"客观"叙述(如"某某做了××")已经变成了作者自己"主观"的交代(如"我看见某某做了××")。通过暴露自己的行为和想法,作者有意识地将研究"去神秘"了。作者个人化的自我呈现使文本与读者之间具有了一种更加亲近的关系,使读者更有可能自己来判断研究的"真实性"和"可靠性"。

忏悔的故事通常由作者本人的实地工作经历所组成。作者面对着一个新的文化,情感上产生了很多强烈的冲击,他/她把这一切都如实地告诉读者,以此来说明自己是如何理解周围发生的这些事情的。通过将自我插入研究报告之中,揭示自己在研究过程中的遭遇,作者似乎希望告诉读者,研究的过程与一般人日常生活的经历并没有什么本质上的不同。

忏悔的故事之写作风格在研究者介绍自己的研究方法和过程时使用得比较普遍,通常作者在出版专著或博士论文时单列一章。如果研究者在自己以前的著作中(通常使用的是现实主义的手法)已经获得了一定的名气,那么他/她现在可能以整本书的篇幅来探讨自己的研究过程和知识探究的方式。而如果作者是一个无名小卒,不管他/她的反省是多么地"深刻",读者一般不会有兴趣阅读他们个人的"忏悔"。

下面我借用威斯(Weiss,1994:190)从卡丹的《新女性主义运动》(Carden,1974:107)一书中摘取的一段文字来说明"忏悔的故事"的基本风格。作者就1960年代后期和1970年代早期的女性主义运动对一些妇女进行了访谈,在研究报告中她对自己访谈时所穿的衣服进行了细致的反省。通过描述她自己对衣着的关心,作者表现了衣着在被研究者群体中的身份认定作用(见图表11-3)。

图表11-3 忏悔的故事举例

我试图将自己的行为举止和衣着适合我周围的环境,但同时又不违背我自己的人格。比如,去参加妇女解放团体组织的会议时我穿的是非正规的毛衣和裙子,但是没有穿几乎所有的人都穿的牛仔裤或长裤,因为我自己感觉不舒服。当一天访谈几个人时,我通常穿同样的针织衣服去见妇女平等行动团的人以及妇女解放组织的人。当访谈妇女平等行动团的人时,我通常在衣服上加一个金色的胸饰,鞋子也穿得稍微讲究一点——这是当我可能需要讲演时经常穿的衣服。当访谈妇女解放组织的人时,我通常加一件毛衣,鞋子也穿得朴素一些——这是我去看电影时经常穿的衣服。

11.2.3. 印象的故事

印象的故事通常将事件发生时的情境以及当事人的反应和表情详细地记录下来，表现的是作者在某一时刻对某一研究现象的"主观"感受，不一定具有现实主义意义上的"真实性"和"客观性"。这种故事将所研究的文化以及研究者本人了解这个文化的方式同时展示出来，交给读者自己去检验。

印象的故事的主要特点是将研究者个人实地工作的经验用第一人称的叙述角度讲述出来，故事中有密集的焦点，文体生动活泼，用词具体、形象，大量使用比喻和想像的手法。通常作者本人是一名参与者，是故事中的一个人物，他/她按照时间先后顺序讲述自己经历过的事件。情节的发展充满转折和不可预料性，往往结尾时事情的结局与故事开始时截然不同。印象的故事具有十分明显的戏剧效果，将作者经历过的事件一件件呈现在读者面前，把读者带入一个不熟悉的环境，让读者自己与作者一起观看、倾听和感受。

在印象的故事里，作者比较注意对人物和事情的个性特征进行描绘，对故事中的主要人物和重要事件进行大彩笔的渲染。他们关心的不是典型的人物，也不是一类人物，而是一个个具体的人。他们笔下的人物都有自己的名字、脸面、个性、动机、行为、情感和声音。与现实主义的故事不一样的是，印象的故事表达的是个体的声音，不是"典型"人物的声音，也不是某一个学术团体或社会机构的声音。这种故事似乎告诉我们，"知识"是从特殊人物和特殊事件中获得的，而不是对某些既定的、与某些普遍现象相关的主题进行探讨而获得的。

下面我从封·马南的《实地的故事》(Van Maanen,1988：109)提供的例子中抽取了一段来说明"印象的故事"的写作风格。这个片段来自作者自己在一个警察局进行参与性观察时所写的研究报告。原来的引文很长，因篇幅所限我在此只选择了前面三段(见图表11 –4)。

图表11 –4　印象的故事举例

这是在联合城发生的一个故事。事情发生在我第三次到那里去做实地工作期间，当时我认为自己对事情已经很了解了。我当时属于查理第三班，正与一位好朋友大卫·斯在北头工作。那是一个星期天的夜班，没有发生什么事情。我们只是就搬运货物和交通情况进行了一些记录，处理了几个无线电传呼：一桩家庭纠纷……一个汽车的挡泥板掉到了湖里。一些很平常的事情，没有什么不同寻常的。

半夜的时候周围非常安静，为了不老待在汽车里，我们到大卫的家里去坐了一会儿。我们喝了几杯啤酒，坐在那里聊天，谈到他的前妻、三角锦旗比赛、我们的孩子、枪和其他一些事情。过了大约一个小时，我们的手提电话收到一个电话，要我们到离警察局开车大约15分钟远的一个贫民住宅区去处理一起家庭纠纷。

当我们驱车开往出事地点时，另外一个班查理第二在传呼机上说，他们现在已经到达那个贫民住宅区了，正在处理一桩抢劫案，他们完事以后就会为我们去处理那起家庭纠纷。"很好"，大卫回答说，这样我们就不必为那个电话负责任了。只有几个小时就要下班了。我已经很累了，而且有一点困。我在考虑是不是要大卫在路上送我回家，不必在这个平安无事的夜晚消磨时间。但是也许是因为他刚才对我表示了好客，我决定坚持下来。

11.2.4.规范的故事

规范的故事希望通过自己的写作来建立、检验、概括和展示某些规范理论。在这种叙事文体中,作者的"主观性"比较强,观点比较明确,具有明显的理论导向。由于作者的目的是建立理论,因此行文的风格也比较正规、严肃,逻辑性很强。虽然规范的故事也强调从资料中产生理论,但其主要目的是验证研究者自己的理论,使用原始资料的目的是为了论证自己的理论假设。因此,研究报告中引用的资料一般都具有"可旅行性",即具有一定的独立性,不完全依赖某一个特定的情境。在对原始资料进行整理和归类时,作者主要关心的是自己建立理论的需要,而不是资料本身的特性。

在建立规范理论的研究者中,有些人致力于批判理论的研究。他们的写作风格遵循的是批判理论的指导思想,从历史、社会、文化的大环境对研究结果进行探讨。通常,批判的故事通过弱势人群的眼睛来呈现社会现实,揭示社会上存在的丑陋的、不公正的现象。读者通过阅读这样的文本,可以获得新的看待世界的视角,达到自身意识上的解放。

批判的故事的作者反对传统的对异文化进行"浪漫的描写"或脱离社会文化背景的"写实手法"。他们认为,自己的前辈对研究环境中的政治、经济大背景不够重视,只是对被研究的文化孤立地进行描写。因此,他们在选择研究对象时,除了考虑到他们本身的文化特性以外,还特别关心他们的情况是否揭示了资本主义社会中更大的政治和经济方面的问题(Marcus,1986)。

图表 11 −5 是从威利斯《共有的文化:年青人日常文化中的象征游戏》(Willis,1990)一书中抽取的一段例子。威利斯通过对一些工人阶级孩子的研究,试图说明暴力是他们展示自身能力和身份认同的一种有效方式。

图表 11 – 5　规范的故事举例

　　现在必须可以确认暴力是我们文化中无法挽回的一部分。对于一些年轻人来说，殴斗释放出一种似乎没有受到控制和无法控制的力量。这种力量是受到羡慕的、令人激动的，而与此同时又是危险的和可怕的。这两种情感都与中产阶级以及一般人所认为的应该时刻保持控制的观点大相径庭，可能只有在那些"为艺术而艺术"的安全的外围是一个例外。"坚强"享有非常广泛的支持和尊重。它表示一个人在必要的时候以及面临压力的时候有所准备，敢于拿自己冒险，试图控制暴力中的各种危险的势力和相互冲突的势力。

　　具有讽刺意味的是，对这种危险的力量进行控制和定位的文化体系涉及的主要是控制和表现：就像是一出呈现和解读外表和意图的戏剧。缺乏控制是被人看不起的。控制和力量，这些非常真实的身体上的和社会性的利害因素以及在法律之外所隐含的危险性和意义使暴力及其有关的戏剧表演成为强有力的象征材料来代替或干扰既定的官方的意义和社会机构的意义。这些材料有利于建构和重新建构不同的在世界上生活和看待世界的方式以及不同的对人进行评价的价值观念和方式。

11.2.5. 联合讲述的故事

　　联合讲述的故事是由研究者和被研究者一起讲述的故事，双方同时拥有作品的创作权。不像现实主义的故事那样将研究者个人的观察和想法作为当地人的观点呈现出来（或反之，将当地人的观点作为研究者个人的看法表达出来），联合讲述的故事尊重当地人和研究者双方的观点。这种故事可以被认为是对实地工作真实情况的一种坦率的认可，因为任何研究成果都只可能是研究双方共同努力的结果。在这类故事中，作者引进了对位法，即让不同的声音和不同的观点在文本中同时展开，特别是那些在传统的文本中被迫沉默的声音。

在一个联合讲述的故事的写作过程中，研究者必须与被研究者一起协商讨论，共同建构故事的主题和结构。研究者应该主动征求对方的意见，请对方就结果的表述发表自己的看法。联合讲述的故事不只是一字一句地将双方所说的话写出来，也不只是将双方的讨论用概括的方式写出来，而是应该在这两者之间。它表现的是交谈双方对各自观点所达成的共识，而不只是再现讨论过程本身。由于在口头语言和书面语言之间进行转换十分困难，逐字逐句地将双方的原话呈现出来，并不一定就确切、"真实"；而通过双方协商以后写入研究报告中的内容反而更加公正、确切。

在合作性写作中，有时意义会发生变化。如果受访者所说的一段话被抽出特定的语言情境，与其他受访者或访谈者的话并置在一起，有可能会变得面目全非。在这种情况下，受访者可能会要求改变所说的内容，或者希望删除有关段落。在这种时候，研究者必须尊重他们的意愿，因为他们最有权利对自己所说过的话进行判断。与此同时，研究者也可以要求对方对这些内容进行评论，然后将评论附在引言后面。总之，合作性文本一定要经过双方的协商，而且一定要包括参与者的评论，以帮助读者了解研究者的有关假设和观点。然而，由于这种故事拥有双重作者，不太符合一般人的阅读习惯，读者必须非常有耐心，容忍文本的含糊性和复杂性。

下面我从特利普的文章"联合著作权及协商——作为创造行为的访谈"（Tripp, 1983: 36 – 37）一文中摘取一段引言来展示联合讲述的文本形式（见图表 11 – 6）。在这段叙述中，作者（名为大卫）在与受访的小学教师贝利讨论如何教授社会课，引言中的"随后评论"是作者在完成初稿以后请受访者就写作内容所作的评论。

图表 11－6　联合讲述的故事举例

贝利(读备忘录)："阅读的目的应该是学会认路标、道路规则,然后通过书写考试而获得驾驶证。这可能可以为学生提供足够的学习动力。"其他的建议有："认投票卡片、申请休病假、申请社会服务和保险、存钱、写支票、取钱、申请消费者保护、在超级市场上看价钱……"

然后双方开始讨论学校和家庭的作用是什么,特别是社会课这门课程的作用是什么。大卫反对上述看法,认为这"简直就不是社会课,社会课应该是历史、地理、社会学、经济学等课程的总和","社会课作为一个学科在这里已经不存在了"。

(随后的评论——贝利："我同意——学生们已经将社会课作为一个补充,一门无关紧要的课程。")

贝利争辩说,"此类教授基本技能的"课程可以"帮助孩子们更好地适应社会",而社会课的技能"可以像其他任何一门课那样很容易地就学会"。

大卫认为,在这样的课程里应该也包括数学和科学(如价格比较、高科技),但是在学校里科目教师没有时间教这些课程,因为他们忙着教自己的学生科目课程,而刚才谈到的课程中所出现的问题和活动其实也与这些科目课程的基础有关。

贝利回应说,课程内容只是一门课的一个部分:"最重要的结果是那些通过课程内容而学到的东西,也就是如何学习的方法。"因此,上此类课时,将学生带到户外去看三条河,每条河代表了一个不同的发展阶段,比"在黑板上抄信息,测试学生对这些知识的掌握程度"更加重要。

大卫建议说……贝利所举的例子明显是社会课的主题,而不是"公民课"的主题。然后,双方开始讨论应该由谁来教这门课的问题(社会课的主题)。如果使用探究的方式,在同样的时间内覆盖的课程内容会相对少一些。

(随后的评论——贝利："不,不一定少。我坚持认为,你仍旧要完成原来的工作量,但是应该用一种更加有趣的、学生中心的方式。"大卫:"我仍旧认为,那么做会花费更多的时间,即使两者的工作量相同,所教的内容也会少一些。")

§11.3. 撰写研究报告有哪些步骤？

撰写研究报告主要有如下步骤：进入状态，开始写作，继续写作，修改初稿，结尾。

11.3.1. 进入状态

写作开头是一件十分痛苦的事情，如果作者在开始写作的时候不感到痛苦，这可能说明有什么不对头的地方（Woods,1985:87）。因此，我们应该训练自己忍受或排解开头的痛苦，训练自己进入写作的状态。比如，我们可以做如下一些事情，以便为写作作好思想准备：

- 反复阅读自己收集的资料和分析大纲；
- 运用自己的想像力和直觉对资料进行"头脑风暴"；
- 使用不同的概念将资料的内容形成一个整体；
- 将各种概念之间的联系用图画出来；
- 设想使用不同的方式进行写作；
- 假设不同的读者群对自己的作品会有什么反应。

写作之前，我们可以先制定一个比较详细的写作大纲，帮助自己提前思考。提纲不必过于固定，可以根据写作的进展随时修改。写作质的研究报告的最大困难是资料太多，最头疼的不是资料不够，而是如何去掉不必要的资料（Wolcott,1990:18）。因此，在写作大纲中，我们应该确定自己的基本故事线、讲故事的主人公以及写作的风格，从而决定原始资料的取舍。在写作之前制定写作大纲还可以帮助我们对写作的具体步骤和方式有所预测，以便进行规划。比如，我们可以事先设想一下整篇文章的长度以及各个部分的字数，然后根据这个设想对文章的详细和紧凑程度作一个基本的估计。

在对写作进行设计时，我们可以在头脑中假定一些特定读者，调动自己的想像力与其进行对话。比如，如果我们计划对研究结果中的理论问题进行探讨，可以假设一位十分喜欢进行抽象思维的读者将如何向我们发问，我们可以如何回答他/她的质疑。我们还可以假设自己现在面对的是上级主管部门或资助研究的财团，自己应该如何向这些人介绍自己的研究发现，如何使他们相信自己的研究结果是"可信的"和"有意义的"。我们还可以将现在的发现与事先的设想进行比较，看现在发现了什么新的东西、可以如何将这些新的东西传递给读者。

为了使自己进入写作的状态，我们在开始写作之前还可以询问自己："我的研究的问题是什么？我现在得到的研究结果是否可以回答我的研究问题？我可以如何利用自己收集的资料来回答这个研究问题？"在这种询问中，我们可以不断地对自己的写作构思进行调整。如果我们发现为了论证某些观点自己手头的资料还不够，可以再回到实地收集更多的资料。如果我们发现研究结果中仍旧存在自相矛盾的地方，可以及时地对资料进行进一步的分析。

此外，我发现自己有时候在休息的时候反而更加容易进入写作的状态。此时我的思想放松了，创造力和想像力似乎反而变得更加活跃了。从认知心理学的角度看，这是一种假性消极状态（吴文侃，1990：406）。表面上看起来，我们好像很轻松，正在娱乐或休息，而实际上我们的大脑正处于极其活跃的状态。因此，我们需要时刻将纸和笔带在身边，即使是在度假和睡觉的时候也要不失时机地记录下自己转瞬即逝的灵感。

11.3.2. 开始写作

"万事开头难"——这句民间的格言特别适合质的研究

的写作过程。通常，当我们着手写作时总是面临着各种各样的来自自身的阻抗，比如，"我的资料还不够丰富，我还需要收集更多的资料"；"我的资料太丰富了，我不知道该如何处理"；"我的想法还不成熟，还不能写成文字"；"我的能力还不够强，不能胜任写作的任务"；"我的脑子里想法太多，不知从什么地方下手"；"我对自己要求很高，希望一次就能够写得既通顺又漂亮"；"我现在时间不够，不能进入角色"；"我周围环境太闹，没有写作的心情"；"我手头要做的事情太多，无法定下心来写作"，等等，等等。这个单子可以无止境地列下去。

然而，正如格尔茨（Geertz, 1973a：20）所说的，"为了理解某些事情，不必知道所有的事情"。我们可以从很小的一点（如一个想法、一个概念、一个事件）开始写作，然后逐步扩大开来。在实地里收集资料时我们就应该开始写作，不必等到所有的资料都收集好了、所有的问题都想清楚了才开始。其实，在自己对资料还不太熟悉的时候就开始写作有很多优势，因为这时候我们有很多想法和感受，而这些想法和感受可能是最"真实"的。它们是原初的、未加修饰的想法，最能够反映自己当时的反应。提前写作还可以为研究报告提供一个初步的体例、内容的顺序、篇幅限制以及研究的焦点，迫使我们为自己的实地工作建立一个初步的基础。如上所述，写作本身便是思考，写作就是一个分析和建构被研究现象的过程。因此研究开始的同时就需要开始写作，一步一步地进行，而不是一蹴而就。

很多质的研究者写作的一个诀窍是，不必总是从第一章写起。他们大都是从自己认为最容易的那一部分开始，然后再按照难易程度逐个"攻破堡垒"（Richardson, 1990；Weiss, 1994；Wolcott, 1990）。通常，他们从对方法的反思开始，因为这一部分比较直接，前后程序比较清楚；然后再开始写研究结果,最后才写第一章的概论。之所以将第一章放到最后是因为通常到了这个时候他们才知道自己到底想写什么、已经写了什么。第一次写作时我们应该尽快地把草稿写出来,然后再对内容进行修改。至于写作的风格和修辞,可以等到较后阶段进行。我们收集的资料通常非常丰富,具有多元视角和多重声音,无法在第一次就全部捕捉到,必须通过一次又一次的压缩和提炼,才可能将它们比较丰满地表现出来。

11.3.3.继续写作

文章开头以后,需要继续进行写作。在这个阶段,保持不断写作的兴趣和热情是最重要的任务。保持写作的持续性的一个比较有效的办法是阅读自己前面已经完成的部分。已经完成的部分通常与后面计划要写的内容之间存在相关关系,可以为我们继续写作提供兴奋点和内容生发处。此外,阅读自己已经完成的部分可以给自己一种成就感,使我们又一次看到自己已经取得的成果,可以增强信心。

为了保持写作的兴趣和热情,我们还需要不断地想办法给自己充电。除了自己给自己打气以外,我们还可以有意识地为自己创造一个友好、宽松的环境,比如经常与那些了解自己的同事、朋友和家人一起分享自己的成果,征得他们的支持,与他们分担自己的焦虑和不良情绪。此外,我们还需要有一定的时间保证,使自己可以不间断地连续进行写作。

如果我们在写作中遇到了阻抗,应该像在考试中遇到了难题一样先绕过去,先捡容易的部分做,然后再回到困难的部分。假如我们对这些难题穷追不舍,不仅会浪费自己大量宝贵的时间,而且容易使自己产生受挫感,对自己的写作能力失去信心。通常,在完成了其他比较容易的部分以后,我们会发现原来自己认为困难的部分已经不成问题了,自己可以轻而易举地就攻下这些堡垒了。写作时最危险的敌人就是试图第一次就写得很棒。

在继续写作的过程中，我们有可能忘记自己的研究问题。由于研究结果的内容是如此地丰富，我们可能被内容所吸引，而忘记了自己研究的焦点是什么，自己到底要回答什么问题。因此，在写作的过程中如果我们遇到了此类困惑，可以有意识地问自己："我最想说什么？我最希望说明什么问题？我最希望向读者传递什么思想？"当然，研究者个人的筹谋与原始资料之间总是存在着一种张力。如何在它们之间获得一种平衡，如何在资料极其丰富的情况下不"迷失方向"？——这是质的研究者们时刻必须考虑的问题。

如果原始资料确实过多过杂，写作时不知如何处理，我们可以像旅行者收拾自己的箱子那样，采取如下办法加以解决：①重新安排其中的物品；②把不必要的东西挑出来；③找一个更大的箱子（Wolcott, 1990: 62）。第一和第三个办法促使我们重新考虑自己的归类标准和故事线是否合适，是否可能找到一个更好的"包装"方式或更合适的容器。第二个办法提示我们：质的研究的写作过程也是一个不断聚焦的过程，就像是一个漏斗，越往下，收口越小；而聚焦就必须舍弃一些东西，只有有所不为才能有所为。写作中的聚焦也是一个来回往返的过程，一方面需要我们逐渐靠近焦点，使描写工作成为可能；另一方面又需要我们逐渐拉开距离，直到能够有一定的观看角度。

11.3.4. 修改初稿

初稿完成以后，需要对其进行修改。修改往往需要相当长的时间和相当多的精力，不能期待一次完成。在修改之前，我们可以让初稿先搁置一段时间，让它自己慢慢酝酿，逐渐成熟。与自己的作品分开一段时间可以使我们在时间上、空间上和心理上拉开一定的距离,回过头来修改时头脑会更加清醒。

与此同时,我们也可以请一些思路比较清晰、对我们的研究比较熟悉的朋友或同行帮忙阅读初稿,提供反馈意见。在选择读者的时候,要特别注意选择那些与我们关系密切、相互有信任感的人。在请这些人阅读以前,我们可以告诉他们自己需要什么方面的帮助,以便他们有针对性地提供反馈意见。

对文稿进行编辑时,我们可以采取很多不同的形式。比如,既可以从前面往后进行编辑,也可以反过来从后面往前进行编辑;既可以找一个陌生的地方进行编辑,利用环境的生疏感给自己带来对文稿的距离感,也可以大声地阅读自己的初稿,用听觉来帮助自己找到纰漏和不协调之处;既可以迅速地阅读初稿,力图抓住文章的大意和基本结构,也可以细嚼慢咽,仔细品味文章的微妙之处。不管采取什么编辑方式,我们一般应该从比较宏观的层面开始,考察自己的写作是否将研究结果中所有的部分都合适地整合起来了,各个部分之间是否具有有机的联系。如果有的部分与整体不相吻合,我们应该进行适当的调整和删改。然后,我们才开始进一步对文章的文字进行润色。

在这个阶段,我们还可以考虑从不同的角度、以不同的方式撰写研究报告的可能性。比如,我们可以假设:"如果换一个叙事角度,我们将得到一个什么样的故事?如果叙事者来自一个不同的文化,他/她会如何看待这个故事?如果我们与几位研究者共同合作一起来写这个报告,将会是什么样的结果?"通过这样的设问,我们可以发现自己目前的写作方式有什么长处和短处,可以如何改进。

11.3.5. 收尾

初稿经过反复整理和修改之后，我们就可以考虑收尾了。在收尾之前，我们需要提醒自己是否已经表达了自己所有想说的事情。比如，我们可以问自己：

- 我到底想要说什么？我是如何说的？我说的效果如何？
- 我原来的设想与现在的成文之间有什么不同？现在的写作形式保留了什么？是否失去了什么？
- 文章中的论点是否还存在问题？我如何使自己的论点更加有说服力？文章中的引言对说明我的观点是否有用？
- 文章各个部分之间的联系是否清楚？它们表达的到底是一些什么关系？
- 我是否可以用不同的方式对所收集的资料进行解释？我是否可以对这些解释进行批判？

在研究报告的结尾处，作者通常习惯于对自己的研究结果作出一些结论性的陈述。质的研究报告一般也是如此，但是特别强调不要使用过于绝对的语言。文章应该留有一定的余地，让读者(以及作者自己)对文章中提出的问题继续进行思考。如果我们的研究报告显得十分完整，滴水不漏，没有任何"不足之处"，这不但不"实事求是"，而且也容易使读者对研究结果的"真实性"产生怀疑。我以为，最好的"阅读"不是读者读到了很多"知识"，而是在读者的心中激起了很多新的问题，激发他们进一步对这些问题进行思考。因此，在文章结尾时我们可以对自己的研究结果作一个比较中肯的总结，同时指出研究的局限性、尚未澄清的问题、有待进一步探讨的问题以及今后继续研究的打算等。如果我们的结论与学术界现有的理论不一样，我们也可以告诉读者这里存在着什么矛盾，可以如何解释这些矛盾的存在。一般来说，读者并不指望我们什么都知道。我们与其佯装什么都知道，还不如"如实道来"。作者的态度越坦诚，就越能够得到读者的信任，也就越容易使他们参与到与作者的对话之中。

一般的学术论文要求作者在文章收尾时就研究的结论提出有关政策性建议。但是，质的研究特别强调不要过分强调自己研究结果的意义和作用。如果我们提出的建议过于理想化，没有事实作为依据，反而容易使读者生疑。如果我们论说的态度过于激动，脑海里有一个可能并不存在的"稻草人"，写作时极力与之争辩，论证的口吻缺乏冷静和严谨，也容易使读者感到作者不够自信，只能靠贬低别人来抬高自己。总之，研究报告的结尾应该做到不卑不亢、不温不火、平心静气、以理服人。

12. 如何衡量研究结果的质量？

研究结果出来以后,我们需要对其质量进行检验。这里所说的"质量"检验涉及三个方面的内容:研究结果的可靠性(效度问题)、研究结果的代表性(推论问题)、研究结果的合理性(伦理道德问题)。

§12.1. 如何进行效度检验？

在量的研究中,"效度"指的是正确性程度,即一项测试在何种程度上测试了它意欲测试的东西。这包括两个方面的意思:一是测查了什么特性,二是测查到何种程度。效度越高,即表示测量结果越能显示其所要测量的对象的真实性(袁方, 1997:192)。效度的检验分为三类。

(1)"内容效度":一个测量工具的各个部分是否测量了所要测查的对象的所有内容。比如,一门课的期末考试如果涵盖了该课程本学期所教的全部内容,那么这个考试便具有"内容效度"。

(2)"效标效度":测量工具对测量对象进行测量所获得

的结果是否与被假定的测量标准相一致。例如,研究人员要学生在一份问卷中填上自己高考时各门功课的得分,如果学生填的分数与他们实际所得的分数之间一致性程度高,则说明此测量方法"效标效度"高,反之则低。

(3)"理论效度":测量工具是否确实测查了它所依据的理论基础。比如,如果一个衡量学生学术水平的量表所测出的分数确实反映了学生的学术水平,那么这个量表就具有较高的"理论效度";反之,如果学生可以通过猜测或者是因为善于考试而获得高分的话,那么这个测量工具的"理论效度"就不够理想。

12.1.1. 质的研究对"效度"的定义

在质的研究中,研究者对"效度"这一概念普遍存在争议。有研究者认为,这个词语可以用于质的研究,但是不能沿用量的研究对这一词语的定义和分类。质的研究者真正感兴趣的并不是量的研究所指的"客观现实"的"真实性"本身,而是被研究者眼中所看到的"真实"、他们看事物的角度和方式,以及研究者和被研究者之间的互动关系对理解被研究者眼中的"真实"所发挥的作用(Taylor & Bogdan,1984:98;Merriam, 1988:168)。因此,他们提出了各种不同的定义和分类的方式 (Erickson,1989;Goetz & LeCompte,1984;Kirk & Miller, 1986;Maxwell,1996)。其他研究者则认为,"效度"这个概念不适合质的研究,主张用其他的词语来代替,比如"真实性"、"可信性"、"可靠性"、"确实性"、"一致性"、"准确性"等 (Lincoln & Guba,1985)。

尽管学术界对质的研究中是否应该使用和如何使用"效度"这一概念有不同的意见,但是大家都同意,质的研究中的"效度"指的是一种"关系",即研究结果与研究其他部分(包

括研究者、研究的问题、目的、对象、方法和情境）之间的一种
"一致性"。当我们说某一研究结果是"真实可靠的"时候，我
们不是将这一结果与某一个外在的客观存在相比较（事实上
这一"存在"并不存在）。而是指对这个结果的"表述"是否
"真实"地反映了在某一特定条件下某一研究人员为了达到
某一特定目的而使用某一研究问题以及与其相适应的方法对
某一事物进行研究这一活动。假设，我们在调查了某中学学
生的课外活动以后得出了一个结论："该中学学生的课外活
动非常丰富，学生参加活动的积极性很高，课外活动对促进他
们的课堂学习产生了重要的作用"。如果我们有充分的证据
表明这一表述最合理、最恰当地表现了我们在现存条件下
（如某师范大学教育系的两名研究人员于 2000 年 9 月到 12
月在该中学分别使用了非参与型观察和开放式访谈对 10 位
教师、5 位管理人员、15 名学生以及他们的家长调查了学生的
课外活动情况）所得到的结果，那么这个表述就是有效的。
因此，从这个意义上来说，质的研究的效度所表达的关系是相
对的，不是一种绝对的"真实有效性"。当我们说某一表述是
"有效的"时，我们并不是说这一表述是对该研究现象惟一正
确的表述，我们只是说这一表述比其他表述更为合理。

12.1.2. 效度的分类

对效度进行分类的方法有很多种（Cook & Campbell,
1979；Runciman, 1983），下面选择马克斯威尔的分类进行讨
论（Maxwell, 1992, 1996）。之所以选择这个分类是因为该分
类比较清楚，比较符合质的研究者从事效度检验的实际做法。

（1）描述型效度

"描述型效度"指的是对可观察到的现象或事物进行描
述的准确程度。这一概念既适用于质的研究也适用于量的研

究。衡量这一效度有两个条件:①所描述的事物或现象必须是具体的;②这些事物或现象必须是可见或可闻的,如,学校里的教室和操场,上课时老师对学生提问。假设一位研究人员到学校观察课堂上老师和学生的互动关系,如果该教室临街,外面很嘈杂,研究人员听不清楚老师和学生所说的话,那么他对师生互动关系的描述就有可能失真。又假设一位研究人员去采访一位小学校长,访谈开始后,她的录音机出了毛病,没有录下校长所说的话。那么,她事后凭记忆所做的记录也有可能有所遗漏和错误。在这种情况下,不论是研究者收集的原始材料还是基于这些材料所做的结论,其描述效度都有问题。

(2)解释型效度

解释型效度只适用于质的研究,指的是研究者了解、理解和再现被研究者意义的"确切"程度。满足这一效度的首要条件是:研究者必须站到被研究者的角度,从他们所说的话和所做的事情中推衍出他们看待世界以及构建意义的方法(而不是像量的研究那样,从研究者预定的假设出发,通过研究来验证自己的假设)。由于质的研究强调再现研究对象自己的文化习俗、思维方式和行为规范,研究者在收集原始资料的时候必须尽最大的努力理解他们所使用的语言的含义。假设,我们对一些学生就他们的学校生活感受进行访谈时,他们说"感到很郁闷"。此时,如果我们不是按照自己的理解给"郁闷"这个词语下一个定义,而是进一步询问被访者他们所说的"郁闷"是什么意思,表达的是一种什么状态,他们如何解释这种现象的发生,这种状态对他们的学校生活意味着什么,那么我们便能够了解到他们自己的意义解释。如果我们不能准确地了解并表达他们赋予这个概念的意义和含义,我们研究结果的解释效度便不够理想。

（3）理论效度

"理论效度"又称"诠释效度"，与量的研究中的"理论效度"有类似之处，指的是：研究所依据的理论以及从研究结果中建立起来的理论是否真实地反映了所研究的现象。所谓"理论"一般由两个部分组成：一是概念，如"学校"、"好学生"、"差学生"等；二是概念和概念之间的关系，由此组成理论命题。例如：某研究人员在一所小学对那里的教师如何看待"差生"这一现象进行了研究以后，得出如下结论："老师称有些学生为差生是因为他们成绩不好"，这便是一个因果关系的理论陈述。如果这个理论并没有如实恰当地解释该校老师看待学生的情况，老师称有些学生为"差生"并不仅仅是（或者并不主要是、或者并不是）因为他们成绩不好，而是因为他们上课喜欢做小动作，说话粗鲁。那么这一理论就缺乏足够的理论效度，不能有力地、令人信服地诠释研究的现象。

（4）评价效度

"评价效度"指的是：研究者对研究结果所作的价值判断是否确切。通常，出于自己的生活经验和价值观念，我们在设计一项研究时头脑中往往对要探讨的现象有一些自己的"前设"。因此，我们在研究的过程中往往会注意到那些对我们来说"重要"的、"有意义"的东西，而忽略那些我们认为"不重要"的东西。特别是在从事一项行动研究时，我们通常有一个实用的目的（或者从研究资助者那里得到一个明确的指示），认为被研究的现象中存在着"问题"，需要我们去发现并提供改进意见。在这种情况下，我们通常会戴着有色眼镜去看待被研究的现象，有意无意地挑选那些可以用来支持我们自己观点的材料（见图表 12 - 1）。

图表 12 - 1 评价效度举例

我的一些学生在对北京大学食堂的就餐情况进行观察时,出于他们个人平时的经验,已经先入为主地对食堂有一些偏见,认为食堂存在很多"问题",比如伙食标准太高,饭菜价格太贵,地方太拥挤,环境不卫生,等等。结果,他们走进食堂时,不由自主地将主要注意力放到对这些问题的关注之上,而对其他的情况则忽略不计,比如食堂品种花样很多、服务员态度和蔼可亲、食堂里备有电视机等娱乐设施等。由于他们采取这样一种批评的眼光看待食堂的就餐情况,结果他们获得的结论很难反映食堂的真实情况,因此研究结果的评价效度比较低。

12.1.3. 效度的检验手段

对质的研究效度的处理只可能发生在研究过程开始之后,而不是(像量的研究那样)在之前。这是因为我们必须在做出了初步的结果之后,才有可能着手寻找那些有可能影响效度的因素,然后想办法将这些因素排除。影响效度的因素被称为"效度威胁",是在研究过程中有可能发生的事件。我们不可能事先知道这些事件是否会发生,会以什么方式发生,只可能在研究开始以后仔细检察研究的过程才能确定,然后再想办法将它们排除。这是一个不断循序渐进的过程,贯穿于研究的各个层面和环节。

对效度进行检验并设法排除"效度威胁"的具体手段一般有以下几种。

(1)侦探法

这一方法类似侦探人员在侦破案件时所采用的方法,一步一步地对可疑现象进行侦查,找到解决案子的有关线索,将线索放到一起进行对比,制定最佳处理方案,然后对"罪犯"采取行动。这是一个开放渐进的过程,需要我们不断地在研究的各个层面和环节进行搜寻,找出有可能影响效度的"威胁",对它们进行检验,然后想办法将其排除(见图表 12-2)。

图表 12-2　侦探法举例

在我对一位农村辍学学生的研究中,根据他自己的介绍,他辍学是因为有一位男教师不喜欢他,经常对他进行体罚。为了了解这位学生所说的原因是否"属实",我首先访谈了他的母亲,结果发现他的母亲基本上同意他的说法,但是认为教师之所以"打"他是因为他自己"成绩不好"、"不好好学"。随后,我又访谈了学校的校长和"体罚"该辍学生的教师,结果这两位受访者都否认学校里有任何体罚学生的现象。为了进一步解开这个"疑团",我又走访了这位学生的一位同学家,了解这位同学及其家长的看法。结果,这位同学与我研究的辍学学生的说法完全一样。之后,我又对该辍学学生进行了访谈,他仍旧坚持原来的说法。与此同时,我还与该校其他一些教师和员工进行了交谈,了解他们与学生的关系。虽然我最后并没有真正对该生辍学的原因"破案",但是我的工作方案基本上遵循的是"侦探法"的路子,对不同的研究对象进行调查,一步一步地寻找线索,将各种线索进行对比,确定初步的研究结论,但同时向其他的可能性结论开放。

(2)证伪法

与量的研究使用证实法不同,质的研究检验效度时使用的是"证伪法",即在建立了一个假设之后,想尽一切办法证明这个假设是不真实的或不完全真实的,然后修改或排除这一假设,直至找到在现存条件下最为合理的假设。为了证明某一个假设是目前最合理的,我们必须在已经收集到的资料中有意识地寻找那些有可能使该假设不能成立的依据。如果我们在资料中找到了反例,则需要对原来的结论进行修改,以适合原始资料的内容。经过如此不断反复的证伪过程,如果该假设被证明没有漏洞,经受了证伪的考验,我们便可以接受其真实性。否则,我们应根据检验的结果对其继续进行修正或否决。

比如,在我所参与的一项对欧盟一体化与欧洲高等教育国际化的研究中,我对一些欧洲大学的校长们进行访谈以后得出了一个初步的结论:欧洲的大学对高等教育国际化十分支持,采取了很多有力的措施促进大学之间的交流。然后我又走访了其他一些大学,发现有的大学并没有采取相应的措施,只是提出一些空洞的口号,并没有在制度上给予必要的保证。通过更加深入的调查,我发现那些采取了具体措施的大学往往有开放办学的传统,自古以来就鼓励自己的教师和学生与别的学校和国家进行交流;而那些没有采取具体措施的大学往往比较"闭关自守",对外面的影响通常采取比较谨慎的态度。结果,我修改了自己原来的结论,得出了一个可以包容上述异质性的结论:"具有开放传统的欧洲大学对高等教育国际化十分支持,采取了很多有力的措施促进大学之间的交流;而那些相对保守的大学大都停留在理论层面,没有采取具体的措施"。

证伪的另外一个方法是:在建立初步假设的同时根据已掌握的材料建立另外的可能性"另类假设",将这些假设与原有假设对比以后作出最为合理的选择。比如,在上面的例子中,我还可以列出其他一些可能性结论,如"在开放性大学和保守性大学之间还存在很多处于中间状态的大学,他们对高等教育国际化采取比较温和的态度,不是特别积极,也不是特别消极";"欧洲的高等教育国际化之所以比较发达与欧洲联盟的建立有关,而与大学本身的传统没有太大的关系";"欧洲高等教育国际化的程度与各大学的管理体制密切相关,而与大学过去的开放程度关系不大",等等。根据我所收集的资料,类似的"另类假设"可以列出很多。我可以根据自己手头掌握的资料对这些假设进行比较,排除其中不尽合理的假设,选择一个(或数个)在目前资料基础上被认为是最合理的假设。

如果研究项目到了一定时间必须完成,而我们在已有材料上建立起来的假设仍旧存在一些漏洞,我们应该在研究报告中对这些不一致进行报道,让读者自己对研究结果的效度作出自己的判断。

(3)相关检验法

"相关检验法"(又称"三角检验法")指的是:将同一结论用不同的方法、在不同的情境和时间里、对样本中不同的人进行检验。目的是通过尽可能多的渠道对目前已经建立的结论进行检验,以求获得结论的最大真实度。如果用不同方法检验得出的结果之间存在矛盾,我们应该回到实地收集更多的材料,找到造成这些矛盾的原因。比如,如果我们使用访谈的方法对某一研究现象有所发现,我们可以使用观察或收集实物的方法对同一现象进行研究,以检验使用不同的研究方法是否会获得同样的结果。如果我们在某时某地对某研究现象进行研究以后有所发现,我们可以选择在不同的时间和地点对同一现象进行研究,以检验这一发现在不同的时间和地点也是如此。如果我们从一些被研究者那里了解到一些情况,我们应该进一步调查其他的人,看他们是不是也有类似的情况。

在质的研究中,最典型的进行相关检验的方式是同时结合访谈与观察这两种方法。观察可以使我们看到被研究者的行为,而访谈可以帮助我们了解他们行为的动机和意义。通过在访谈结果和观察结果之间进行比较,我们可以对被研究者所说的和所做的事情之间进行相关检验(见图表12-3)。

图表 12 – 3 相关检验举例

我在一项研究生访谈了一些在哈佛大学学习的日本学生,了解他们在课堂学习方面的适应情况。结果他们中很多人都说自己"适应得很好,没有问题"。然后,我又在他们上课时对他们进行了观察,发现大部分人上课时都不发言,只是坐着听课或记笔记。我感觉自己观察到的结果似乎与访谈中获得的结果很不一致,因此又对这些学生进行了一轮访谈。结果发现,不少学生对自己上课不发言的解释是:"我们不发言并不说明我们不积极思考,我们其实是在积极地倾听"。通过在访谈—观察—访谈的结果之间来回进行检验,我最后对这些日本学生在哈佛大学的课堂学习情况获得了比较深入的了解。

---

(4)反馈法

"反馈法"指的是:研究者得出初步结论以后广泛地与自己的同行、同事、朋友和家人交换意见,听取他们的反馈。我们可以将这些给予反馈的人分为两大类:一类是对研究的现象比较熟悉的人;另一类是对研究的现象不熟悉的人。不论是熟悉的人还是不熟悉的人,他们都有可能对研究的结果提出有用的看法和建议。熟悉的人对研究的现象往往有自己的看法,可以根据自己的经验提出参考意见;而不熟悉的人由于是外行,往往有一些内行始料不及的新角度,提出的看法可能使研究者耳目一新。

反馈法可以为我们提供不同的看问题的角度,帮助我们从不同的层面来检验研究的效度。如果我们所做出的结论与其他人的看法很不一致,应该回到原始资料,重新检验自己的结论。如果需要的话,我们还可以回到实地收集更多的材料,丰富或修改自己原有的结论。

（5）成员检验法

"成员"指的是参与研究的人，"成员检验法"指的是：研究者将研究的结果反馈到被研究者，看他们有什么反应。这个工作应该尽可能早做，在研究的初步结论出来以后便将结论返回到被研究者。如果被研究者对我们所做的结论有不同的看法，或者认为我们误解了他们所做的事和所说的话，我们应该尊重他们的意见，对结论进行必要的修改。研究报告中应该有专门的篇幅报告我们是如何将研究结果反馈到被研究者的，后者对研究结果（特别是我们的解释）有什么反应。

有时出于某种原因，被研究者可能改变自己的初衷，"否认"当初自己说过的话或做过的事，或者有意"歪曲"自己行为的意义。在这种情况下，我们应该想办法弄清楚被研究者为什么会有这种变化，他们这么做是出于什么动机、利益或外部压力。对这一变化的深入探究有时候会为我们深入了解被研究者以及研究的现象提供十分重要的信息。如果被研究者同意的话，我们可以将这一变化在研究报告中陈述出来，交给读者自己去判断真伪。

（6）提供丰富的原始资料

丰富的原始资料可以为研究的结论提供充分的论证依据，进而提高研究结论的效度。如果访谈的全部内容都一字不漏地记录下来了，观察时所有的场景细节、有关人物的言语和行为都仔细地记录下来了，那么我们在做出初步的研究结论以后可以再回到这些原始材料对结论进行检验。特别是当研究的结论有争议时或者对某一现象有一个以上的结论时，我们可以将这些结论与原始资料进行对照，选择那些最符合原始资料内容的结论。

写研究报告时也是如此。原始资料提供得越充分，读者越有可能对研究的结论作出自己的判断。如果研究报告对事件发生时的自然情境描写生动,将被研究者的感受和经验有效地通过文字表现出来,使读者产生一种仿佛身临其境的感觉,那么资料的可转换性将被提高,读者可以在这种活生生的情境中体验研究结果的"真实性"。

丰富的原始资料不仅可以使研究的效度有所提高,而且还可以弥补质的研究因非概率性抽样而带来的缺乏"代表性"的问题。文化意义是由特定文化群体中所有成员所共有的,可以在任何一个成员、事件或人造物品上反映出来。如果不断地就该文化中有关的人和事收集资料,有关信息到一定时候会达到饱和状态,呈现出一定的文化模式(Agar,1980)。如果研究的结果非常丰富,读者应该可以通过阅读研究报告了解该文化中的人们是如何做人和做事的。

(7)比较法

事实上,比较的方法是我们感知和认知社会现象的一种不自觉的方式,它贯穿于研究的全过程。通常,在选择研究的问题时,我们就已经隐含有一些比较的概念。比如,当我们计划对一个"特殊的"现象进行调查时,我们的命题中已经隐含有"典型的"标准是什么。我们对"典型"情况的了解有可能来自有关文献,也有可能是基于我们个人的经验。例如,当我们决定对"好老师"的情况进行研究时,我们对"一般老师"这一概念已有一定的限定。当对"好老师"的研究结果出来以后,我们可以将其与我们心目中的、文献中学术界认可的或者教育界普遍承认的"一般老师"的定义进行比较,从而确定我们的结论是否成立。在收集和分析材料时,我们也在不断地运用比较这一手段对材料进行甄别、剔除、分类和综合。

(8)阐释学的循环

"阐释学的循环"有两个方面的意思，一指的是在文本的部分和整体之间反复循环论证，以此来提高对文本的理解的确切性。二指的是在阐释者的阐释意图与阐释对象（文本）之间的循环，寻求两者之间的契合。我们可以同时使用这两个层面的循环来对资料进行效度检验。比如，在第一个层面，我们可以对资料的部分结论与资料的整体结论进行比较，看这个结论与整体的情况是否相符。在第二个层面，我们可以使用"阐释循环"的方法对理解的有效性进行检验。由于我们自己对有关问题的"倾见"往往是在无意识中起作用的，我们不可能自由地支配自己的倾见，也不可能事先对它们进行区分。这种区分只能在理解的过程中产生，即当倾见在文本那里遇到了障碍或受到刺激时，我们才有可能意识到它，然后才有可能将它区分出来（见图表12－4）。

图表12－4　阐释的循环举例

当我向一些中学生家长了解学校课业负担对孩子的影响时，有一位家长对我说，"我的孩子的课业负担一点也不重，他几乎不用在家里做家庭作业，所有的作业都能够在学校完成"。听到这种说法时，我感到非常吃惊。这说明我在从事此项研究时有自己的倾见，认为中学生的课业负担很重，每天放学以后要花几个小时在家里做家庭作业。我的"倾见"与这位家长的"文本"所产生的意义不符，致使阐释的循环受阻。因此，我需要将这个倾见悬置起来，对其进行反思，在其后的"文本"阅读中继续对其进行主动的检验，以区分这是一个合理的还是不合理的倾见，然后再决定取舍。

---

§12.2. 如何讨论推论问题?

在量的研究中,"推论"是一个不言自明的概念,即用概率抽样的方法抽取一定的样本进行调查以后,将所获得的研究结果推论到从中抽样的总体。然而,在质的研究中,"推论"这一概念是很不一样的。由于质的研究不采用概率抽样的方法,其研究结果不可能由样本推论总体。质的研究选择的样本一般都比较小,有时甚至只有一个人或一个地点(如个案调查),因此这种研究的结果不能按照量的研究对"推论"的定义来进行推论。

12.2.1. 推论的分类

有学者认为,在对"推论"这一概念进行定义之前,必须将"内部推论"和"外部推论"区别开来(Maxwell,1992)。"内部推论"指的是:研究的结果代表了本样本的情况,可以在本样本所包含的情境和时间范围内进行推论。例如,在一个小时的访谈中一位女大学生谈到过去 6 年她在中学学习的情况,只要我们有根据可以相信她的记忆力和说真话的诚意,我们就可以从这一个小时中收集到的材料推出她 6 年的真实生活情形。其实,当我们对资料进行筛选时就已经考虑到了材料的内部推论度。我们挑选某些材料而不挑选其他的材料,就说明我们认为这些材料相对研究的现象更具有代表性。沿用上例,该女大学生在一小时的访谈中谈到在中学 6 年中和某老师相处不和,并举了三个例子说明这个问题,而我们在写研究报告时只挑选了其中的一例加以说明。这说明我们认为这个例子具有内部推论度,可以代表被访者在中学 6 年中和该老师相处的基本情况。

　　"外部推论"在概念上与量的研究中的"推论"类似，指的是研究的结果可以应用于本样本范围之外的同类事物。大家基本上达到的共识是：质的研究的"外部推论"可以通过两种途径来完成：①通过对研究结果的认同来达到推论；②通过建立有关的理论来达到推论（Becker，1991；Ragin，1987；Yin，1994）。前者指的是，如果从一个样本中获得的结果揭示了同类现象中一些共同的问题，读者在阅读研究报告时在思想和情感上产生了共鸣，那么就起到了"推论"的作用。后者指的是，如果研究在对样本进行深入分析的基础上建立了某种理论，那么这个理论便会对类似的社会现象产生阐释的作用，从而在理论的层面完成"推论"的作用。例如，建立在城市标准系统之上的紧急救援系统可以用来发展危机干预系统（Glaser，1982：231）。

12.2.2. 一种不同的解释

　　上述对推论的讨论仍旧基于量的研究的意义，而皮亚杰的"图式理论"可以为我们讨论质的研究结果的推论问题提供一个不同的视角。在这个理论中，皮亚杰使用了四个重要的概念：同化、顺应、整合和分化。"同化"指的是个体把新的知识纳入自己已有认知结构之中的过程；"顺应"指的是个体原有的认知结构已不能同化新的知识，因而引起认知结构的变化，促进调整原有认知结构或创立新的认知结构的过程；"整合"指的是一个特定的认知结构可以容纳更多知识的能力；"分化"指的是一个特定的认知结构具有细分出更多下属分支的功能。"同化"和"顺应"是个体认识新鲜事物的两种功能，它们相互作用，使个体的认知结构不断达到更高层次的"整合"和"分化"，从而使个体的认知结构得到不断的扩展、丰富和创新（见图表 12 - 5）。

图表 12 – 5　图式理论举例

　　我在教授"质的研究方法"这门课时,给学生布置的课外作业特别多。这么做的一个直接后果就是,我自己不得不经常深夜还趴在桌子上批改作业。有一天,我 83 岁的婆婆对我说:"你为什么不改出一份标准答案,要国杰帮着你看呢?"(国杰是我丈夫的名字)我听了以后禁不住哑然失笑:很显然,我婆婆对"学生的作业"这一概念的"认知结构"还不足以复杂到可以容纳(即"同化")我现在所批改的作业所包含的内容。她退休以前一直都在小学一、二年级教数学,因此她不知道对研究生在社会科学方法课上所做的作业是不可能设立一份标准答案的。当然,在我向她作了解释以后,她明白了其中的道理。通过了解我所批改的作业的内容、我的学生的特点以及我作为大学社会科学教师这一工作的功能,她对"学生的作业"这一概念的认识加深加宽了。通过修改自己的认知结构这一"顺应"功能,她对这一概念获得了更高的"整合"和"分化"的能力。也就是说,她明白了"学生的作业"这一概念不仅包括小学生具有统一答案的作业,而且包括研究生因人而异的作业。她现在的认知结构不仅可以将这两种类型的作业"整合"到一个概念之内,而且也可以将这个概念"分化"为不同的下属分支。如果今后再遇到类似的情况,她将有能力将其"同化"到自己已经修改过的认知结构之中。

　　"图式理论"对质的研究中的推论问题的启示在于:它揭示了一般人认识新知识(即新知识被"推论"到人身上)的方式和途径。这个理论表明,一般人认识事物的方式不仅仅是从样本调查所获得的结果来推断总体(这种方式类似上面所说的"同化"),而且更重要的是通过对一个个新鲜事物的逐步了解来扩展和修正自己的认知结构(这种方式类似上面所说的"顺应")。前者在概念上与量的研究意义上的"推论"以及上面我们讨论的质的研究中的"认同"比较接近,即个体在把新事物纳入自己的图式之中时只能引起图式在量的方面的

变化;而后者对于质的研究者讨论"推论"问题则具有特别重要的意义。质的研究通常是对小样本的调查,而且这些样本往往揭示的是独特的、不具有"代表性"的社会现象。上述"图式理论"表明,认识这些独特现象的过程就是人类认识新鲜事物、丰富自身认知结构的"顺应"过程,是人类获取新知识的一种主要途径。人类认识新鲜事物的方式主要是通过积累,通过对一个又一个具体"个案"的了解来修正和扩展我们自己的认知图式。因此,质的研究中所揭示的特殊个案在这里不但不再是一个"问题",而是一笔财富。因为,这些特例为我们提供了丰富认知结构和扩展知识视野的机会。作为读者,我们可以从这些个案中了解到世界上存在的不同的生活习惯、思维方式以及构造现实的方式。

12.2.3. 一种不同的推论方式

虽然在质的研究中"同化"在概念与功能上与量的研究中的"推论"有类似之处,但是质的研究中的"推论"是一个"自然"发生的过程,不可能像量的研究那样事先通过数学概率抽样的方式使其结果获得推论到总体的"代表性"。不论是通过"同化"还是"顺应"的方式将其结果进行"推论",质的研究者都无法得到某种"科学的"原理或计算公式的保证。"推论"总是发生在研究结果出来以后,而且与特定读者的个人因素以及他们所处的自然生活情境有关。在阅读研究报告时,读者通过与文本之间进行对话不断地调整自己原有的认知图式,而这种知识迁移的方式是在自然情境下自然而然地发生的(Hammersley,1992:63)。通过与研究结果在某种程度、某种形式上产生共鸣、共振或对话,读者自己便完成了对研究结果的"推论"任务。

事实上,读者在读任何一份研究报告时都带有自己的价值倾向和判断标准。不管研究者本人如何保证,读者总会根据自己的经历、喜好和标准对这份报告的"真实性"作出自己的判断。如果研究的结果对读者个人来说具有实际意义(如情感上的共鸣、思维上的开启或精神上的升华),他们便会认为这是"真"的,即使他们自己从来没有亲身经历过这种事情。而这种"推论"是在不知不觉之中发生的,浸润着读者自己的情感和意义。

如果我们说质的研究的结果只能在自然迁移中得到"推论",那么这是不是意味着质的研究者在这方面就无章可循了呢?当然不是。虽然质的研究者们在从事研究的过程中风格各异,但是他们在实际操作中都遵循一定的原则和行为规范。正是他们共有的这些原则和实践活动使他们的研究结果可以自然地"推论"到有关的范围;也正是因为存在这些规范,质的研究领域才可能就这些问题进行对话。

一般来说,质的研究特别强调在自然情境下进行体验型研究。一个"好"的研究报告不仅应该对研究的结果进行介绍,而且应该对研究的过程以及研究对象所处的文化背景本身进行"深描"。细致、具体的描述不仅可以使现象显得"真实",而且可以提高事件所代表的意义的转换性(Wolcott,1983:28)。如果研究的结果坐落在自然情境之中,事件的细节描写得十分生动、具体,那么读者可以感到自己仿佛身临其境,可以亲身体验研究的具体过程以及事件发展的来龙去脉。而读者只有对研究的情境和过程了解透彻了,才有可能对研究结果是否"真实"、是否可以进行迁移作出自己的判断。

读者对研究的结果是否可以迁移以及如何迁移还与研究者暴露自己的方式和程度有关。近年来,质的研究者们越来越强烈地意识到,研究者本人的背景及其与被研究者的关系对研究的结果会产生非常重要的影响。我们之所以成为现在的"我们"是和我们本人的"前设"和"倾见"分不开的，而我们只有在与他人的互动过程中才有可能了解自己这些先在的特征(Bernstein, 1983: 123 – 128)。因此，在研究报告中研究者应该详细、坦诚地介绍个人的喜好和倾向、自己在本研究领域内的个人经历、自己与被研究者之间的关系以及自己在研究过程中使用的理论和方法。这种高度透明的研究报告可以使读者了解研究者本人，借助研究者的眼睛去了解研究结论产生的源头和方式。只有这样，读者才能把研究的结果与从事研究的人结合起来，帮助自己对研究的"可靠性"作出判断。而当读者认为研究的结果是"可靠的"时候，"推论"便自然而然地发生了。

同样，质的研究报告的形式也对研究结果的自然迁移具有一定的促进作用。近年来，越来越多的研究者采用第一人称的叙述体方式报道研究结果。第一人称的叙述角度在心理上比较接近读者，容易在读者心中产生理解和共鸣。读者不再感到有一个无所不知、无所不在、万能的"上帝"在那里"客观地"陈述着"客观的真理"；与他们对话的是一个和他们一样的人，一个有血有肉、有情有欲的人。这个人与他们相互尊重、相互认可、相互理解，彼此之间可以平等地对话。在这里，作者(研究者)、读者(研究服务的对象)和文本(研究结果)三者之间产生了一种互动，读者获得了一种比传统意义上的读者更加主动的地位，读者与作者之间的"所知"和"期待视界"可以比较自然地融合为一体(董小英, 1994)。

除了叙述人称以外，质的研究报告的叙事结构也对研究结果的自然迁移有一定的影响。叙述体在呈现事件发展过程以及人物心理活动方面与读者的现实生活更加靠近，比较容易使他们"进入角色"。相比之下，一个表格齐全、计算精确、修整得十分整齐、分析得滴水不漏的研究报告则往往容易引起读者的怀疑。因此,有的研究者认为应该在报告中尽量多地呈现原始材料,尽量保持材料被发掘时的自然状态(Wolcott,1990)。研究者应该避免作过多的推论和解释,让读者结合具体情境做出自己的结论。作者越俎代庖的做法往往费力不讨好,容易将个人的偏见强加到研究对象头上,使读者生疑。而读者只有在没有怀疑的心态下,才有可能"认可"研究结果的"可靠性"。

§12.3. 如何看待研究的伦理道德问题?

由于质的研究关注研究者与被研究者之间的关系对研究的影响,研究工作的伦理规范和研究者个人的道德品质在质的研究中便成了一个不可回避的问题。遵守道德规范不仅可以使研究者本人"良心安稳",而且可以提高研究本身的质量。认真考虑研究中的伦理道德问题可以使研究者更加严谨地从事研究工作。

12 3 1. 自愿与公开原则

自愿原则指的是研究应该征求被研究者的同意,公开原则指的是被研究者应该有权知道自己在被研究。这两个原则是交织在一起的,如果被研究者自愿参加研究,那么研究就必然是公开的;而研究只有公开,被研究者才有可能表达自己是否愿意参加研究。目前,有关这两个原则存在如下观点:隐瞒派、公开派、情境—后果派、相对主义、女性主义的观点。

(1)隐瞒派

隐瞒派认为,社会科学家对社会负有追求真理、发展科学、增强了解的责任,因此研究者可以使用任何方法来取得所需要的信息,包括撒谎、隐瞒自己的身份、设计人为的研究情境等(Douglas, 1976)。这一派学者认为,人类的一个本性就是不相信别人,不愿意向别人暴露自己的真实想法,有权势的人(就像没有权势的人一样)总是企图向研究者隐瞒真相。"如果研究者在当事人面前对自己的活动完全直言不讳,那么他们就会试图隐瞒那些他们认为不好的行为和态度。其结果是,研究者为了获得诚实的资料必须不诚实"(Gans, 1962)。持这种观点的还包括这样一些研究者,他们从事研究的目的就是发现、记录和暴露社会上的不公正现象,如政府官员的贿赂行为、孤儿院内管理人员对儿童的虐待等(Holdaway, 1980；Marx, 1980)。如果他们公开自己的身份,那些从事不公正活动的人们肯定会将他们拒之于门外。因此,为了达到自己的研究目的,他们不得不违背有关的原则和法规来从事研究活动。

(2)公开派

公开派对伦理道德问题持十分绝对的态度,认为伦理道德是研究者必须遵守的准则,没有协商、调和的余地。研究者没有权利侵犯他人的隐私,一切研究都应该对被研究者公开。在开始研究之前,研究者应该征得被研究者的同意,并且向对方许诺保密原则。不论研究效果如何,研究者都应该尊重被研究者作选择的权利,给予他们选择不参加和不合作的自由。研究者不应该利用自己权力上的优势或操作上的方便而隐瞒身份、"蒙混过关"。隐蔽型研究是不道德的,因为这种研究不仅剥夺了被研究者志愿选择的机会,而且可能违背了他们的意愿。在"受蒙骗"的情况下,被研究者没有方法了解自己是否愿意参加研究,更不可能表达自己的意愿。这样的研究还有可能给被研究者带来伤害,他们在"无知"的情况下暴露的信息可能今后给他们自己带来麻烦。

(3)情境—后果派

情境—后果派对伦理道德问题持一种比较灵活的态度，认为对事情的判定必须考虑到研究的具体情境以及所产生的后果。这种观点既不同意研究应该绝对公开，也不认为研究应该绝对隐蔽，而是应该考虑到研究进行时的各种条件、有关人员之间的关系以及研究有可能产生的结果。研究者在道德方面所做的每一项决策都受制于参与研究双方的价值观，都会影响到被研究者，也都会有短期和长期的后果。因此，研究者应该与被研究者建立信任和相互尊重的关系，并且充分考虑到研究对被研究者将产生的影响。研究者在万不得已的情况下采取某种程度上的欺骗行为是可以接受的。但是，研究者在"欺骗"的时候应该问自己：

- 这个隐蔽行为的性质是什么？
- 这个隐蔽行为对当事人、对我自己、对我的职业群体以及整个社会会带来什么后果？
- 如果不隐蔽我是否可以获得同样的信息？
- 如果不能获得同样的信息，这个信息对于我的研究乃至科学的发展有多么重大的意义？

如果当事人不会因此而受到伤害，而研究者又能够获得更多的、更加有用的资料，应该允许自己采取一定程度的隐瞒行为（Punch, 1994）。但是，研究者应该遵守的一条基本原则是：决不应该违背自己对被研究者许下的诺言，不能盗窃当地的文献资料，也不能向被研究者无故撒谎。

(4)相对主义

持相对主义观点的人认为，任何伦理道德方面的判断和决策都是相对的，不存在统一不变的、绝对的标准。研究者并没有绝对的自由来选择自己认为"合适"的研究,任何研究都与研究者个人的生活经历和道德标准有关。因此,衡量研究者行为的惟一道德标准就是研究者自己的良心,而不是某些科学群体的标准和规范。顽固地坚守某些伦理条例并不一定是最明智的行为,重要的是要在自己的良心、自己对被研究者以及研究者群体的责任之间保持一种平衡。学术群体事先设定的一些原则不一定适合所有的研究场合,研究者个人需要付诸自己的良心和责任感。当遇到道德两难问题时,研究者应该在报告中公开讨论自己遇到的问题,而不应该以"自己的目的正确"为借口隐瞒自己已经"被玷污了的手"(Punch,1994)。因此,伦理原则可以作为研究开始之前的一个指南,但是在研究的过程应该视具体情况而定。

对相对主义的观点,上述派别都有微词。比如,公开派与隐瞒派对相对主义的责难是:"什么是研究者的良心? 如何判断这个良心是真实的? 什么样的目的是正确的? 谁的权利应该更大:当事人还是科学?"而情境—后果派虽然看起来似乎与相对主义比较相似,但是对研究的具体情境以及研究给被研究者带来的后果更加重视,而不只是将责任完全交给研究者本人。

(5)女性主义的观点

女性主义者认为,研究者与被研究者之间应该建立一种开放的、相互关怀的关系。研究的目的不是为了证实那些由男性占统治地位的学术界所认可的"知识"或"真理",而是给予被研究者说话的声音,特别是那些弱小的、历史上受歧视的人群(如女性、少数民族、残疾人等)。研究不应该是对被研究者的剥夺,而应该是给予和解放。因此,问题不是"隐蔽"还是"不隐蔽",而是研究者是否能够真正做到与对方共情,使对方感到研究能够给予自己更大的自我觉醒和行动的力量。

我的一些学生提出,在考虑研究是否应该公开的问题上研究者只要自己"将心比心"就行。研究者在采取行动之前应该想一想,如果自己处在被研究者的位置,是否愿意别的研究者对自己有同样的行为;如果别的研究者这么做了,自己将会有什么样的反应。我们在做道德决策时应该真诚地问自己:"什么样的行为是'欺骗'?我是否能够接受别人'欺骗'我?什么样的'欺骗'行为我可以接受?什么样的'欺骗'行为我不能接受?如果别人'欺骗'了我,我会怎么想?如果我事后知道别人'欺骗'了我,我会怎么做?"如果我们不希望别人在某些方面、以某种形式'欺骗'我们,那么我们自己在研究中也不应该这样对待别人。

在这里,人性的标准似乎战胜了科学的标准,伦理道德比科学准则更重要。研究者作为人的生活准则成为了专业的、公共的衡量标准,科学与生活融为了一体。对伦理道德的讨论不只是局限在对"事实真相"的了解上,而是强调对被研究者个人的关怀及其群体的成长。在这个意义上,我认为女性主义的观点超越了上述四种观点所讨论的范畴。"隐蔽派"和"公开派"在伦理道德方面采取比较绝对的态度,将研究的情境和对象作为一种静止不变的实体对待;"情境—后果派"和"相对主义"则采取比较灵活的态度,强调根据研究的具体情况或研究者个人的良心对伦理道德问题作出判断;而"女性主义"的观点将社会科学研究中的伦理道德问题提升到一个更高的层面,不仅仅从"知识论"的角度来探讨问题,而是从做人(包括作研究)的基本准则来思考问题。

12.3.2. 保密原则

由于质的研究者与被研究者必须发生个人接触,而且在大多数情况下彼此的关系有可能变得十分亲密,因此保密原则在这类研究中尤其重要。作为研究者，我们享有一定的特权，可以进入别人的生活，倾听别人的生活故事，通过别人的眼睛看世界。因此，我们不仅要珍惜自己的这些特权，而且要意识到这些特权有可能被误用。在研究的过程中，我们应该谨慎小心地行使自己的权利，注意不要给对方造成任何伤害。

在研究开始之前，我们就应该主动告诉对方，自己不论在任何情况下都不会暴露他们的姓名和身份，一切与他们有关的人名、地名和机关名都将使用匿名。特别是当被研究者提供的情况有可能对他们自身产生不利影响时，我们必须采取措施对他们的身份加以隐蔽，在必要时还应该删除敏感性材料。

在研究的过程中，我们还需要不断地向对方和自己就保密原则进行强化。通常，当我们与被研究者熟悉以后，双方都很容易忘记自己的身份，不慎透露本来不会透露的信息。有的访谈者在访谈时感觉比较自如，暴露了一些自己平常不会暴露的信息，过后又感到后悔，担心暴露的信息会给自己带来不利。因此，在下一次访谈时，他们会变得非常谨慎，说话时明显比上一次小心。如果我们对此有所察觉，应该再一次向对方许诺保密原则，使对方放心。我们自己在研究过程中也要不断提醒自己，不要因为与被研究者关系密切就可以随便向其他的人提及他们的情况。特别是当被研究者不止一个人，而他们在研究的过程中又彼此认识时，我们应该注意不要在他们中间传播彼此的情况。我们还应该告诫被研究者群体不要将彼此的身份和信息告诉其他的人。

事实上，我们要做到完全为被研究者保密不是一件十分容易的事情。比如，质的研究报告通常包括一个向有关人员致谢的部分。如果我们在这个部分明确列出被研究者的名字，那么为他们制造匿名的努力便会前功尽弃。因此，在撰写这个部分之前,我们需要与被研究者联系,问他们是否愿意将自己的真实姓名列出来。有的被研究者也许可能需要在阅读了研究报告的初稿以后才能作出决定,在这种情况下我们应该给他们寄一份初稿,供他们参考。如果他们不同意披露自己的姓名以及其他有关的信息,我们应该为他们保密。如果研究报告定稿之前研究者因为某些原因没有与被研究者就这个问题达成共识,一般的做法是在致谢部分不提及被研究者的真实姓名以及他们生活或工作的地点。一条基本的原则是,不论发生了什么问题,我们应该首先考虑到被研究者,然后才是我们自己的研究,最后才是我们自己:被研究者第一,研究第二,研究者第三(Fontana & Frey,1994:373)。

12.3.3. 公正合理原则

公正合理原则指的是研究者按照一定的道德原则公正地对待被研究者以及所收集的资料,合理地处理自己与被研究者的关系以及自己的研究结果。如果我们从事的是一项评价型研究,对被研究者的评价是否公正合理是一个非常重要的问题。如果我们的评价直接影响到当事人的生存状态(如失去工作、降级、降工资),那么我们需要确切地知道自己的评价是否确切、中肯。如果研究的目的是对现实进行干预和改造,我们面临的道德问题会更加艰难:我们怎么知道现存状况不"好"、需要改造?我们怎么知道自己的干预是对的?我们有什么权力这么做?我们如何知道自己的干预不会给当事人带来伤害?我们怎么知道自己不是在操纵和控制对方?如果被研究者之间有派系分歧,我们应该站在哪一边?

有关对被研究者的生活和工作进行干预的问题,质的研究界一直存在争议。有人认为,研究应该停留在了解现状的层面,研究者不应该(也没有权力)对被研究者"指手画脚",

干预已经超越了研究的职责范围。另外一些人则认为，"正当"的干预可以给当地人带来好处，重要的问题不是不能干预，而是如何干预、干预多少（Pelto & Pelto，1978）。

公正原则还涉及到研究是否会给被研究者带来不公正的待遇，使被研究者的正常生活和工作得到干扰。比如，如果为了研究的需要我们设立了试验组和控制组，使用一种比较"落后"的方法与另外一种比较"先进"的方法进行对比研究。结果控制组的成员也许会因为参加研究而给自己的工作和学习带来不良影响。在这种情况下，我们需要向控制组的成员明确说明可能发生的后果，得到他们的首肯以后才开始进行研究。

公正原则还涉及到研究者如何结束与被研究者的关系。研究在某一时刻必须结束，而研究者和被研究者之间可能已经建立起了某种友谊，有的研究者长期生活在本地以后，甚至已经"变成了本地人"。本地人中与研究者关系密切的人也对研究者产生了情感上的牵挂，如果研究者离开可能会使他们感到失望。有的研究者在当地不仅是一名研究者，而且同时扮演了一位公务员的角色（如庙里的读签人、小学代课教师），如果离开可能会给当地人的生活带来不便。而研究毕竟要结束，研究者毕竟是一位旅居者，终究不得不离开研究的现场。因此，在研究即将结束时，我们不得不面对如何离开现场这个令人头疼的问题："我应该在什么时候、什么情况下、以什么方式离开？离开以后是否应该与对方保持联系？以什么方式保持联系？保持多久？"

研究者离开现场以后，不应该如"石沉大海"，而应该努力与被研究者保持联系。如果条件允许的话，研究者还应该定期回来看望被研究者。如果研究者为当地人照了很多照片，许诺回去以后寄给他们，一定要认真兑现。如果研究者曾经答应研究报告的初稿出来以后给当地人审查,也应该如实履行自己诺言。

12.3.4. 公平回报原则

在质的研究中,被研究者通常需要花费很多时间和精力与研究者交谈或参加其他一些活动,他们为研究者提供对方需要的信息,甚至涉及到自己的个人隐私。因此研究者对被研究者所提供的帮助应该表示感谢,不应该让对方产生"被剥夺"感。但是,研究者应该用何种方式向对方表示感谢?什么感谢方式可以真正表达研究者的感激之情?研究者的感激是否可能用有形的方式表达出来?什么样的感谢方式是公平的?——这些都是非常难回答的问题。

有人认为,无论是礼品还是真诚的口头表达都无法回报被研究者所给予的帮助。研究本身就是一个不平等的关系,涉及到双方的利益问题。研究者往往可以从研究成果中获得利益(比如发表论文、晋升、成名等),而被研究者在某种意义上不但没有得到任何利益,而且还可能被研究者所"利用"。

另外一些人则认为,一定的回报不但是应该的,而且是可能的。无论研究者内心感到如何的内疚,一定的物质和语言多少能够表达研究者对被研究者的感激之情。比如,研究者可以根据被研究者"贡献"的时间长短支付一定的劳务费,也可以根据对方工作的难度增加相应的报酬。如果被研究者需要自己花钱作研究(如坐出租车到研究者的住所来,为研究者复印有关资料等),研究者一定要为对方的费用报销。在很多情况下,研究者从事研究是得到财团或政府机构的经费支持的,应该将其中的一部分作为被研究者的报酬。如果经费比较少,或者直接给被研究者金钱不太合适,研究者可以送给对方一些礼品,以表达自己的感激之情。

　　虽然我认为研究者应该对被研究者进行物质上的回报，但是也有很多例子说明，即使没有报酬被研究者也不会在意（Glesne & Peshkin，1992）。他们感到研究过程本身对自己来说就是一种回报，任何金钱的表示都无法与这种回报的价值相比。通常，他们在日常生活中很少有机会和别人分享自己内心深处的想法和感受，现在有人如此耐心、关切地倾听自己，这本身就是一种"享受"。许多被研究者反映，他们在与研究者的交谈中宣泄了自己长期积压的情绪，对自己有了新的认识，从研究者的关注中找到了自尊和自信。还有的人认为，虽然平时自己有朋友和家人进行交谈，但是像现在这样与研究者一起就自己的生活经历和观点进行如此细致、深入和完整的探讨还是第一次。因此，有人认为，只要研究者对被研究者表现出真正的尊重和理解，对方就会从中得到一种情感上的回报，而这种回报往往比金钱更可贵。

附录一

参 考 书 目

中文部分

安晓朋(2000):《"亲近"与"疏远"——对某大学师生关系的调查研究》,北京大学,硕士论文。

陈波等编著(1989):《社会科学方法论》,北京:中国人民大学出版社。

陈伯璋(1989):《教育研究方法的新取向——质的研究方法》,台北:南宏图书公司。

陈向明(1996/1):《王小刚为什么不上学了——一位辍学生的个案调查》,载《教育研究与实验》,1996年第1期。

陈向明(1996/6):《社会科学中的定性研究方法》,载《中国社会科学》,1996年第6期。

陈向明(1998):《旅居者与"外国人"——中国留美学生跨文化人际交往研究》,长沙:湖南教育出版社。

陈向明(2000):《质的研究方法与社会科学研究》,北京:教育科学出版社。

陈仲庚,张雨新编著(1987):《人格心理学》,沈阳:辽宁人民出版社。

崔艳红(1997):《对大学生学习态度变化过程的研究》,北京大学,硕士论文。

高敬文(1996):《质化研究方法论》,台北:师大书苑有限公司。

高一虹(1998):"从量化到质化:方法范式的挑战",在第三届北京应用语言学/外语教学研讨会上的发言,北京:北京外国语学院,1998年7月27–29日。

关世杰(1995)：《跨文化交流学》，北京：北京大学出版社。

胡幼慧主编(1996)：《质性研究》，台湾：巨流图书公司。

金元浦(1997)：《文学解释学》，长春：东北师范大学出版社。

景天魁(1993)：《社会认识的结构和悖论》，北京：中国社会科学出版社。

李秉德主编(1986)：《教育科学研究方法》，北京：人民教育出版社。

劳凯声(2000)：《寻觅新的表达的可能性——兼评〈质的研究方法与社会科学研究〉》，载《中国教育报》，2000年6月14日，第3版。

联合国教科文组织(1992)：《世界教育报告1991》，北京：人民教育出版社。

刘放桐等编著(1990)：《现代西方哲学》，修订本，北京：人民出版社。

刘云杉(2000)：《学校生活社会学》，南京：南京师范大学出版社。

罗杰斯(1987)："与人交往"，林方主编《人的潜能和价值》，北京：华夏出版社。

马尔库斯，费彻尔(1998)：《作为文化批判的人类学》，王铭铭，蓝达居译，北京：三联书店。

倪梁康(1994)：《现象学及其效应——胡塞尔与当代德国哲学》，北京：三联书店。

欧群慧(2001)：《教师成为研究者的可能性》，广西师范大学教育学院，硕士论文。

裴娣娜编著(1994)：《教育研究方法导论》，合肥：安徽教育出版社。

苏霍姆林斯基(1984)：《给教师的建议》，杜殿坤编译，北京：教育科学出版社。

水延凯(1996)：《社会调查教程》，北京：中国人民大学出版社。

吴文侃主编(1990)：《当代国外教学论流派》，厦门：福建教育出版社。

西北师范大学学校个案分析组(2000)：《跨个案分析报告》，兰州：西北师范大学。

维尔斯曼(1997)：《教育研究方法导论》，第6版，袁振国主译，北京：教育科学出版社。

袁方主编(1997)：《社会研究方法教程》，北京：北京大学出版社。

赵慕熹(1991)：《教育科研方法》，北京：北京教育出版社。

西文部分

Agar, M. H. (1980). *The Professional Stranger: An Informal Introduction to Ethnography.* New York: Academic Press.

Argyris, C. et al. (1985). *Action Seience: Concepts, Methods, and Skills for Research and Intervention.* San Francisco: Jossey–Bass.

Becker, H. S. (1986). *Writing for Social Scientists: How to Start and Finish Your Thesis, Book, or Article.* Chicago: The University of Chicago Press.

Backer, H. S. (1991). Generalizing from Case Studies. In E. Eisner & A. (Eds.). *Qualitative Inquiry in Education: The Continuing Debate.* New York: Teachers College Press.

Becker, H. S. et al. (1977). *Boys in White: Student Culture in Medical School.* New Brunswick, NJ: Transaction Books.

Bernard, H. R. (1988). Unstructured and Semistructured interviewing. *Research Methods in Cultural Anthropology.* Newbury Park: Sage.

Bernstein, R. J. (1983). *Beyond Objectivism and Relativism: Science, Hermeneutics and Praxis.* Philadelphia: The University of Pennsylvania Press.

Bogdan, R. C. & Biklen, S. K. (1982). *Qualitative Research for Education.* Boston: Allyn and Bacon.

Brodbeck, M. (1963). Logic and Scientific Method in Research on Teaching. In N. L. Gage (Ed.). *Handbook of Research on Teaching.* Chicago: Rand McNally.

Cabanero-Verzosa, C. et al. (1993). Using Focus Groups to Develop and Promote an Improved Weaning Food Product. In K. Kumar (Ed.). *Rapid Appraisal Methods*. World Bank Regional and Sectoral Studies, World Bank, Washington, D. C.

Carden, M. L. (1974). *The New Feminist Movement*. New York: Russell Sage Foundation.

Cook, T. D. & Campbell. D. M. (1979). *Quasi-Experimentation: Design & Analysis Issues for Field Settings*. Boston: Houghton Mifflin.

Corsaro, W. (1985). Entering The Child's World. In J. Green & C. Wallat, *Ethnography and Language in Education Settings*. New York: Ablex Press.

Denzin, N. K. & Lincoln, Y. S. (Eds.) (1994). *Handbook of Qualitative Research*. Thousand Oaks: Sage.

Douglas, J. D. (1976). *Investigative Social Research*. Beverly Hills: Sage.

Eco, U. (1992). Reply. In S. Collini (Ed.). *Interpretation and Over-interpretation*. Cambridge, UK: Cambridge University Press.

Erickson, F. (1989), The Meaning of Validity in Qualitative Research. Unpublished paper presented at the annual meeting of American Educational Research Association, March 1989.

Fernandez, J. W. (1994). Time on Our Hands. In D. D. Fowler & D. L. Hardesty (Eds.). *Others Knowing Others*. Washington, DC: Smithsonian Institution Press.

Fontana, A. , & Frey, J. H. (1994). Interviewing: The Art of Science. In

N. K. Denzin & Y. S. Lincoln (Eds.). *Handbook of Qualitative Research.* Thousand Oaks: Sage.

Gans, H. J. (1962). *The Urban Villagers: Group and Class in the Life of a New Suburban Community.* London: Allen Lane.

Geertz, C. (Ed.). (1973). *The Interpretation of Cultures.* New York: Basic Books.

Glaser, B. (1982). Generating Formal Theory. In R. G. Burgess (Ed.). *Field Research: A Source Book and Field Manual.* London: George Allen & Unwin (Publishers) Ltd.

Glaser, B. & Strauss, A. (1967). *The Discovery of Grounded Theory: Strategies for Qualitalive Research.* Chicago: Aldine.

Glaser, B. & Strauss, A. (1968). *Time for Dying.* Chicago: Aldine.

Glesne, C. & Peshkin, A. (1992). *Becoming Qualitative Researchers.* White Plains: Longman.

Goetz, J. & LeCompte, M. (1984). *Ethnography and Qualitative Design in Educational Research.* Orlando, FL: Academic Press.

Hammersley, M. (1992). *What's Wrong with Ethnography?* London & New York: Routledge.

Hammersley, M and Atkinson, P. (1983). *Ethonography: Principles in Practice.* NY: Routledge.

Hodder, I. (1994). The Interpretation of Documents and Material Culture.

In N. K. Denzin & Y. S. Lincoln (Eds.). *Handbook of qalitative research.* *Thousand Oaks*:*Sage.*

Holdaway, S. (1980). *The Occupational Culture of Urban Policing*: *An Ethnography Study.* Unpublished doctual dissertation, Univeristy of Sheffiled.

Honigmann, J. J. (1982). Sampling in Ethnogaphic Fieldwork. In R. G. Burgess (Ed.). *Field Research*: *A Sourcebook and Field Manual.* London: George Allen & Unwin (Publishers) Ltd.

Jackson, B. (1987). *Fieldwork.* Urbana and Chicago: University of Illinois Press.

Jorgensen, D. L. (1989). *Participant Observation*: *A Methodology for Human Studies.* Newbury Park: Sage.

Kerlinger, F. N. (1986). *Foundations of Behavioral Research* (3rd Ed.). New York: Holt, Rinehan & Winston.

Kirk, J. & Miller, M. (1986). *Reliability and Valididy in Qualitative Research.* Newbury Park: Sage.

Liebow, E. (1967). *Tally's Corner.* London: Routledge & Kegan Paul.

Lincoln, Y. S. & Guba, E. G. (1985). *Natualistic Inquiry.* Beverly Hills: Sage.

Lofland, J. & Lofland, L. H. (1984). *Analyzing Social Settings*: *A Guide to Qualitative Observation and Analysis* (2nd Ed.). Belmont, CA: Wadsworth.

Marcus, G. E. (1986). Contemporary Problems of Ethnography in the Modern World System. In J. Clifford & G. E. Marcus (Eds.). *Writing Culture.* Berkley: University of California Press.

Marx, G. (1980). Notes on the Discovery, Collection and Assessment of Hidden and Dirty Data. Paper presented at the annual meeting ot the Society for the Study of Social Problems, New York.

Maxwell, J. (1992), Understanding and Validity in Qualitative Research. *Harvard Educational Review*, 62, 279 – 300.

Maxwell, J. (1994). Handouts for the course "Qualitative Research in Education". Cambridge, US: Harvard Graduate School of Education.

Maxwell, J. (1996). *Qualitative Research Design: An Interactive Approach.* Thousand Oaks: Sage.

Merriam, S. B. (1988). *Case Study Research in Education: A Qualitative Approach.* San Francisco: Josssey – Bass Publishers.

Merton, R. K. (1987). The Focused Interview and Focus Groups: Continuities and Discontinuities. *Public Opinion Quarterly.* 51. pp. 550-556.

Miles, M. B. & Huberman, A. M. (1984). *Oualitative Data Analysis: A Sourcebook of New Methods.* Beverly Hills: Sage.

Mills, C. W. (1959). *The Sociological Imagination.* London: Oxford University Press.

Mishler, E. G. (1986). *Research Interviewing: Context and Narrative.* Cambridge: Harvard University Press.

Morse, J. M. (1994). Designing Funded Qualitative Research. In N. K. Denzin & Y. S. Lincoln (Eds.). *Handbook of Qualitative Research.* Thousand Oaks: Sage.

Olesen, V. (1994). Feminisms and Models of Qualitative Research. In N. K. Denzin & Y. S. Lincoln (Eds.). *Handbook of Qualitative Research.* Thousand Oaka: Sage.

Patton, M. Q. (1990). *Qualitative Evaluation and Research Methods.* 2nd Ed. Newbury Park: Sage.

Pelto, P. & Pelto, G. (1978). *Anthropological Research: The Structure of Inquiry.* (2nd Ed.). New York: Harper & Row.

Pike, K. (1966[1954]). *Language in Relation to a Unified Theory of the Structure of Human Behavior.*

Polgar, S. & Thomas, S. A. (1991). *Introducation to Research in Health Sciences.* (2nd Fd.). Melbourne: Churchill Livingstone.

Punch, M. (1994). Politics and Ethics in Qualitative Research. In N. K. Denzin & Y. S. Lincoln (Eds.). *Handbook of Qalitative Research.* Thousand Oaks: Sage.

Ragin, C. C. (1987). *The Comparative Method: Moving Beyond Qualitative and Quantitative Strategies.* Berkley: University of California Press.

Richardson, L. (1990). *Writing Strategies: Reaching Diverse Audiences.* Newbury Park: Sage.

Richardson, L. (1994). Writing: A Method of Inquiry. In N. K. Denzin & Y. S. Lincoln (Eds.). *Handbook of Qualitative Research*. Thousand Oaks: Sage.

Runciman, W. G. (1983). *A Treatise on Social Theory*, Vol. 1: *The Methodology of Social Theory*. Cambridge: Cambridge University Press.

Schatzman, L. & Strauss, A. (1973). *Field Research Strategies for a Natural Sociology*. Englewood Cliffs, NJ: Prentice – Hall.

Seidman, I. E. (1991). *Interviewing as Qualitative Research: A Guide for Researchers in Education and the Social Sciences*. New York: Teachers College.

Shaw, T. (1993). Handouts for the course "Ethnography for Youth Cultures". Cambridge, US: Harvard Graduate School of Education.

Spradley, J. P. (1979). *The Ethnographic Interview*. New York: Holt, Rinehart & Winston.

Strauss, A. (1987). *Qualitative Analysis for Social Scientists*. Cambridge: Cambridge University Press.

Strauss, A. & Corbin, J. (1990). *Basics of Qualitative Research: Grounded Theory Procedures and Techniques*. Newbury Park: Sage.

Strauss, A. & Corbin, J. (1994). Grounded Theory Methodology. In N. K. Denzin & Y. S. Lincoln (Eds.). *Handbook of Qualitative Research*. Thousand Oaks: Sage.

Sullivan, H. S. (1970). *The Psychiatric Interview*. New York: W. W. Norton

& Company.

Taylor, S. J. & Bogdan, R. (1984). *Introduction to Qualitative Research Methods.* (2nd. Ed.). New York: Wiley.

Tesch, R. (1990). *Qualitative Research: Analysis Types & Software Tools.* New York: The Falmer Press.

Tripp, D. (1983). Co-Authorship and Negotiation: The Interview as Act of Creation. *Interchange* 14/3. The Ontario Institute for Studies in Education.

Van Maanen, J. (1988). *Tales of the Field: On Writing Ethnography.* Chicago & London: The University of Chicago Press.

Viney, L. L. & Bousfield, L. (1991). Nanative Analysis: A Method of Psychosocial Research for Aids - Affected People. *Social Science and Medicine.* Vol. 32, No. 7. pp. 757 - 765.

Weiss, R. (1994). *Learning from strangers: The Art and Method of Qualitative, Interview Studies.* New York: The Free Press.

Whitten, N. (1970). Network Analysis and Processes of Adaptation Among Ecuadorian and Nova Scotian Negroes. In M. Freilich (Ed.). *Marginal Natives: Anthropologists at Work.* New York: Harper & Row.

Whyte, W. F. (1982). Interviewing in Field Research. In R. G. Burgess (Ed.). *Field Research: A Source Book and Field Manual,* London: George Allen & Unwin.

Whyte, W. F. (1984). *Learning From the Field.* Newbury Park: Sage.

Willis, P. (1977). *Learning to Labor: How Working Class Kids Get Working Class Jobs.* Farnborough: Saxon House.

Willis, P. (1990). *Common Culture: Symbolic Work at Play in the Everyday Cultures of the Young.* Boulder & San Francisco: Westview Press.

Wolcott, H. F. (1983). Adequate Schools and Inadequate Education: The Life Story of a Sneaky Kid. *Anthropology and Education Quarterly*, 14:3 – 32.

Wolcott, H. F. (1990). *Writing Up Qualitative Research.* Newbury Park: Sage.

Wolcott. H. F. (1995). *The Art of Fieldwork.* Walnut Creek: Altamira Press.

Woods, P. (1985). New Songs Played Skillfully: Creativity and Technique in Writing Up Qualitative Research. In Robert Burgess (Ed.). *Issues in Educational Research.* Philadelphia: Palmer Press.

Yin, R. K. (1994). *Case Study Research: Design and Methods.* (2nd Ed.). Thousand Oaks: Sage.

附录二

西文人名地名汉译对照

A

阿尔波特　　　　　（G. Alport）
阿吉里斯　　　　　（C. Argyris）
阿特肯森　　　　　（P. Atkinson）

B

贝克　　　　　　　（H. Becker）
比克兰　　　　　　（S. Biklen）
波格丹　　　　　　（R. Bogdan）

C

卡丹　　　　　　　（M. Carden）
寇沙若　　　　　　（W. Corsaro）

G

格尔茨　　　　　　（C. Geertz）
格拉色　　　　　　（B. Glaser）

J

威廉·詹姆斯　　　（W. James）

L

利波   （E. Liebow）

M

迈尔斯   （M. Miles）

P

G. 佩尔托   （G. Pelto）
P. 佩尔托   （P. Pelto）
派司金   （A. Peshkin）
皮亚杰   （J. Piaget）

R

罗杰斯   （C. Rogers）

S

叙兹曼   （L. Schatzman）
肖   （T. Shaw）
斯伯莱德里   （J. Spradley）
斯特劳斯   （A. Strauss）

V

封·马南   （Van Maanen）

W

崴斯   （R. Weiss）
怀丁   （N. Whitten）

怀特　　　　　　　（W. Whyte）

威利斯　　　　　　（P. Willis）

沃克特　　　　　　（H. Wolcott）

□相关链接

质的研究方法系列图书

《质的研究方法与社会科学研究》（陈向明著）

这是国内第一部系统评介"质的研究方法"的专著,对目前国际社会科学界提出的有关理论问题以及新近发展出来的操作手段进行了深入的探讨,并结合有关西方学者以及作者自己的研究实例对其进行了生动的展示和说明。

《聆听与倾诉——质的研究方法应用论文集》（杨钋　林小英编,陈向明指导）

本书收录了北京大学修习"质的研究方法"课程的学生运用质的研究方法从事小课题研究所撰写的论文,集中反映了他们在学作质的研究过程中的行动和思考。论文关注的是学生的学习进程及其在学习中的反思,不但从初学者的视角描绘了他们个人的感受与体悟,也表达了他们对质的研究方法的理解和运用,以及他们对生活、他人和自我的独特而又深刻的理解。

《在行动中学作质的研究》（陈向明主编）

本书提供了一些相对完整的质的研究论文和报告,使读者了解这些研究者是如何从事质的研究的,他们如何讲述和构建自己的故事,具有何种不同的风格。这些论文和报告因研究主题和研究者的书写风格不一而呈现不同的样式和特色,从不同侧面表现出作者对教育、人生与社会独到而细腻的洞察与体认。

《在参与中学习与行动——参与式方法培训指南》(陈向明编著)

这是一本参与式方法培训指南书,可用来指导教师和培训者组织实施各种参与式教学和培训活动。参与式方法是目前国际上普遍采用的一类教学和培训的方法,强调学习者的广泛参与,与他人交流、对话,在真实的问题情境中建构对自己有意义的知识,在做中学,在体验中学会学习的方法和策略,在小组合作学习过程中形成合适的能力、情感、态度和价值观。书中提供了 210 个可操作的参与式活动,分成 10 大类,以帮助使用者了解参与式培训的基本阶段以及活动步骤、过程、状态和预期效果。

《如何成为质的研究者》(陈向明 林小英编)

本书由北京大学一批修习本课程的学生所写的反思笔记组成。其内容涉及从"选择研究问题"、"收集和分析资料"到最后形成总的"研究报告",详细记录了质的研究每个研究步骤的具体实践过程,对学生学习质的研究方法,对老师了解学生在学习过程中思考什么问题、遇到什么困难、有什么顿悟,以及对初学者了解质的研究方法的过程很有助益。

《旅居者和"外国人"——留美中国学生跨文化人际交往研究》(陈向明著)

作者采用质的研究方法,通过将近两年的实地研究和文本分析,对一群留美中国学生与美国人的人际交往情况进行追踪调查,在深度访谈和参与观察的基础上,了解他们的行为、感受和意义解释,并围绕被研究者提出的 7 个"本土概念",阐述了他们的跨文化人际交往状况和心态,特别是他们如何在一块陌生的土地上从彷徨、无助到重新定位自己的文化身份这一艰难过程。本书资料丰富,分析鞭辟入里,文笔平实、亲切,不仅结合了作者本人对跨文化人际交往的思考,而且从被研究者的角度展示了他们的内心感受和思维变化过程。

责任编辑　翁绮睿
版式设计　沈晓萌
责任校对　刘永玲
责任印制　叶小峰

图书在版编目（CIP）数据

教师如何作质的研究/陈向明著. —北京：教育科学
出版社，2001.6（2024.5 重印）
ISBN 978-7-5041-2153-0

Ⅰ. 教…　Ⅱ. 陈…　Ⅲ. 教学研究　Ⅳ. G420

中国版本图书馆 CIP 数据核字（2001）第 028917 号

出版发行　**教育科学出版社**

社　　址	北京·朝阳区安慧北里安园甲 9 号	**市场部电话**	010-64989009
邮　　编	100101	**编辑部电话**	010-64981167
传　　真	010-64891796	**网　　址**	http://www.esph.com.cn

经　　销　各地新华书店
印　　刷　保定市中画美凯印刷有限公司

开　　本	850 毫米×1168 毫米　1/32			
印　　张	9.125	版　　次	2001 年 6 月第 1 版
字　　数	206 千	印　　次	2024 年 5 月第 27 次印刷
定　　价	39.00 元	印　　数	70 501— 72 500 册

如有印装质量问题，请到所购图书销售部门联系调换。